WERNER BARTENS

EMOTIONALE
GEWALT

Was uns wirklich weh tut:
Kränkung, Demütigung, Liebesentzug
und wie wir uns dagegen schützen

Rowohlt · Berlin

Zitat auf S. 87: Hermann Hesse, Unterm Rad, in: ders., Sämtliche Werke in 20 Bänden. Herausgegeben von Volker Michels, Band 2. © Suhrkamp Verlag, Frankfurt am Main 2001.

2. Auflage Oktober 2018
Copyright © 2018 by Rowohlt · Berlin Verlag GmbH, Berlin
Gesetzt aus der Alegreya bei Dörlemann Satz, Lemförde
Druck und Bindung CPI books GmbH, Leck, Germany
ISBN 978 3 7371 0028 1

INHALT

Vorwort

Emotionale Gewalt – die unsichtbare Keule … 11
Unterschätzt und bagatellisiert … 14
Kleiner Stich – große Verletzung … 18

Was wirklich weh tut

«Ich war Luft für sie» – Ignoranz und Vernachlässigung … 22
Emotionale Erpressung … 25
Belauert von Energievampiren … 28
«Gaslighting» – wenn plötzlich alles in Frage steht … 31
Seelischer Vernichtungsschmerz … 35

Was anfällig macht für emotionale Gewalt

Besonders verletzliche Phasen … 40
Plötzlich ist alles wieder da … 45
Eine Frage der Gene oder der Gehirnwindungen? … 48

Bleibende Narben auf der Seele

Unsicher und anfällig — 53
Erkältung der Seele oder schlimmes Trauma?
Wie heftig Kränkungen wirken — 57

Wie seelische Gewalt den Körper krank macht

Geschwächte Seele, geschwächte Abwehrkräfte — 62
Das Gehirn leidet mit — 63
Wie Kränkung und Erniedrigung das Herz und andere Organe schädigen — 65
Herz, was willst du mehr? — 69
Pflegende Angehörige: krank vor Sorge — 73
Wie Stress dem Körper schadet — 74

Kinder sind so verletzlich

Wenn das Baby keine Reaktion hervorruft — 81
Liebkosen statt «kaltstellen» — 84
Zurechtweisungen vom Lehrer — 87
Schwarze Pädagogik — 90
Entmutigungen von zu Hause — 95
Zündschnur für ein schlechtes Gewissen — 98
Die langen Schatten der Tyrannei — 102
Mutter, es reicht! — 108
Augen am Bildschirm – wenn Kinder und Partner um Aufmerksamkeit ringen — 110
Stark fürs Leben – wie wichtig die Liebe des Vaters ist — 114
Selbstbewusstsein stärken — 116

Kann das wirklich Liebe sein?
Der alltägliche Beziehungskampf

Passive Aggressionen 119
Der alltägliche Horror in der Beziehung 121
Stille Gewalt 123
«Sie war eine Granate im Bett!» 125
Eingeforderte Liebesbeweise 129

Entwertung im Beruf

Vorgeführt vom Chef 134
Die «dunkle Triade» psychopathischer Vorgesetzter 137
Wir nennen keine Gründe 141
Gerade nicht erwünscht 144
Bewährungsprobe für die Unvollendeten 146
Die Macht des Chefs 150

Erniedrigung aus Prinzip:
Machtgefälle in Militär und Sport

Chancenlos in der Normenfalle 157
Als Weltmeister auf die Ersatzbank 165
Von der Ersatzbank in die Champions League 168
«Da habt ihr einen rechten Mist zusammengespielt» 170

Wenn Ärzte krank machen:
emotionale Gewalt in der Medizin

Darf's ein bisschen mehr sein? 173
Die Wahrheit, auch wenn sie weh tut 182
Negativerwartungen in der Heilkunde – die Macht der
schlechten Gedanken 189

Am Rande der Gesellschaft: Ausgrenzung und Missachtung

Gemobbt, ängstlich, krank – psychische Folgen der Ablehnung   195

«Den kriegt ihr noch» – Mobbing in der Schule und im Verein   198

Fat Shaming und die Benachteiligung von Dicken   202

«Ich will so gehn wie du, stehn wie du, schubidu»   207

Beschämungsfallen – Castings, Talentshows und schamlose Jurys   210

Ihre Meinung ist uns wichtig!   212

Gefühle als Kapital

Wenn Überforderung und Unsicherheit krank machen   217

Leben im Widerspruch – authentisch bleiben, immer nur lächeln   221

Täter und Opfer

Unterdrückte Aggressionen   229

Eine Frage von Nähe und Distanz   232

Alarm – Anzeichen für drohende emotionale Gewalt   234

Kränkung, Erniedrigung, Missachtung – ist das Gewalt?   236

Emotionale Gewalt – Luxusproblem oder Gefahr für die seelische Stabilität?   239

Schweres Trauma – oder «nur» schwere Kränkung?   240

Wenn das Trauma zur Belastungsstörung wird   243

Was hilft – und wie man sich wehren kann

Was sich lieben und was sich verändern lässt	249
Emotionale Gewalttäter erkennen – und ins Leere laufen lassen	252
Sich nicht alles gefallen lassen, nicht unterordnen	254
Achtsam gegenüber eigenen Gefühlen	257
Mitgefühl statt emotionaler Gewalt	259
Abhärtung durch Sticheleien?	261
Die Schmerztablette gegen Kummer?	262
Spray gegen das Trauma?	265
Runter mit dem Stresspegel	267

Schlusswort
Kümmern, Teilen, Lieben 273

Anmerkungen	275
Literaturhinweise	283
Dank	295
Register	299

VORWORT

Emotionale Gewalt – die unsichtbare Keule

Plötzlich fiel die Mutter um. Plötzlich und unvermittelt. Sie lag langgestreckt im Wohnzimmer auf dem Teppich und regte sich nicht mehr. Das kleine Mädchen stand fassungslos daneben. «Ich bin dann völlig verschreckt um sie herumgelaufen und habe versucht, sie hochzubekommen», erinnert sich die Tochter viele Jahre später, als sie längst erwachsen ist. «Es hat eine Ewigkeit gedauert, bis sie wieder aufgestanden ist. Erst als ich irgendwann in der Ecke saß, heulte und nicht mehr konnte, rührte sie sich wieder.»

Das grausame Erziehungsritual der Mutter hat seinerzeit offenbar schnell die erwünschte Wirkung gezeigt. «Immer wenn ich mich nicht so verhalten habe, wie es Mama passte, hat sie tot gespielt. Ich habe dann bald alles haarklein genau so gemacht, wie sie es wollte.» Nichts war für das kleine Mädchen schlimmer als die Vorstellung, durch sein vermeintliches Fehlverhalten die Mutter zu verlieren. Die Tochter hätte sich lebenslang dafür verantwortlich gefühlt, wenn dem Menschen, den sie am meisten liebte, etwas passiert wäre. Davor hatte sie panische Angst. Der Grundstein für ein schlechtes Gewissen und Schuldgefühle, sobald es anderen nicht gutgeht, wurde damit schon früh gelegt.

«Sie hätten ihr Kind doch nie geschlagen, ist von solchen Eltern typischerweise zu hören», sagt Karl Heinz Brisch über jene Mutter, die sich tot gestellt und ihre Tochter immer wieder in Panik versetzt hat. Brisch leitet die Abteilung für Psychosomatik und Psychotherapie am Haunerschen Kinderspital der Universitätsklinik München. Und es stimmt – körperliche Gewalt spielt oft gar keine Rolle, wenn Menschen seelisches Leid zugefügt wird. Brisch beschäftigt sich mit der Entstehung und Entwicklung der frühkindlichen Bindung, der Beziehung zwischen Kindern und ihren Eltern in den ersten Lebensmonaten und -jahren – und damit, was dabei alles schiefgehen kann. Mit den Konsequenzen einer brüchigen Bindung müssen die Betroffenen schließlich ein Leben lang umgehen.

«Die Folgen solcher Erziehungsmethoden sind ziemlich dramatisch», sagt Brisch. «Dadurch verändert sich das Gehirn, dadurch verändert sich das Bindungsverhalten, und die Anfälligkeit für verschiedene Krankheiten steigt. Oft spielen solche Patienten später, wenn sie erwachsen sind, selbst tot.» Die emotionale Gewalt wird auf diese Weise in die nächste Generation weitergetragen, oftmals zeigen die Betroffenen sogar ganz ähnliche Verhaltensmuster, wie sie sie von den eigenen Eltern oder anderen nahestehenden Menschen einst ertragen mussten.

Mehr als zwei Wochen hatte er sich nicht gemeldet. Sie hatte ihm Nachrichten geschickt – keine Reaktion. Mehrmals sprach sie auf seinen Anrufbeantworter. Nichts. Die beiden waren seit wenigen Monaten zusammen, so etwas hatte sie noch nie mit einem Mann erlebt. Dann stand er eines Tages vor ihrer Tür, als sei nichts gewesen. Blumen hatte er im Arm – und die Einladung für ein «romantisches Wochenende», wie er es nannte. Er erklärte sich nicht, entschuldigte sich nicht und wollte nicht zugeben, dass sein Verhalten nicht in Ordnung war. Im Gegenteil, er erwartete, dass sie sein Abtauchen als selbstverständlich hinnahm. «Stell dich nicht so an», sagte er zu ihr.

Sie ließ sich trotzdem wieder auf ihn ein, verbrachte ein intensives Wochenende mit ihm und war von seinem Charme angetan. Sie war beeindruckt von seinen Geschenken und dem Zauber, den er beim Abendessen versprühte. Schauten die anderen Hotelgäste nicht sogar ständig herüber, wie galant dieser Mann war?

Zurück im Alltag, ließ er erneut ewig nichts von sich hören. Sie schickte ihm einen kurzen Gruß – nichts. Sie schlug ein baldiges Treffen vor – nichts. Als sie ihm sagte, dass sie diese Ignoranz und Missachtung schlecht ertragen könne, schob er alle Schuld auf sie: «Du klammerst zu viel, ich brauche meine Freiheiten, dein Misstrauen ist krankhaft.» Bald begann sie, an sich selbst zu zweifeln, bis andere ihr bestätigten, dass sie sich von ihrem Freund manipulieren lasse und neuerdings alle Fehler bei sich suche. Dabei sei eindeutig er es, der ihre Gefühle missachte und sie immer wieder vor den Kopf stoße.

Die Assistenzärztin hatte bei der Chefarztvisite gerade «ihre» Patientin vorgestellt. Der Tross der Mediziner und Pflegekräfte stand schon wieder auf dem Gang und war kurz davor, das nächste Krankenzimmer zu betreten. Da ergriff der Chefarzt noch einmal das Wort: «Ein interessanter Fall», sagte er mit sanfter Stimme, den Blick auf die Ärztin gerichtet. «Verstanden haben Sie aber offenbar gar nichts, und Ihre Therapievorschläge grenzen an Körperverletzung.» Sein Tonfall klang besonders fürsorglich – und dafür umso gemeiner: «Vielleicht wäre es das Beste, wenn Sie sich beruflich umorientieren. Das Beste für uns alle.»

Überall kann es zu emotionalen Übergriffen, zu groben Gemeinheiten und fiesen Machtspielen kommen. Sie passieren geradezu nebenbei, immer dann, wenn Menschen zusammen sind, tagtäglich, einfach so. Beispiele gibt es viele – im Beruf, in der Schule, in Cliquen, Freundeskreisen und Vereinen, in der Partnerschaft und erst recht in der Familie.

Kränkung, Erniedrigung und Missachtung sind nicht nur schmerzhaft und verletzend, sie können das Seelenheil massiv beschädigen und Menschen dauerhaft krank machen. Die Folgen emotionaler Gewalt für Psyche *und* Körper sind immens, sie werden jedoch noch immer unterschätzt.

Unterschätzt und bagatellisiert

Karl Heinz Brisch hat zu Beginn des Jahrtausends eine internationale Konferenz über frühkindliche Bindungserfahrungen in München ins Leben gerufen, die sich schnell zu einem renommierten Symposium entwickelte. Experten aus aller Welt diskutieren jedes Jahr im Oktober drei Tage lang darüber, wie sich Störungen der frühkindlichen Beziehungen im späteren Verlauf des Lebens auswirken und zu typischen Verhaltensmustern, krankhaften Veränderungen und Ängsten führen können.

Als Brisch die Konferenz im Jahr 2016 zum fünfzehnten Mal organisierte und diesmal das Thema emotionale Gewalt auswählte, geriet der übliche Ablauf durcheinander. Diesmal war die Veranstaltung schon ein halbes Jahr vorher ausgebucht. Zwar war sie auch in den Vorjahren gut besucht gewesen, aber nie zuvor war der Andrang so groß.[1] Etwa 1500 Menschen interessierten sich für das Thema emotionale Gewalt.

Offenbar ist es auch deshalb von so großem Interesse, weil die Häufigkeit, flächendeckende Verbreitung wie auch die weitreichenden Folgen emotionaler Gewalt noch immer bagatellisiert werden. Man kann von einer doppelten Verniedlichung sprechen: Einerseits wird unterschätzt, wie oft es zu emotionalen Grobheiten und Herabsetzungen kommt. Andererseits werden die Folgen dieser alltäglichen Gemeinheiten und Erniedrigungen zumeist für läppisch und nicht weiter erwähnenswert gehalten. Jenen, die zum Opfer werden, wird zugemutet, das mit emotionaler Gewalt verbundene Leid auch klaglos zu ertragen.

Nicht jede Kränkung bedeutet emotionale Gewalt
Der deutschamerikanische Psychiater Erwin Straus hat in seiner Schrift «Geschehnis und Erlebnis» schon 1930 deutlich gemacht, dass nicht jede Beleidigung und Kränkung zwangsläufig mit drastischen Folgen für Körper und Seele einhergehen muss. Das Geschehnis bezieht sich auf den tatsächlichen Sachverhalt, also beispielsweise die Zurückweisung durch die Eltern, die Erniedrigung durch den Lehrer oder die Ausgrenzung im Freundeskreis. Wie diese Geschehnisse erlebt und verarbeitet werden, hängt jedoch von der individuellen Disposition ab, das heißt davon, wie stabil das eigene psychische Korsett ist, über welche stärkenden Ressourcen und Widerstandskräfte man verfügt und in welche Lebensphase das Ereignis fällt.
Manchmal ist der Zusammenhang von Geschehnis und Erlebnis nämlich erstaunlich gering, und auch heftige Demütigungen werden gut weggesteckt. In anderen Fällen wirken leichte Erschütterungen hingegen womöglich lange nach. Wer vermag schon zu sagen, wie es den Opfern starker frühkindlicher emotionaler Gewalt tatsächlich geht? Sind sie sich überhaupt der Tatsache bewusst, dass sie in einer herzlosen Umgebung ohne Zuneigung und Trost aufwachsen – und

> nehmen sie spätere Versuche der Erniedrigung folglich
> überhaupt als Torturen der Seele wahr?

Wie viele Menschen emotionale Gewalt erdulden müssen, lässt sich nicht genau sagen. In der Fachliteratur ist oft von «aversiven», also feindseligen Erlebnissen die Rede, die etwa sechzig Prozent der Bevölkerung kennen. Damit sind allerdings nicht nur Kränkungen und Erniedrigungen gemeint, sondern auch einschneidende Erfahrungen wie etwa schwere Unfälle oder der Verlust geliebter Menschen. Auch die emotionale Last, die sich nach körperlichen oder sexuellen Gewalterfahrungen auftürmt, zählt dazu.

Ab wann Kränkungen, Missachtung und seelische Verletzungen als emotionale Gewalt zu bezeichnen sind, lässt sich nicht endgültig sagen. Dies hängt nicht zuletzt vom subjektiven Empfinden des Opfers ab. Manche Therapeuten sprechen von emotionaler Gewalt, wenn negative Erfahrungen über eine Dauer von vier Wochen oder länger immer wieder im Alltag auftauchen und die Erinnerung daran nicht verblassen will. Solche Zeitangaben sind allerdings schwierig, weil Kränkungen auch noch nach sehr belastenden Wochen überschrieben werden können und dann kaum bleibende Spuren hinterlassen. Umgekehrt können auch einzelne Erlebnisse sich immer tiefer in die Seele fressen und dort dauerhaft Schaden anrichten.

Selbst in der Psychiatrie, Psychosomatik und Psychologie findet das Thema emotionale Gewalt noch relativ wenig Beachtung. Und wenn, dann wird zumeist an die Folgen von Kriegen, Folter und Vertreibung gedacht, an schwere Unfälle oder die Grausamkeiten und Lieblosigkeiten, wie sie Kinder aus Syrien erlebten, die im Bürgerkrieg ihre Eltern verloren haben und dann den Schrecken der monatelangen Flucht ertragen mussten. Oder es geht um systematische Misshandlungen, wie sie aus den rumänischen Kinderheimen unter dem Diktator Nicolae Ceauşescu dokumentiert sind. Bisweilen kommt das Thema auch infolge spektakulärer Kriminalfälle auf, wie etwa der Entführung von Natascha Kampusch. Aufgrund ihrer perfiden Grausamkeit beschäftigen sie manchmal monatelang die Öffentlichkeit. Kampusch war 1998 als Zehnjährige entführt und mehr als acht Jahre lang, genau waren es 3096 Tage, von ihrem Peiniger in einem Kellerverlies unter dessen Garage gefangen gehalten worden. Solche Traumatisierungen hinterlassen zumeist tiefe Spuren und Verwundungen, sind aber glücklicherweise sehr selten. Sie mit den alltäglichen Formen emotionaler Gewalt zu vergleichen, wird beidem nicht gerecht. Bei Letzterem geht es um unterschwellige Gemeinheiten, um Erniedrigungen und Kränkungen, um Vernachlässigung. Diese fiesen kleinen Torturen der Seele kennt fast jeder, sie ereignen sich in allen Lebensbereichen, überall, wo Menschen zusammenkommen, wo einer vom anderen abhängig ist und wo asymmetrische Machtverhältnisse ausgespielt werden können. Trotzdem gehen wir oftmals schnell über sie hinweg.

Dabei können die Folgen für die seelische wie körperliche Gesundheit gravierend sein, werden Menschen absichtsvoll gekränkt, verletzt und gedemütigt. Die gezielte Schädigung, die spürbare Wut und der Hass dabei wirken sich besonders zerstörerisch auf die Seele aus, denn so wird deutlich, mit welchem Ausmaß an Verachtung der andere entwertet werden soll. Drücken Eltern, andere nahe Angehörige oder wichtige Bezugspersonen ihr Missfallen auf diese destruktive Weise aus, ist das für die Opfer besonders verletzend.

Obwohl sie so häufig vorkommen, wird noch immer viel zu wenig über die kleinen und großen alltäglichen Gemeinheiten und Grausamkeiten gesprochen, zu denen Menschen in der Lage sind. Manchmal kann man sie tatsächlich schnell vergessen, besonders wenn sie im Affekt passierten, erkennbar nicht böse gemeint waren und man sich schnell wieder versöhnt. Gelegentlich führen sie jedoch zu tieferen Verletzungen – und trotzdem werden sie einfach hingenommen oder als gleichsam schicksalsgegeben angesehen.

In diesem Buch geht es um die alltägliche emotionale Gewalt, den Hagel an Gemeinheiten und Kränkungen, an Mobbing und Zurückweisung, dem viele von uns immer wieder und erstaunlich oft ausgesetzt sind. Denn auch diese Angriffe auf die Seele richten etwas mit uns an, sie kränken nicht nur, sondern machen manchmal sogar krank. Sie sind das Gift, das langsam in viele Familien und Paarbeziehungen einsickert, sie schädigt oder den Arbeitsplatz unerträglich macht.

Doch was genau ist emotionale Gewalt, in welchen Formen äußert sie sich, und wann wird aus Schroffheit und unfreundlichem Verhalten ein destruktives Vergehen? Emotionale Gewalt frühzeitig zu erkennen und zu unterbinden, das ist immer noch der beste Schutz. Doch wie kann man sich gegen derart übergriffiges Verhalten schon im Ansatz zur Wehr setzen?

Kleiner Stich – große Verletzung

Manchmal maßen sich der «Täter» oder die Tätergruppe an, selbst über die Intensität der Kränkungen zu urteilen. Waren sie überhaupt so heftig, dass sie zu Verletzungen führten? Jeder kennt die gängigen Sprüche, mit denen Angriffe verniedlicht, beschwichtigt und verharmlost werden sollen: «Stell dich doch nicht so an», «Sei keine Mimose», «Man wird doch wohl noch etwas sagen dürfen», «Das bildest du dir nur ein», «So war das doch nicht gemeint», «Du kannst wohl kein bisschen Kritik vertragen», «Hab dich doch nicht so», «Wer austeilt, muss schließlich auch einstecken können».

So oder ganz ähnlich lauten die Entgegnungen, wenn sich jemand doch mal darüber beschwert, dass er gekränkt worden ist, sich erniedrigt fühlt, fertiggemacht wurde. Dabei gilt: Allein der subjektive Leidensdruck zählt, nichts sonst. Schmerz lässt sich nicht objektivieren. Wie sehr jemand von einem bösen Wort oder einer garstigen Handlung verletzt worden ist, wie sehr die Zurückweisung schmerzt, das können Außenstehende nicht beurteilen. Das weiß und spürt nur der, der getroffen wurde.

Ein weiterer Punkt: Die Spuren emotionaler Gewalt sind unsichtbar und für Außenstehende meist nicht wahrzunehmen – auch wenn sie nur langsam verblassen. Eine Rippenserienfraktur oder ein kleiner Kinderkörper, der mit blauen Flecken übersät ist, sind hingegen ebenso klar als Folgen schwerer Misshandlung zu identifizieren wie ein Schütteltrauma oder Knochenbrüche, die in Krankenhäusern und Arztpraxen leider oft zu beobachten sind. Ärzte kennen die typischen Anzeichen für rohe Gewalt gegenüber Kindern genauso wie die Ausreden der Eltern oder anderer gewalttätiger Angehöriger.

Kränkung, Zurückweisung, beharrliches Schweigen, Demütigung oder offener Hass werden ähnlich schmerzhaft erlebt wie physische Verletzungen, lassen sich aber in ihren Auswirkungen auf den ersten Blick bei weitem nicht so eindeutig erkennen. Deswegen sprechen Ärzte und Therapeuten auch von emotionaler Gewalt als einer «unsichtbaren Keule». Die Verletzungen der Seele sind viel schwerer zu erahnen, verheilen aber teilweise nie oder brechen immer wieder auf. Wie man verhindern kann, dass emotionale Gewalt entsteht, und wie man mit ihren Folgen umgeht, wenn es dennoch passiert, das ist das Thema dieses Buches.

WAS WIRKLICH WEH TUT

Emotionale Gewalt kann in vielen Spielarten vorkommen. Manchmal äußert sie sich in Vernachlässigung, Ausgrenzung oder Ignoranz, dann in offener Ablehnung und Feindseligkeit. Zudem gibt es verschiedene Formen manipulativen Verhaltens: Das Gegenüber soll zu einem anderen Empfinden bewogen werden, seine Gefühle werden abgewertet oder in eine bestimmte Richtung gelenkt. Emotionale Erpressung, «Gaslighting» und das Verhalten von «Energievampiren» sind dann an der Tagesordnung.

Zwar gibt es typische Muster dessen, wie Menschen anderen Menschen psychisch weh tun, aber dennoch sind die Ausformungen und Bilder individuell. Für die eine ist der Inbegriff emotionaler Gewalt die tadelnde Miene der Mutter, die das Verhalten der Tochter strengstens missbilligt. Für den anderen ist es der abschätzige Blick oder das Kopfschütteln des Vaters, der seinem Sohn mal wieder nichts zutraut. Beim Dritten ruft die Erinnerung an das hämische Lachen der Klassenkameraden, die er eigentlich für seine Freunde hielt, auch Jahre später noch eine Gänsehaut hervor.

«Ich war Luft für sie» –
Ignoranz und Vernachlässigung

Psychologen schätzen Ignoranz und emotionale Vernachlässigung als traumatisierende Erfahrung ein. «Nicht beachtet und nicht beantwortet zu werden, ist eine besonders schmerzliche Erfahrung», sagt Bindungsexperte und Kindertherapeut Karl Heinz Brisch. «Das gilt für Kinder und Erwachsene, für Paare und Alleinstehende, sowohl privat als auch im Beruf. Es gibt Familien, in denen es seit Generationen Tradition ist zu schweigen, wenn man böse auf den anderen ist. Ignorieren als Strafe.» Äußerlich mag es solchen Kindern zwar gutgehen, manchmal sind sie sogar materiell verwöhnt, aber seelisch verhungern sie. Sie bekommen keine Anerkennung und Achtung. Eine auf sie gerichtete Aufmerksamkeit erleben sie vor allem in Form von Beschimpfungen oder Missbilligung.

Manche Wissenschaftler halten die Verheerungen durch einen extremen emotionalen Rückzug der Eltern oder anderer wichtiger Bezugspartner für ähnlich oder genauso gravierend wie jene durch körperliche oder sexuelle Gewalt. Dabei spielt es keine Rolle, aus welchem Grund die Eltern sich ihren Kindern nicht widmen, ob sie wegen Suchterkrankungen nicht in der Lage dazu sind, ob sie selbst an Persönlichkeitsstörungen leiden oder schlicht gefühlskalt sind. Menschen sind soziale Wesen, sie sind lebensnotwendig auf Austausch, Beziehung und Interaktion angewiesen. Zahlreiche grausame Beispiele aus der Geschichte, in denen Menschen (besonders oft waren es Kinder) ohne Zuwendung und Nähe leben mussten, zeigen, dass in der Folge bald nicht nur die Seele verkümmert, sondern auch der Körper.

Der Mensch gehört zu den Säugetieren, aber Homo sapiens hat sich auch deshalb weiter als die anderen Arten entwickelt, weil er die Fähigkeit zur Kooperation besitzt. Eingebunden zu sein, in

Austausch miteinander zu treten und Resonanz vom Gegenüber zu erfahren, ist eine zentrale Voraussetzung der Gesunderhaltung.[2] «Einsamkeit macht fast alle Menschen krank, dafür gibt es mittlerweile etliche Untersuchungen und Beweise», sagt Harald Gündel, Chef der Abteilung für Psychosomatik am Universitätsklinikum Ulm.[3] «Mangelnde Akzeptanz und Wertschätzung wirken nicht nur im Gehirn, sondern im gesamten Körper, vor allem über erhöhte Entzündungswerte, und diesem Mechanismus liegen etliche körperliche und seelische Erkrankungen mit zugrunde.»

Schon Sigmund Freuds Schrift «Ein Kind wird geschlagen» aus dem Jahr 1919 legt nahe, dass eine schlechte Behandlung oder problematische Beziehung für einige Menschen weniger folgenreich ist als die absolute Vernachlässigung. Manche Betroffene geraten immer wieder in stark entwertende Beziehungen und haben ein Leben lang mit den Auswirkungen zu kämpfen. Keinerlei Reaktion hervorzurufen, im anderen nicht gespiegelt zu werden und nichts bei ihm zu bewirken, kann zu Gefühlen der existenziellen Selbstentwertung führen und jähen psychischen Vernichtungsschmerz auslösen. Man fühlt sich buchstäblich als nichts und niemand – ohne sozialen und emotionalen Halt im luftleeren Raum.

Körperliche Gewalt tut zwar weh und ist zudem mit einer groben Erniedrigung verbunden. Sie lässt sich jedoch manchmal womöglich einfacher ertragen, als überhaupt nicht beachtet zu werden, so die Schlussfolgerung etlicher Wissenschaftler. Natürlich sei physische Gewalt durch nichts zu rechtfertigen, doch immerhin komme es dabei zu einer Reaktion des Gegenübers. Man bezieht sich aufeinander, löst etwas aus, der Täter verhält sich zum Opfer – auch wenn es in diesem Moment hauptsächlich Aggressionen, Wut und Hass sind, die er ihm entgegenbringt.

«Vernachlässigung und Traumata hinterlassen biologische Narben, die wir nur schwer wieder loswerden», sagt Charles Nemeroff, Psychiater an der Universität Miami. «Die schlimmsten Folgen für Leib und Seele können entstehen, wenn Kinder vernachlässigt werden.» Auch wenn eine Hierarchisierung des Grauens seltsam anmutet – die Auswirkungen emotionaler Gewalt können gravierender sein als jene von körperlichem oder sexuellem Missbrauch. «Alles wird abgetötet, erscheint dumpf, und das Gefühlsleben ist runterreguliert», sagt Martin Sack, Traumaexperte und Arzt für Psychosomatik am Klinikum der Technischen Universität München. In den meisten Missbrauchsfällen hingegen entwickeln die Opfer Gefühle der Selbsterhaltung wie Wut und Aufbegehren, die sie gegen ihre Peiniger richten. Hier hat der Hass wenigstens ein Ziel.

Vernachlässigte Kinder haben jedoch kein Gegenüber. «Der Schaden durch das, was man nicht hat, ist womöglich der allergrößte», sagt auch Michael Rutter, Kinderpsychiater aus London. Psychiater aus Atlanta und Miami haben bereits vor ein paar Jahren gezeigt, dass die kognitiven Defizite von Erwachsenen, die als Kinder missbraucht oder vernachlässigt wurden, unterschiedlich stark ausgeprägt sind.[4] Bei den traumatisierten Probanden war nicht nur die Gefühlsverarbeitung beeinträchtigt, sondern auch das visuelle Gedächtnis und das zielorientierte Lösen von Aufgaben, wobei frühkindliche Vernachlässigung die stärksten emotionalen Störungen nach sich gezogen hatte. Neben der emotionalen Stabilität waren auch die Intelligenz und das Erinnerungsvermögen spürbar beeinträchtigt; zum seelischen Schaden kam ein kognitiver.

«Emotionaler Missbrauch ist wohl die häufigste und schädlichste Form des Missbrauchs», sagt Shelley Riggs von der Universität Denton in Texas. «Bei Kindern besteht die große Schwierigkeit darin, dass die Eltern sowohl die Ursache als auch die Lösung des Problems sind.» Die seelischen wie körperlichen Langzeitfolgen sind außerordentlich schwer, wenn man ausgerechnet von denen verletzt wird, die man liebt und auf die man in den ersten Lebensjahren – im Wortsinne – auf Gedeih und Verderb angewiesen ist. Eltern haben es in der Hand, ob sie die von ihnen zugefügten Wunden verheilen lassen oder ob sie sie immer wieder aufs Neue aufreißen und ihre Kinder so dauerhaft einschüchtern und kränken.

Unternehmen Mutter oder Vater keinerlei Versuche, die Erniedrigungen wiedergutzumachen und die Kränkungen oder ihr ablehnendes Verhalten zurückzunehmen, drohen Störungen, Irritationen und Beschwerden, und zwar nicht nur seelische, sondern auch körperliche. Das tägliche Miteinander, die Beziehungen zu anderen Menschen – für die Opfer von emotionaler Gewalt liegt auf alledem ein schwerer Schatten, der ihr Leben auf lange Sicht verdunkeln kann. Jeder, der so etwas durchlitten hat, reagiert unterschiedlich darauf, aber die Folgen können sich auch noch nach vielen Jahren bemerkbar machen und ein Leben chronisch beeinträchtigen oder gar zerstören.

Emotionale Erpressung

Klar: Die, von denen man besonders geliebt werden möchte, weil man sie selbst so sehr liebt, will man am wenigsten enttäuschen. Für sie würde man alles tun. Insofern ist es besonders perfide und gemein, wenn jene Menschen, oft sind es die Eltern oder der Partner, mehr Gefühle, mehr Aufmerksamkeit, mehr Zuwendung einfordern, als man zu geben in der Lage ist – und im Gegenzug mal eben die Grundpfeiler der Beziehung in Frage stellen, wenn ihre Erwartungen nicht erfüllt werden.

Häufig sind es die engen Beziehungen, die überfrachtet werden mit hohen Ansprüchen und festen Vorstellungen davon, wie man sich zu verhalten und was man zu geben hat. Wenn Kinder in die Pubertät kommen und sich langsam von zu Hause ablösen, ist die Wahrscheinlichkeit für die Kollision zwischen Anspruch und Wirklichkeit – und für eine nachfolgende Konfrontation – besonders groß.

> **«Du weißt schon, warum es mir schlechtgeht»**
> «Ich dachte, du liebst mich!?» Was für ein Satz. Mit voller Wucht zielt er unter die Gürtellinie, zumindest unter die emotionale. Ein ganzer Strauß von nagenden Erwartungen und Anforderungen schwingt mit – wie auch der kaum zu überhörende Vorwurf, dass sie nicht oder längst nicht ausreichend erfüllt werden. «Ich hatte angenommen, dich interessiert es schon ein bisschen, wie es mir geht», ist ein weiterer Klassiker aus dem vielfältigen Arsenal der emotionalen Waffen, der immer wieder in der Familie oder in Paarbeziehungen fallengelassen wird. Genau wie dieser: «Überleg dir mal, warum ich so schlechter Laune bin, du wirst schon selbst darauf kommen.»
> Sie alle zielen darauf ab, dass der andere sich mies fühlt und ein schlechtes Gewissen bekommt. Erst wird er beschämt, weil er dem Partner nicht genügend Aufmerksamkeit gewidmet hätte. Und zur Strafe soll man dann auch noch herumrätseln, warum der offenbar Gekränkte jetzt unzufrieden ist. Dabei handelt es sich um ein abgekartetes Spiel. Es ist von vornherein festgelegt, wer hier zum Schuldigen erklärt werden soll.

«Weißt du eigentlich, welche Sorgen ich mir gemacht habe?», sagt die Mutter zu ihrem sechzehnjährigen Sohn. «Ich hatte gehofft, du würdest auch mal an mich denken und früher nach Hause kommen, aber das ist wohl zu viel verlangt. Kannst du dir vorstellen, wie es mir geht?» Nein, das kann sich der junge Mann vermutlich gerade nicht vorstellen, er selbst war ja kein bisschen in Sorge, sondern in unbeschwerter Stimmung mit seinen Freunden unterwegs.

Jetzt soll er sich irgendwie dafür verantwortlich fühlen, dass seine Mutter so aufgebracht ist. Er kann allerdings beim besten Willen nichts entdecken, was man an seinem Verhalten aussetzen könnte, fühlt sich aber erst mal schlecht. Wenn er diese Attacke wehrlos über sich ergehen lässt und erlaubt, dass seine Gefühle auf diese Weise manipuliert werden, wird er beim nächsten Mal wohl nur noch ungern abends ausgehen – oder ständig daran denken, dass er seiner Mutter «zuliebe» früher wieder heimkommen sollte. Und selbst wenn er das tut, wird er das ungute Gefühl haben, wieder irgendetwas falsch gemacht zu haben.

Um diese Situationen fair einschätzen zu können, spielen allerdings auch die Motive der Mutter eine wichtige Rolle. Handelt sie vor allem aus Liebe und dem Wunsch nach Nähe zu ihrem Sohn, ist ihre ständige Sorge zwar trotzdem anstrengend für ihn, aber noch einigermaßen verständlich. Wenn jedoch hauptsächlich *ihre* Befindlichkeit im Mittelpunkt steht und sie eigentlich traurig darüber ist, dass *sie* selbst kaum noch Möglichkeiten findet, auszugehen oder sich anderweitig zu vergnügen, geht sie mit den Gefühlen ihres Sohnes auf manipulative Weise um. Eine Weile wird er ihre gluckenhafte Sorge vermutlich noch ertragen und ihr zuliebe früher nach Hause kommen – um sich dann irgendwann abrupt von ihr abzuwenden. Dann hat er durchschaut, dass es ihr nicht primär um ihn, sondern um sich selbst geht.

Belauert von Energievampiren

Es gibt diese ewig fordernden Menschen, die vermutlich in jedem Bekannten- oder Freundeskreis ihren festen Platz haben. Sie schütten ihren Gesprächspartnern ebenso regelmäßig wie ungefragt ihr Herz aus, wollen sich endlich mal in Ruhe aussprechen. Vor allem aber erwarten sie, dass man sich permanent mit ihnen beschäftigt, sich ihnen widmet und immer ein offenes Ohr für ihre Probleme hat.

Sie haben ja auch ihr Kreuz zu tragen, das Schicksal hat sie hart getroffen: Ständig befinden sie sich in irgendwelchen verzwickten Situationen, skizzieren Zwangslagen, beklagen ihren emotionalen Ausnahmezustand – und finden nur selten allein wieder hinaus. Und dann ist man gefordert, soll Rede und Antwort stehen, gute Ratschläge geben und sich voll und ganz dem Menschen und seinem aktuellen Thema widmen. «Was würdest du denn machen?», «Wie soll ich mich nur entscheiden?», «Sag mir doch bitte mal, was du darüber denkst», lauten die Aufforderungen.

Unter guten Freunden, in der Familie und in der Partnerschaft ist man zunächst natürlich gern bereit, zuzuhören und dem anderen beizustehen. Es ist schließlich üblich, dass man sich mitteilt, wenn einen etwas bedrückt und die Sorgen allzu groß werden – und selbstverständlich steht man anderen dann bei. Der Dank dafür ist groß – «Du hast mir echt geholfen» –, aber damit ist es nicht gut und nie genug.

Es ist ganz dringend
Wenn sie anruft, fragt sie nicht danach, ob sie stört und ob ihre Freundin gerade Zeit für sie hat. «Du, Klara, es ist ganz wichtig, ich muss dich unbedingt sprechen», sagt die 38-Jährige dann. «Er will sich von mir trennen, ich halte das

nicht noch mal aus.» Klara kennt das Muster schon, sie weiß, wie diese Anrufe ablaufen, will beruhigen und beschwichtigen – und nebenbei darauf hinweisen, dass sie gerade dabei ist, ihre Kinder ins Bett zu bringen.
Aber Klara kommt gar nicht erst zu Wort. «Heute brauche ich dich wirklich, ich weiß nicht mehr, was ich tun soll», sagt ihre Freundin dann. «Ich kann einfach nicht mehr.» So hart es klingt, auch diese Ausrufe der Verzweiflung gehören zur Routine der regelmäßigen Telefonate. Klara kann sich jedoch nicht dagegen wehren. Sie hört von der Not ihrer Freundin, lässt sich darauf ein. Ihr Mann rollt mit den Augen, bringt unterdessen die Kinder ins Bett. Es dauert fast zwei Stunden, bis das Gespräch beendet ist. Klara fühlt sich hinterher leer und erschöpft. Eine Lösung ist damit aber noch lange nicht gefunden. Das nächste Telefonat wird wieder nahezu identisch ablaufen.

Energievampire erkennen
- Energievampire kennen fast nur Probleme, selten Lösungen
- Ihre Themen sind meist die gleichen, beispielsweise klagen sie jahrelang über den miesen Partner oder den fiesen Chef, ohne einen Versuch zu unternehmen, etwas zu ändern
- Sie nehmen in einer Beziehung viel, geben aber wenig
- Antworten, Ratschläge, Standpunkte und Zeit fordern sie von anderen intensiv ein, manchmal ohne Aufschub – jetzt und sofort
- Eventuell drohen sie mit Liebesentzug oder anderen manipulativen Techniken, wenn man sich ihnen nicht ausreichend widmet

Auch in engen Beziehungen bleibt nicht immer genügend Zeit und Raum, um sich anderen zu widmen. Manchmal passt es einfach nicht, und das Gegenüber sieht sich gerade nicht dazu in der Lage, auf den anderen einzugehen. Wird dann die Forderung penetrant weiter erhoben, stellt das Beziehungen schnell auf die Probe. Einige Menschen wollen partout nur über ihre Schwierigkeiten und Probleme reden und drängen sie dem anderen auf. Sie erkennen nicht die Signale, die anzeigen, dass es ihrem Gegenüber zu viel wird, dass er sich nicht immer auf die Sorgen des anderen einlassen kann – und es ab und an auch gar nicht will. Sie werfen immer wieder die gleichen Fragen und Probleme auf: «Was soll ich nur tun, wie würdest du dich entscheiden, ich weiß echt nicht mehr weiter.»

Klar kann es Phasen im Leben geben, in denen alles auf dem Kopf steht und sich vieles verändert. Dann tut eine enge Freundin oder ein wahrer Freund gut, ist manchmal sogar überlebenswichtig – irgendwo muss man sich ja fallenlassen können und einen sicheren Hafen haben. Wer aber immer weiter drängt und Lösungen und Antworten einfordert, setzt das Gleichgewicht von Geben und Nehmen unweigerlich aufs Spiel. Freundschaft und Beziehung beruhen zu großen Teilen auf Freiwilligkeit und Gegenseitigkeit. Ausgewogen ist es nicht, wenn einer wieder und wieder alte Themen aufrollt und Stellungnahmen zu allem und jedem einholt. Der Adressat dieser Forderungen fühlt sich irgendwann erschöpft und ausgenutzt. Energievampire tun keiner Beziehung gut, denn sie benutzen ihr Gegenüber dazu, ihre eigene Egozentrik zu pflegen. Ohne es zu bemerken, kreisen sie fast ausschließlich um ihre eigenen Themen.

Gelegentlich kommen Vorwürfe und emotionale Erpressungen nach typischem Muster hinzu: «Ich dachte, ich könnte mich auf dich verlassen. Es ist hart, dass du mich gerade jetzt im Stich lässt, wo ich dich so sehr brauche. Das hätte ich nicht von dir gedacht.» Je größer das Unglück des Energievampirs, desto höher auch seine Ansprüche an den anderen. Hier kommt es auf eine freundliche, aber deutliche Abgrenzung an. Wenn einem etwas an der Beziehung liegt, sollte man dem Energievampir klarmachen, dass Freundschaft nichts damit zu tun hat, den anderen unter Druck zu setzen und emotional auszusaugen.

Freundschaften sind nie vollkommen ausgewogen, mal braucht der eine mehr Unterstützung, mal der andere. Wenn das Verhältnis aber auf Dauer unausgewogen bleibt und aus der Freundschaft eine therapeutische Rettungsbeziehung zu werden droht, ist es höchste Zeit für eine Klärung – was man geben kann und zu geben bereit ist und wo die emotionale Einbeziehung ihre Grenzen hat.

«Gaslighting» – wenn plötzlich alles in Frage steht

«Was könnte ich heute nur wieder falsch gemacht haben?» – «Bestimmt hast du recht, dass der Fehler bei mir liegt.» – «Ob alles fertig vorbereitet ist, wenn sie nach Hause kommt?» – «Wahrscheinlich bin ich zu empfindlich, aber schon lange habe ich das Gefühl, dass ich nicht gut genug für ihn bin.»

Wenn sich jemand immer wieder mit diesen oder ähnlichen Fragen beschäftigt, sich für unnütz, fehlerhaft und schwach hält, liegt es nahe, dass er oder sie emotional manipuliert wird. Die Technik des Gaslightings besteht darin, den Gefühlen des Opfers ihre Berechtigung abzusprechen. Immer wieder behauptet der Täter, das Opfer hätte sich geirrt und etwas gesagt oder getan, woran es sich jedoch partout nicht erinnern kann. Diese Versuche der Manipulation kommen so häufig vor, dass das Opfer irgendwann selbst daran glaubt – oder gar befürchtet, den Verstand zu verlieren. Unwahrheiten werden verbreitet, Tatsachen verdreht, bis das Opfer den eigenen Gefühlen und Wahrnehmungen nicht mehr vertraut und dem Täter schutzlos ausgeliefert ist. Erst kommt der Zweifel, dann die Verzweiflung.

Wenn die Gaslampe flackert
Der Begriff «Gaslighting» ist dem Film «Das Haus der Lady Alquist» aus dem Jahr 1944 entlehnt, der im amerikanischen Original «Gaslight» heißt. Im Mittelpunkt steht das Leben eines Ehepaares, in dem sich unheimliche Dinge zutragen. Paula (gespielt von Ingrid Bergman, die für diese Rolle den Oscar bekam) verliert eine Brosche, die ihr Mann Gregory (Charles Boyer) ihr zuvor geschenkt hatte. Ein Bild verschwindet von der Wand, woraufhin Gregory vermutet, dass Paula es weggenommen hat. Sie kann sich daran jedoch nicht erinnern. Paula hört Schritte auf dem Dachboden, der eigentlich verschlossen ist. Das Licht der Gaslampen flackert immer wieder während des Essens – was Gregory angeblich nicht sieht. Wertgegenstände verschwinden, Gewohntes steht nicht mehr an seinem Platz, an Gespräche erinnern sich beide völlig unterschiedlich.
Gregory hat keinerlei Verständnis für die Irritationen seiner Frau und redet ihr ein, dass sie sich die rätselhaften Vorkommnisse nur einbilde. Er schirmt Paula immer mehr von der Außenwelt ab und versucht, sie davon zu überzeugen, dass sie – wie ihre bei der Geburt verstorbene Mutter angeblich auch – wohl langsam wahnsinnig werden würde. Paula glaubt irgendwann daran. Später zeigt sich jedoch, dass Gregory seine Frau mit Lügen und Täuschungen in den Wahnsinn zu treiben versucht, um im Haus nach den verschollenen Juwelen ihrer (ebenfalls von ihm) ermordeten Tante suchen zu können. Er versteckt Dinge, verrückt Möbel

> und manipuliert nicht nur Paulas Wahrnehmung, sondern auch die Gaszufuhr auf dem Dachboden, wodurch gelegentlich das Licht flackert und die Schritte dort zu erklären sind.

Die Techniken des Gaslightings sind perfide auf die Spitze getriebene Manipulationsversuche. Täuschen, Lügen, Verunsichern gehören zu den gebräuchlichen Werkzeugen. Nur selten steht wie im namensgebenden Film ein Verbrechen hinter dieser besonders hinterhältigen Form der emotionalen Gewalt. In jedem Fall geht es aber um Machtausübung und Einschüchterung. Zu bemerken, wie leicht sich das Gegenüber verunsichern lässt, bis es schließlich der eigenen Wahrnehmung misstraut, kann einen Zugewinn an eigener Stärke bedeuten. Wenn dann das Opfer einlenkt und zugibt, sich wohl getäuscht zu haben, ist die Manipulation schon bald gelungen.

Die amerikanische Psychologin Robin Stern hat zahlreiche Beispiele für Gaslighting beschrieben – und die verschiedenen Typen, die sich dieser manipulativen Technik bedienen, vom Charmeur bis zum dreisten Lügner.[5] US-Präsident Donald Trump ist offenbar einer jener Menschen, die sich des manipulativen Gaslightings bedienen, wie Stern in ihrem Buch berichtet. Auf Twitter behauptete er demnach, in die Talkshow des linksliberalen Comedians und Trump-Kritikers John Oliver eingeladen worden zu sein: «John Oliver hat seine Leute bei mir anrufen lassen, um mich zu seiner sehr langweiligen Talkshow einzuladen, die sich kein Mensch ansieht. Ich sagte NEIN DANKE. Reine Zeit- und Energieverschwendung!»

Ein kleines Detail stimmte hier nicht. Oliver hatte Trump nie eingeladen oder einladen lassen. Er wollte ihn keineswegs in seiner Talkshow haben. Trotzdem behauptete Trump das Gegenteil und erklärte in einer Radiosendung, dass es nicht nur eine, sondern vier oder fünf Anfragen gegeben habe. Diese dreiste Täuschung irritierte Oliver so sehr, dass er begann, seine eigene Wahrnehmung anzuzweifeln, und sich fragte, ob er den Präsidenten nicht vielleicht doch eingeladen hatte. «Es hat mich wirklich verunsichert, Ziel einer solch selbstsicheren Lüge zu sein», gab Oliver in seiner Talkshow später zu. «Ich habe sogar nachgeforscht, um sicherzugehen, dass niemand ihn versehentlich eingeladen hatte. Hatte aber natürlich niemand.»

Das Bemerkenswerte an dieser Geschichte ist, dass Oliver dem Präsidenten der USA in keiner Weise nahesteht, weder persönlich noch familiär, beruflich oder finanziell. Er ist auch keine verschreckte graue Maus, die sich leicht einschüchtern lässt, im Gegenteil. Und trotzdem lässt sich sogar ein selbstbewusster Fernsehstar wie er kurzzeitig von einer klaren Falschbehauptung dazu bringen, seine Wahrnehmung in Frage zu stellen. Das spricht keinesfalls dafür, dass Oliver charakterlich labil ist, es zeigt vielmehr die unheimliche Macht emotionaler Manipulationen.

Seelischer Vernichtungsschmerz

Der Soldat ist nach langem Gefecht gefangen genommen worden und seinen Gegnern nun schutzlos ausgeliefert. Die beratschlagen sich allenfalls kurz, dann entscheiden sie, mit dem Feind kurzen Prozess zu machen. Ihm werden die Augen verbunden, und schon spürt er den Lauf einer Pistole an seinem Hinterkopf. Die Sekunden dehnen sich unendlich, die Zeit scheint stillzustehen. Manchmal macht sich das Opfer vor Todesangst in die Hose, was seine Peiniger erst recht amüsiert.

Es gibt verschiedene Spielarten dieser psychischen Tortur. Entweder ertönt der klickende Abzug der ungeladenen Pistole und lässt den Delinquenten in Panik verfallen. Oder die Sieger des Kampfes brechen in höhnisches Gelächter aus und nehmen dem Opfer die Augenbinde wieder ab. Sie haben gezeigt, dass sie fähig sind, die ultimative Macht auszuüben, die ein Mensch haben kann: Herrscher über Leben oder Tod zu sein. In einem willkürlichen Gnadenakt haben sie ihr Opfer zunächst überleben lassen. Es weiß aber, dass es jederzeit wieder so weit sein kann und dass der vorläufige Aufschub kein Ende seiner Gefangenschaft bedeutet. Seiner Unterlegenheit und des Ausgeliefertseins wird es sich so nur umso bewusster.

Solche oder ähnliche Szenen kommen in nahezu jedem Western und in vielen mittelmäßigen Krimis vor – und leider auch im richtigen Leben. Wer erlebt hat, im letzten Moment davongekommen und dem Tod gerade noch mal von der Schippe gesprungen zu sein, kann dauerhaft ein Trauma davontragen. Zu tief hat sich der Schrecken eingebrannt. Zu groß war die Überzeugung, dass nun das letzte Stündlein geschlagen hat.

Wenn sich der Schrecken dann auflöst und als makabres Spiel entpuppt, werden die psychischen Qualen womöglich nur noch größer. Dann zeigt sich die eigene Ohnmacht umso mehr: Vielleicht wird man ja doch im nächsten Moment erschossen, vielleicht misshandelt, vielleicht aber auch überraschend freigelassen.

Aus der Medizingeschichte ist der Fall eines zum Tode verurteilten Mannes überliefert, mit dem Ärzte in Indien in den 1930er Jahren ein grausames Experiment durchführen durften. Der Delinquent bekam die Augen verbunden, wurde mit Armen und Beinen an vier Bettpfosten gebunden, und dann sagten ihm die Mediziner, dass sie ihm nun an Händen und Füßen Schnittwunden zufügen würden. Er werde kaum Schmerzen haben, aber dadurch langsam verbluten.

Nachdem sie die Haut ihres Opfers eingeritzt hatten, stachen die Ärzte kleine Löcher in vier Wasserbeutel, die an den Bettpfosten angebracht waren. Darunter standen Blechschüsseln, sodass das Tropfen des Wassers deutlich zu hören war. Mit der Zeit rann es langsamer in die Schüsseln, der Atem des Mannes ging nun ebenfalls langsamer, irgendwann bewegte er sich gar nicht mehr. Er war tot – dabei hatte er höchstens ein kleines Glas voll Blut verloren. Er starb nicht an diesem Verlust, sondern daran, dass er glaubte, jetzt sterben zu müssen.

Worauf es ankommt

- *Emotionale Gewalt kann sich in vielen Ausprägungen zeigen. Seelische Vernachlässigung und Ignoranz können schlimmere Folgen haben als körperlicher oder sexueller Missbrauch. Der Mensch ist als soziales Wesen darauf angewiesen, im anderen eine Reaktion hervorzurufen.*
- *Emotionale Erpressung kommt besonders häufig in Familien oder Partnerschaften vor. Erwartungen werden geäußert, Liebesbeweise eingefordert, und wenn die Bedürfnisse nicht erfüllt werden, stehen schnell die Nähe und Intensität der Beziehung in Frage. Der Grundstein für Schuldgefühle und ein schlechtes Gewissen wird auf diese Weise früh gelegt.*
- *Energievampire wollen, dass man sich ihnen immer voll und ganz widmet. Sie bedrängen ihnen nahestehende Menschen, sich noch intensiver mit ihnen und ihren Gefühlen zu beschäftigen und permanent mit Rat und Tat zur Seite zu stehen. Einer gibt, der andere nimmt. Die Beziehung wird asymmetrisch – das kann auf Dauer nicht gutgehen.*
- *Eine besonders perfide Technik der Manipulation ist das Gaslighting. Dem Gegenüber werden seine Wahrnehmung und seine Gefühle abgesprochen. Irgendwann sucht er die Fehler und die Schuld nur noch bei sich. Durch dreiste Lügen werden sogar selbstbewusste Menschen nach und nach verunsichert.*
- *Vollkommen ausgeliefert zu sein und akut mit dem Tode bedroht zu werden, kommt einem seelischen Vernichtungsschmerz gleich. Die totale Ohnmacht und die Willkür der Peiniger, die jederzeit ihr Urteil vollstrecken oder sich gnädig zeigen können, führen zu einem Gefühl absoluter Hilflosigkeit, das lange anhalten oder immer wiederkehren kann.*

WAS ANFÄLLIG MACHT FÜR EMOTIONALE GEWALT

Es ist ein liebgewonnenes jährliches Ritual. Jeden Sommer wieder treffen sich die beiden Männer, die seit Schulzeiten befreundet sind, in einem Gasthof am See. Dann verbringen sie ein paar Tage gemeinsam in der Natur, sie wandern bis zur körperlichen Erschöpfung, abends gibt es deftige Mahlzeiten, dann fasertiefe Müdigkeit. Die Ausflüge dienen jedoch nicht nur dem freudigen Wiedersehen und der sportlichen Betätigung. Jedes Mal aufs Neue erzählt einer der Freunde ausführlich von der gemeinsamen Schulzeit, von einem besonders fiesen Lehrer, der ihn wiederholt gedemütigt hat. Diese Erlebnisse liegen inzwischen mehr als vierzig Jahre zurück, aber sie beschäftigen ihn noch immer und kehren regelmäßig schmerzhaft in seine Erinnerung zurück. «Komisch, ich kann mich gar nicht mehr richtig an diesen Lehrer erinnern», sagt der andere. «Ich habe zwar vieles aus dieser Zeit vergessen und beschönige wohl auch manches, aber ich habe vor allem eine heitere und unbeschwerte Schulzeit vor Augen.»

Die beiden Männer haben es im Leben längst zu etwas gebracht. Im Beruf erfolgreich, eine Familie mit den üblichen Herausforderungen, es hätte schlechter laufen können. Keinem von beiden würde man größere seelische Verletzungen oder Verwerfungen attestieren. Die üblichen Eigenheiten und Macken, aber die gehören nun mal zur menschlichen Grundausstattung. Trotzdem wird der eine seine unguten Erinnerungen an den peinigenden Lehrer nicht mehr los und muss immer wieder davon erzählen. Und der andere, der – wie fast jeder – in der Schule auch einige Male von seinen Lehrern mit unfreundlichen Worten bedacht wurde, entsinnt sich vor allem einer glücklichen Jugend und Schulzeit.

Wie kann das sein? Wie kommt es, dass einige Menschen auch noch nach Jahrzehnten mit großer Pein an unangenehme Gespräche, Zurückweisungen vom Lehrer und andere Kränkungen denken – während andere zwar ähnliche Erfahrungen machten, diese aber längst vergessen haben oder sich daran allenfalls noch als heitere Anekdoten im Stil der «Feuerzangenbowle» erinnern? Warum gelingt es manchmal, eine grobe Gemeinheit zu ignorieren oder zumindest schnell wegzustecken, während sie sich in anderen Fällen tief einprägt und immer wieder schmerzhaft bemerkbar macht?

Besonders verletzliche Phasen

«Es fehlt so etwas wie eine Kategorisierung dieser Menge an Niedertracht und gemeinen Erlebnissen, denen wir alle irgendwann mal ausgesetzt sind», sagt der Psychologe Winfried Rief von der Philipps-Universität Marburg. «Es kommt allerdings sehr auf die Dosis und den Zeitpunkt an, ob eine Kränkung so mächtig werden kann, dass sie zur emotionalen Gewalt wird.» Der Zeitpunkt und die Dauer der Traumatisierung spielen also eine äußerst wichtige Rolle. Die Vernachlässigung von Waisenkindern in Rumänien hemmte das Hirnwachstum beispielsweise nur geringfügig, wenn die Kinder währenddessen jünger als sechs Monate waren und bald danach in eine fürsorgliche Familie kamen. Waren sie hingegen schon älter als ein halbes Jahr, zeigten sich deutliche Verzögerungen der Hirnentwicklung.

Allgemein gilt zwar, dass mögliche Schäden umso wahrscheinlicher sind, je früher die emotionale Zurückweisung aufgetreten ist. Handelt es sich dabei aber nur um kurze Einschnitte, bleibt das Risiko für Spätschäden geringer, als wenn das Gemüt chronischer Gewalt ausgesetzt ist. Ob emotionale Gewalt krank macht, ist deshalb stark davon abhängig, ob sie nur einmalig oder über eine längere Dauer erfolgt.

Entscheidend ist außerdem, wer derjenige ist, der kränkt und verletzt. Handelt es sich um eine wichtige Bezugsperson wie die Eltern, den Partner oder einen anderen nahestehenden Menschen («significant other»), fallen die Folgen zumeist weitaus schlimmer aus als bei flüchtigen Bekannten. Das gleiche böse Wort kann einem den Boden unter den Füßen wegziehen, wenn es von einem geliebten Menschen kommt – oder auch unverrichteter Dinge wieder verhallen.

Zudem spielt es eine wichtige Rolle, welche Motive hinter der emotionalen Gewalt stehen. «Es ist immer die Frage, inwieweit die Kränkungen und Erniedrigungen zielgerichtet und absichtlich stattfinden», sagt Stephan Zipfel, Chef der Psychosomatik am Universitätsklinikum Tübingen. Ein Wutausbruch oder ein spontaner cholerischer Anfall können zwar ziemlich einschüchternd sein – so donnernd wie ein plötzliches Gewitter. Ebenso schnell aber ziehen solche Ausbrüche auch wieder vorbei, und da sie sich meist ohne zerstörerische Absicht ereignen, werden sie – Motto: Schwamm drüber – auch schnell wieder vergessen und entfalten keine destruktive Wucht.

Wenn der Täter allerdings absichtlich sein Gegenüber demütigt, dessen Rückgrat bricht und es klein macht, ist das etwas anderes. Dabei ist es für das Opfer unerheblich, ob es dem Täter darum geht, Macht zu demonstrieren, seine Unabhängigkeit gegenüber dem anderen zu zeigen oder ihn für eigene Zwecke auszunutzen. Auch sadistische Motive, Projektion und das Ziel, Menschen gefügig zu machen, können Ursachen für emotionale Gewalt sein.

Wer sich also durch ein garstiges Wort verletzt fühlt, dem mag es helfen, sich zu vergegenwärtigen, ob die in der ersten Wut hinausgeschleuderte Beschimpfung tatsächlich so böse gemeint war – oder nur den akuten Ärger anzeigte. An der Kalenderweisheit, dass nichts so heiß gegessen wird wie gekocht, ist durchaus etwas dran. Zumindest schärft sie die Aufmerksamkeit dafür, dass es – gerade in der Familie oder Partnerschaft – manchmal sinnvoll sein kann, die im Affekt gemachten Äußerungen zu ignorieren. Sich ernsthaft zu entschuldigen, wenn wieder Frieden eingekehrt ist, gehört ebenso dazu wie die Bereitschaft, nicht allzu nachtragend zu sein und die Beleidigungen, die dem anderen herausgerutscht sind, irgendwann zu vergessen.

Wann sind Aggressionen «böse»?

Laut, wütend und aggressiv zu sein, muss nicht zwangsläufig bedeuten, dass jemand ein böser Mensch ist. Ist ein vierjähriger Junge etwa böse, weil er unbedingt untersuchen will, was passiert, wenn er einen Käfer zerquetscht? Wahrscheinlich nicht. Es ist vielleicht nicht sehr appetitlich und sicher auch nicht tierfreundlich, was er da anstellt, sondern vielmehr durch Neugier und frühes forscherisches Interesse motiviert. Wahrscheinlich stellt es ihn sogar zufrieden, so brutal mit dem Käfer umzugehen, weil er sich dabei als kleiner Mann ziemlich «mächtig» fühlen kann.

Doch was passiert, wenn der Junge für sein Verhalten bestraft wird? Er wird daraus lernen, dass seine Aggressionen etwas Schlechtes sind und er sich damit in Zukunft besser zurückhalten sollte. Und er wird vermutlich auch lernen, dass er sich benehmen und im Griff haben sollte. Aber seine Aggressionen bleiben trotzdem. «Wenn Kinder sich nicht spielerisch mit ihren Aggressionen auseinandersetzen dürfen, können sie die später auch nicht gut regulieren», sagt Joram Ronel, Chefarzt für Psychosomatische Medizin an der Schweizer Klinik Barmelweid. «Also würde ich eher für eine lustvolle Konfliktfähigkeit auf allen Seiten plädieren als für eine normative Das-macht-man-nicht-Haltung.»

Man kann diesen Appell auch so verstehen: Wer früh lernt, seine Aggressionen halbwegs kontrolliert zuzulassen, läuft später vermutlich weniger Gefahr, andere zu kränken. «Oft sind ja diejenigen, die eben ‹nur› sticheln, erniedrigen und nicht dazu in der Lage sind, offen aggressiv zu sein, auch jene, die anderen das Leben besonders schwermachen. Schließlich sind die meisten Menschen nicht geübt darin, mit solchen ‹passiven› Aggressionen umzugehen», sagt Ronel. Also Freundlichkeit und Respekt unbedingt – aber wenn es doch mal laut wird, nicht gleich den Untergang der Zivilisation befürchten.

Verletzlich sind Menschen schon ganz früh in ihrer Entwicklung. Bereits Babys im Mutterleib bekommen den Stress und die seelischen Belastungen der Mutter «hautnah» mit. Im allerersten Lebensjahr, wenn die frühen Bindungen aufgebaut und stabilisiert werden sollten, reagieren Kinder besonders empfindlich auf fehlende Nähe und Störungen der Beziehungen. Auch wenn sie noch nicht reden können, haben sie feinste Antennen für die Stimmung in ihrer Umwelt.

Während der Pubertät kommt es ebenfalls immer wieder zu

heiklen Momenten. «Jeder kennt das: Ein falsches Wort und eine böse Schelte vom Lehrer, das kann bei Jugendlichen so viel kaputt machen. Da ist man noch unfertig und empfindlich und deshalb sehr fragil», sagt Psychologe Rief. «Je jünger man ist, desto anfälliger ist der Mensch für psychische Verletzungen», sagt Martin Sack, Oberarzt für Psychosomatische Medizin am Klinikum der Technischen Universität München. Gerade während der Entwicklungssprünge in Kindheit und Jugend, die mit Phasen des Zweifels und der Unsicherheit verbunden sind, können sich Kränkungen dauerhaft einprägen. «Im ganz hohen Alter steigt die Verletzlichkeit jedoch auch wieder an. Bei Senioren gibt es oft nicht mehr so viele positive Erlebnisse, die das Unangenehme verblassen lassen können, sodass die negativen Erfahrungen mehr Wucht entfalten.»

«Man kann schlechte Erfahrungen auch überschreiben», sagt die Psychologin Yvonne Nestoriuc vom Universitätsklinikum Hamburg. «Sie sind dann zwar nicht komplett und für immer verschwunden, aber sie werden abgelöst und überlagert von vielen guten Erlebnissen.» Das gilt ebenso für kleine Gemeinheiten wie für grobe Misshandlungen. Solche Mechanismen gehören zur menschlichen Strategie der Verarbeitung. Die Psyche weiß sich selbst schon einigermaßen zu helfen, wenn sie nicht zu stark malträtiert wird.

«Ich wurde beim Völkerball auch immer als eine der Letzten gewählt», erinnert sich die Psychologin lachend. «Aber dann war mir das irgendwann egal, und ich habe dafür meinen Spaß an anderen Betätigungen wie Leichtathletik und Tanzen gefunden – und mir gesagt, dass Ballspiele eben nicht unbedingt meins sind.»

Andere Forscher berichten anhand von zahlreichen Gesprächen mit Patienten, dass sogar schwere Misshandlungen in den Hintergrund treten können, wenn immer wieder gelungene Erfahrungen folgen, die die negativen überlagern. Diese Erkenntnis soll nicht das Leid derjenigen schmälern oder relativieren, die Schlimmes erlebt haben, von dem sie stets aufs Neue eingeholt werden. Sie zeigt allerdings, welche Ressourcen Menschen haben und wie kraftvoll und widerstandsfähig die Psyche sein kann.

Plötzlich ist alles wieder da

Da waren diese Jungs aus der Nachbarschaft, die ihren Spaß daran hatten, die Kleineren zu drangsalieren. Im Winter nahmen sie ihnen Mützen und Handschuhe weg, im Sommer klauten sie ihnen die Fußbälle, und dann und wann prügelten sie auch drauflos. Aus Angst, alles nur noch zu verschlimmern, erzählten die Zehnjährigen ihren Eltern lange Zeit nichts von den Quälereien. Da die Anführer der Bande meistens Lederjacken trugen, bekam einer der Jungen schon Angst, wenn er von ferne jemanden mit einer ähnlichen Jacke sah. Einmal, als er einen seiner Peiniger von weitem erblickte, versteckte er sich in einer Tankstelle und flehte den irritierten Tankwart an, dort bleiben zu dürfen. Er geriet in Panik und konnte nichts anderes tun als abzuwarten, bis sich der Größere wieder verzogen hatte.

Ein paar Tage später war der Junge mit seinem Freund allein unterwegs, als er den drei Rädelsführern wieder über den Weg lief. Diesmal blieb er ruhig. «Ihr könnt mir meinen Ranzen meinetwegen wegnehmen», sagte er mit fester Stimme. «Ist zwar ärgerlich wegen der Hefte, aber dann bekomme ich eben einen neuen, auch nicht schlecht.»

Warum Menschen mal panisch, mal mit einer posttraumatischen Belastungsstörung und mal vollkommen unbeeindruckt auf solch eine aufwühlende Situation reagieren, ist im Detail noch nicht geklärt. Warum sind manche Menschen trotz ähnlicher Erfahrungen oder einer vergleichbaren genetischen Ausstattung so viel anfälliger für psychische Krankheiten als andere? Weshalb ist mancher Zeitgenosse bereits von ein bisschen Trubel überfordert, zeigt schon nach kurzer Zeit Stresssymptome oder macht womöglich eine Angststörung oder eine Depression durch? Andere Menschen haben hingegen einen fordernden Job, kleine Kinder und etliche weitere Verpflichtungen, erleben ebenfalls unschöne Dinge, bleiben aber trotzdem gelassen. Vielleicht ist es schlicht Glück, vielleicht liegt es an den neurobiologischen Verschaltungen des Gehirns, denen gerade einfach nicht nach Krise ist. Umwelt, Gene, Traumata oder neurobiologischer Zufall – das alles und noch viel mehr bestimmt, wie wir mit belastenden Erlebnissen umgehen.

Da ist etwa der geübte Wintersportler, der als Kind während einer steilen Abfahrt im Hochgebirge in dichten Nebel geriet und erst nach langem Herumirren auf den richtigen Weg zurückfand. Er war ziemlich verschreckt, doch danach ist er etliche Male – auch bei widrigen Bedingungen – wieder Ski gefahren. Dann, er ist bereits Mitte dreißig, wird er plötzlich unruhig und gerät in Panik, als er mit Freunden im Engadin auf der Piste ist und die Sicht langsam schlechter wird. Die Freunde brauchen eine Weile, um ihn zu beruhigen. Doch warum bricht er jetzt in Panik aus – und nicht die Dutzende Male zuvor?

Psychische Leiden treten viel häufiger auf, als viele glauben. Jedes Jahr erleiden mehr als ein Drittel der EU-Bürger zumindest eine Episode oder gar längere Phase einer psychischen Erkrankung. «Wir alle werden wahrscheinlich irgendwann betroffen sein», sagt Hans-Ulrich Wittchen von der Technischen Universität Dresden. Bei jungen Erwachsenen ist die Diagnose etwas häufiger als bei älteren, in niedrigen sozialen Schichten ebenfalls. Zwei Drittel aller psychischen Leiden kündigen sich schon in frühen Jahren an. «Für die kindliche und jugendliche Entwicklung hat das dramatische Konsequenzen», sagt Wittchen. «Wer von psychischen Leiden betroffen ist, geht statistisch gesehen früher von der Schule ab, tut sich schwerer mit dem sozialen Lernen und bekommt häufiger Angststörungen.»

Für den Einzelnen und die Gesellschaft stellen psychische Leiden eine enorme gesundheitliche wie finanzielle Belastung dar. Dennoch hinkt die medizinische Versorgung noch immer grotesk hinterher. In den USA dauert es im Mittel neun Jahre, bis Patienten eine angemessene Therapie bekommen, in Deutschland sind es sechs Jahre. Vorher rennen sie von Arzt zu Arzt, durchlaufen den medizinischen Gerätepark, ohne dass der wahre Grund für ihre Beschwerden gefunden wird. Das liegt auch daran, dass sogar in den Industrienationen noch eine Art Analphabetismus herrscht, was die mentale Gesundheit angeht. «In der Schule wird kaum etwas dazu vermittelt, öffentlich sind psychische Leiden mit Ausnahme des Burnouts nur selten ein Thema, und sogar im Medizinstudium führen sie immer noch ein Nischendasein», beklagt Wittchen.

Und selbst wenn die Debatte aufflammt, wie nach dem Suizid des Fußballtorhüters Robert Enke im November 2009, ist sie nach kurzer Zeit wieder erloschen – und es ändert sich: wenig. Als der Fußballer Per Mertesacker im Frühjahr 2018 davon sprach, wie sehr ihn der psychische Druck im Profisport zu seiner aktiven Zeit belastet hatte, beklagte er, dass im Milliardenspiel Fußball bis heute nicht die Mühe und das Geld aufgewendet werden, um sich besser um die seelische Gesundheit der Kicker zu kümmern. «Ich war kurz davor, alles hinzuschmeißen. Insbesondere, weil eine Woche später alles war wie zuvor», sagte Mertesacker über die Zeit direkt nach der Trauerfeier für seinen Freund Enke. Das Gerede über mehr Menschlichkeit im Fußball sei wenig mehr als schöne Worte, konkrete Taten und Verbesserungen: Fehlanzeige.

Forscher haben inzwischen zwar eine Reihe möglicher Dispositionen erkannt, die manche Menschen psychisch anfälliger machen. So erhöhen eine überbehütende Mutter, die alles kontrollieren will, aber auch emotionale Zurückweisung die Wahrscheinlichkeit, später an einer Angststörung oder Depression zu erkranken. Kinder depressiver Eltern unterliegen ebenfalls einem größeren Risiko, selbst eine Depression zu bekommen. Klare Vorhersagen ergeben sich daraus aber nicht. Warum der eine erkrankt, der andere aber verschont bleibt, ist im Detail noch ungewiss.

Eine Frage der Gene oder der Gehirnwindungen?

Schützen Nähe und Körperkontakt vor Hektik, Belastungen und Stress? Eine schöne Vorstellung wäre es ja – und es spricht einiges dafür. Michael Meaney von der McGill University in Montreal hat in zahlreichen Untersuchungen auf molekularer Ebene nachgezeichnet, wie sich die Erfahrungen in früher Kindheit im Körper niederschlagen. Zunächst zeigte er bei Rattennachwuchs, dass jene Tiere, die häufiger geleckt und beschmust werden, deutlich weniger stressanfällig sind.[6] Das Gen, das dafür verantwortlich ist, wie viele Glukokortikoid-Rezeptoren ausgebildet werden, wird offenbar entscheidend durch die Nähe und Anhänglichkeit der Mutter reguliert.

Erfährt ein Jungtier viel Körperkontakt, besitzt es in der Folge deutlich mehr körpereigene Andockstellen für das Stresshormon Cortisol. Deshalb reagiert es auf belastende Situationen weitaus weniger aufgewühlt. Zu einer Stressreaktion kommt es zwar auch, diese fällt jedoch milder aus, weil die entsprechenden Hormone über die zahlreicher vorhandenen Rezeptoren rascher gebunden, abgebaut und damit unschädlich gemacht werden.

Inzwischen wurden diese bemerkenswerten Befunde auch bei Menschen bestätigt. Nähe und Zuneigung machen Kinder seelisch robuster und resistenter gegen Stress, die Nützlichkeit von liebevollem körperlichem Kontakt ist damit auch wissenschaftlich bewiesen. Nach Missbrauch und Vernachlässigung, aber auch bei Suizidenten finden sich hingegen deutlich weniger Andockstellen für Stresshormone, die den Körper deshalb stärker unter Strom setzen und das Krankheitsrisiko erhöhen können. Auch die körperliche Widerstandskraft der psychisch Angeschlagenen bleibt zeitlebens geschwächt.

Kürzlich konnte einer der zellulären Mechanismen entschlüsselt werden, die nach frühkindlichen Traumatisierungen dazu beitragen, dass im Erbstrang weniger Gene zur Bildung der stressdämpfenden Glukokortikoid-Rezeptoren aktiviert werden.[7] Damit zeigt sich auf molekularer Ebene, wie sich emotionale Gewalt bis auf das Niveau der Gene und kleinsten Signalstoffe niederschlägt. Etliche Fachartikel belegen mittlerweile im Detail, wie durch die Intensität der zwischenmenschlichen Beziehung Botenstoffe hochreguliert und die Aktivität anderer Faktoren gedämpft wird, sodass – im günstigen Fall – der Mensch mit Stress besser umgehen kann.

Es hängt zwar einerseits vom Zeitpunkt und von der Intensität emotionaler Gewalt ab, ob sich daraus seelische wie körperliche Spätfolgen entwickeln. Doch auch die genetische Variation spielt eine wichtige Rolle. Je nach Ausstattung und Polymorphismus des Erbguts führen emotionaler Missbrauch und chronische Kränkung dazu, dass Menschen zeitlebens angespannt und schnell erregbar bleiben und seelisch wie körperlich angeschlagen sind – oder trotz dieser Erfahrungen halbwegs stabil mit den Anforderungen des Alltags zurechtkommen und widerstandsfähig bleiben.[8]

«Trotzdem wissen wir nicht genau, warum manche Menschen auch unter widrigsten Umständen psychisch gesund bleiben und andere nicht», gibt Neurobiologe Meaney durchaus selbstkritisch zu. «Sogar nach den furchtbaren Anschlägen von 9/11 und dem Attentat in Oklahoma waren je knapp vierzig Prozent der örtlichen Bevölkerung in den folgenden Jahren von psychischen Leiden betroffen – das sind auch nicht mehr als sonst und genauso viele wie in anderen Regionen.» Es gebe zwar diverse «Prädiktoren», also Kriterien wie frühe Traumatisierung, niedriges Geburtsgewicht und Armut, die eine psychische Erkrankung wahrscheinlicher machen. «Aber nichts davon allein rechtfertigt eine Intervention», so Meaney. «Wir brauchen endlich genauere Risikofaktoren!»

Jay Giedd von den Nationalen Gesundheitsinstituten der USA sucht Hinweise für die unterschiedliche psychische Anfälligkeit in den Gehirnen von Kindern und Jugendlichen. Allerdings dämpft auch er die Erwartungen, dass mit Hilfe funktionaler Kernspinaufnahmen, die er seit Jahren immer weiter verfeinert, das Rätsel der mentalen Stabilität endgültig gelöst werden könne.[9] Dass sich bei psychisch Leidenden überproportional oft Auffälligkeiten der Gehirnanatomie finden, hat das Wissen über diese Krankheiten zwar vertieft, es heißt aber noch nicht, dass jeder mit diesen Merkmalen auch irgendwann erkrankt.[10] «Man kann in diesen Bildern ja nicht mal das Gehirn eines Mädchens von dem eines Jungen unterscheiden», sagt Giedd. Hinweise für eine größere Anfälligkeit habe er zwar durchaus gefunden, aber eben keine Beweise.

Worauf es ankommt
- *Viele Faktoren entscheiden mit darüber, ob Kränkungen und Missachtungen dauerhaft Spuren in Körper oder Seele hinterlassen – oder nicht. Die Art der Verletzung ist ebenso entscheidend wie der Zeitpunkt und die Dauer sowie die Beziehung zum Täter. Zudem spielen die persönlichen Ressourcen, das Umfeld und die genetische Ausstattung eine wichtige Rolle.*
- *Zwar sind mittlerweile viele Einzelbefunde aus Psychologie, Neurobiologie und Genetik bekannt, die Menschen resilienter machen. Genaue Vorhersagen, wer warum anfällig ist, sind allerdings noch nicht möglich. Es geht um Tendenzen, nicht um definitive Festlegungen.*
- *Frühe Traumatisierungen bedingen oftmals frühes, heftiges Leid. Wer in höherem Alter gepeinigt wird, hatte womöglich schon genügend Möglichkeiten, psychisch stabil zu werden. Allerdings ist auch die Dauer der emotionalen Gewalteinwirkung von großer Bedeutung. Ein kurzer Akt der Kränkung kann oft gut überschrieben werden, chronische Demütigung braucht hingegen lange, um in den Hintergrund zu treten.*
- *Immer mehr genetische und neurobiologische Faktoren werden bekannt, die zu einem wetterfesten seelischen Grundgerüst verhelfen. Wer gut behandelt wird und sich selbst gut behandelt, ist schwerer zu erschüttern. Die Vorlagen im Erbgut und in der Gehirnanatomie sind allerdings nicht unverrückbar festgelegt. So stimulieren beispielsweise Nähe und Zuwendung etliche zelluläre und molekulare Mechanismen, die auf Dauer stressresistenter machen.*
- *Die positive Botschaft: Auch schweres Leid lässt sich verarbeiten. Der Täter schafft es längst nicht immer, das Opfer auch über die akute Kränkung und Missachtung hinaus zu schädigen.*

BLEIBENDE NARBEN
AUF DER SEELE

Unsicher und anfällig

Es tut so weh», sagt die Frau. «Aber wenn du dich nicht darauf einlässt, wirst du nie die Nähe und Geborgenheit einer Partnerschaft spüren», entgegnet der Mann, der sich in sie verliebt hat. «Ich kann nicht», sagt sie. «Dazu bin ich früher zu oft verletzt worden.» Nicht von anderen Männern, sondern von ihrer Mutter, die sie verachtete und ihr das immer wieder zeigte. Manchmal hat sie sie auch geschlagen.

Wenn sie als Erwachsene ihren Vater besuchen wollte, hat sie sich vorher erkundigt, ob die Mutter zu Hause war. Nur wenn sie weg war, traute sie sich hin. Zeitlebens hat sie sich mit ihrer Mutter nicht mehr ausgesöhnt. «Aber eine enge Beziehung kann man doch nur haben, wenn man Nähe zulässt», sagt der Mann. Eine Weile sind die beiden zwar zusammen, aber es geht nicht lange gut. Sich hinzugeben, dem anderen bedingungslos zu vertrauen, das schafft sie einfach nicht.

Allerdings ist fraglich, ob es nur die Mutter war, die die junge Frau kränkte und enttäuschte. Der schwache Vater hatte seine Tochter schließlich nie gegen die Ausfälle der Mutter verteidigt und sich schützend vor sein Kind gestellt. Von jenem keine Unterstützung zu erfahren, dem man in dieser labilen Konstellation noch ein wenig Vertrauen entgegenbringt, erschüttert das ohnehin schon angeknackste Selbstwertgefühl.

«Wer als Kind immer wieder emotionale Gewalt erlebt hat, zeigt später oft ein unsicheres Bindungsverhalten», sagt Shelley Riggs von der Universität Denton in Texas. «Solche Menschen sind ängstlich, sie sind ambivalent und vermeiden zu große Nähe. Sie sehnen sich zwar einerseits nach Intimität, fürchten sich aber gleichzeitig panisch davor, dass ihnen jemand nahekommt.»

Ihre Beziehungen sind deshalb häufig instabil, und auch die Trennungsrate liegt bei ihnen höher. Nie fühlt sich ein auf diese Weise verletzter Mensch bei seinem Partner wirklich aufgehoben und sicher, selten vertraut er sich einem anderen völlig an. Nie lässt er sich ganz fallen, stattdessen bleiben immer Reste von Argwohn und Zweifel. Woher auch soll das Vertrauen kommen? Schließlich ist er von den Nächsten und Liebsten brutal enttäuscht worden. Diese Erlebnisse verblassen nur langsam, manchmal nie. Dann ist keine vertrauensvolle Partnerschaft möglich.

Was bedeutet psychische Stabilität?
Als psychisch stabil gilt in Medizin und Psychologie jemand, der seine Gefühle so regulieren kann, dass er für sich selbst und seine Umgebung zumeist gut verträglich ist. Das bedeutet beispielsweise, weder auf Erfolg und Zufriedenheit noch auf Krisen, Enttäuschungen und gelegentliche Verletzungen himmelhoch jauchzend oder zu Tode betrübt zu reagieren, so die sprichwörtlichen Extreme, sondern eine gelassen-moderate Stimmung zu finden. Im Kontakt zu anderen bedeutet das auch, nicht gleich bei jedem Ärgernis zu explodieren, die Beziehung abzubrechen oder auf der Klaviatur des schlechten

Gewissens zu spielen und dem Gegenüber Schuldgefühle einzupflanzen.

«Psychische Stabilität ist der gelungene Umgang mit Instabilität», sagt Marcus Schiltenwolf von der Universitätsklinik Heidelberg. «Unsere Lebensumstände sind schließlich nie stabil, und deshalb bedeutet Stabilität vor allem Anpassungsfähigkeit. Wer sich anpasst und mit Umbrüchen umgehen kann, lebt besser und vielleicht sogar länger gut.» Der Lebenserwartung ist es also keinesfalls zuträglich, auf jeden Anwurf, auf Attacken wie Argumente, rotzig-trotzig zu reagieren. Ewige Grantler tun sich nichts Gutes.

Menschen zeigen verschiedene Typologien und Verhaltensmuster, die ihr fragiles Gefühlsgerüst offenbaren. Narzisstische Persönlichkeiten reagieren sehr empfindlich schon auf kleinere Kränkungen, und der reizbare, impulsive und von Verlustängsten geplagte Borderline-Typ ist übellaunig und immer wieder vom Gefühl der Leere bestimmt – und deshalb alles andere als stabil.

Seelisch widerstandsfähig wird am ehesten, wer sichere Bindungserfahrungen in früher Kindheit gemacht hat und im familiären Umfeld lernt, wie es gelingt, Krisen zu bewältigen. Auch bestimmte Varianten im Erbgut erleichtern es, mit Stress umzugehen und Belastungen zu ertragen. Zudem festigt es die Psyche, Probleme nicht nur bei anderen zu suchen, sondern sich zu der Einsicht durchzuringen, dass man selbst ebenfalls zu Fehlern in der Lage ist. Das ist alles andere als banal – und eine gute Motivation, etwas zum Besseren zu verändern.

Wer in seiner Kindheit und Jugend unter emotionaler Gewalt gelitten hat, bleibt sein Leben lang anfälliger für seelische Störungen und körperliche Beeinträchtigungen. Er neigt später eher zu Depressionen und Angststörungen. Paarbeziehungen sind durch Konflikte, bösartige Unterstellungen und eine geringe Bereitschaft zu Gesprächen und Kompromissen gekennzeichnet.

Misstrauen und die Angst davor, verlassen oder betrogen zu werden, können aber auch dazu führen, dass Beziehungen von vornherein ganz vermieden werden. Es gilt das Motto, sich lieber gar nicht erst darauf einzulassen, als sich der Gefahr auszusetzen, erneut verletzt zu werden. Ein Leben in Unsicherheit und emotionaler Schonhaltung ist die mögliche Folge: Nur nicht zu weit herauswagen, dann kommen die Einschläge auch nicht so nahe.

Ein anderes typisches Verhalten von Opfern emotionaler Gewalt zeigt sich in gegenteiligen Mustern: Die Betroffenen gehen früh und häufig riskante Beziehungen ein und opfern sich im Übermaß für den anderen auf. Dazu kann es auch gehören, sich wahllos und übereilt sexuellen Kontakten hinzugeben. Der Wunsch nach Anerkennung und das chronische Gefühl der Selbstentwertung gehen dabei eine fatale Verbindung ein und verstärken sich gegenseitig. Man ist nur selten gut zu sich selbst, schließlich hat man schon zuvor nie Wertschätzung erfahren und ist von dem nagenden Gefühl geplagt, sie auch nicht zu verdienen. In der Folge lässt man sich immer wieder auf Menschen ein, die einem schaden. Außenstehende erkennen die toxische Kombination oft auf den ersten Blick und können nicht verstehen, warum sich jemand immer wieder bei der Partnerwahl derart vertut.

Eine andere Erklärung für fehlende Distanz und die manchmal vorschnelle Bereitschaft zu intimen Kontakten ist das verzweifelte Bedürfnis, sich «endlich zu spüren» und das taube Gefühl zu überwinden, wie «in Watte» zu existieren. Deshalb müssen sowohl Schmerzen als auch Lusterlebnisse besonders intensiv sein. Einige Menschen verlieren infolge von emotionaler Gewalt in der Kindheit und Jugend ihre sogenannte Schwingungsfähigkeit. Das heißt, sie fühlen sich leer, empfinden keine Resonanz, und weder freudige Ereignisse noch schlechte Nachrichten lösen eine Gefühlsregung bei ihnen aus. Tiefe Traurigkeit kennen sie genauso wenig wie überschwängliche Euphorie. Sich auf eine kurze Liebschaft oder schnellen Sex einzulassen, kann dann ein Zeichen für die verzweifelte Suche nach Nähe sein – verbunden mit der Sehnsucht, endlich intensivere Gefühle zu erleben, die aus Angst vor weiteren Verletzungen zugleich abgewehrt werden.

Erkältung der Seele oder schlimmes Trauma?
Wie heftig Kränkungen wirken

Es ist schwierig bis unmöglich abzuschätzen, wie «schlimm» eine Kränkung für den Einzelnen tatsächlich ist, das kann der Betroffene nur selbst beurteilen und empfinden. Ist beispielsweise die Enttäuschung über die ausbleibende Beförderung und die damit verbundene fehlende Wertschätzung eine größere Kränkung als offenes Mobbing – oder umgekehrt?

«Stressor-Stärke-Vergleiche sind wissenschaftlich eher obsolet», sagt Andreas Maercker. Psychischer Stress und seelische Belastungen sind nun mal keine physikalisch objektivierbaren Größen wie Kraft oder Geschwindigkeit. Alle psychischen Störungen, die sogenannten «Common mental disorders», können sich als Spätwirkung von emotionaler Gewalt entwickeln. Können, müssen aber nicht.

Maercker und sein Team in Zürich erforschen intensiv die sogenannten Anpassungsstörungen. «Das ist eine bisher vernachlässigte Kategorie von Diagnosen, die erst jetzt mehr Aufmerksamkeit erhält. Ich nenne sie gerne die Erkältung der Seele. Sie kann aber auch chronisch werden.»

Eine spezielle Diagnose fällt bei Anpassungsstörungen schwer. Auffällig ist, dass die Betroffenen Schwierigkeiten haben, mit dem Ende einer Beziehung, Problemen am Arbeitsplatz oder anderen Veränderungen wie einem Jobwechsel oder Umzug zurechtzukommen. Sie zeigen Ängste und Sorgen oder das Gefühl der Bedrängnis; andere Symptome können ständige Gereiztheit und sozialer Rückzug oder das Kreisen um die immer gleichen Gedanken sein. Manche, die zuvor ihren Alltag problemlos bewältigten, werden von einer neuen Situation vollkommen aus der Bahn geworfen. Plötzlich wirken sie apathisch und leer, verlieren die Freude an langjährigen Hobbys und ziehen sich aus ihrem Bekanntenkreis zurück.

Worauf es ankommt
- Wer emotionale Gewalt erlebt hat, dem fällt es oft schwer, dauerhaft enge und stabile Bindungen einzugehen. Die Angst, erneut enttäuscht und verletzt zu werden, macht Vertrauen und Zuneigung zu einem schwierigen Unterfangen.
- Nach der Erfahrung emotionaler Gewalt geben sich manche Menschen scheinbar wahllos anderen hin. Sie halten sich selbst nicht für wert, geschätzt zu werden, und verschenken sich deshalb – oder sie sind von der unstillbaren Sehnsucht getrieben, sich endlich intensiv zu spüren.
- Emotionale Gewalt kann Anpassungsstörungen nach sich ziehen. Im gewohnten Alltag funktioniert alles reibungslos. Veränderungen im privaten oder beruflichen Bereich werfen die Menschen jedoch aus der Bahn – und sie reagieren mit Rückzug, depressiven Verstimmungen oder unvermittelt aggressiv.

WIE SEELISCHE GEWALT DEN KÖRPER KRANK MACHT

Nicht nur die seelischen, auch die körperlichen Folgen emotionaler Gewalt können erheblich sein. Sie äußern sich auf ganz unterschiedliche Weise und zu unterschiedlichen Zeiten, wurden aber lange Zeit von der Medizin vernachlässigt. Inzwischen hat die Forschung zeigen können, welche Spuren psychische Leiden, Missbrauch und andere Traumatisierungen im Körper hinterlassen, ständig kommen weitere Befunde hinzu. Wer immer wieder Kränkung und Missachtung erleben muss, dessen körpereigene Stressachse ist irgendwann dauerhaft hochreguliert, der steht ständig unter Strom. Immer sendet der Körper Alarmsignale.

Über den Regelkreis Hypothalamus und Hypophyse im Gehirn werden Botenstoffe auf den Weg gebracht, die wiederum die Nebenniere dazu anregen, vermehrt Stresshormone wie Cortisol und Adrenalin auszuschütten. Dieses körpereigene Dauerfeuer macht anfällig für diverse Leiden. Es schwächt beispielsweise zahlreiche Organe und lässt Arterien schneller verkalken und verhärten. Zudem wird die Schmerzschwelle gesenkt und die Immunabwehr beeinträchtigt, wenn ständig Kränkungen auf den Menschen einprasseln. Nach einem Trauma sind etliche Entzündungswerte erhöht, was erklären könnte, warum damit auch das Risiko für einen Infarkt wie auch die Krebsanfälligkeit ansteigen. In der Entstehung dieser Leiden spielen entzündliche Prozesse und Botenstoffe eine wichtige Rolle.

Geschwächte Seele, geschwächte Abwehrkräfte

Emotionale Gewalt bedeutet puren Stress für den Körper, und zwar nicht nur kurzfristig, sondern auf Dauer. Durch das permanent erhöhte Stressniveau entstehen häufiger chronische Entzündungen, ohne dass ein äußerer Erreger dafür verantwortlich ist. Diese inflammatorische Reaktion, wie die Hochregulierung wissenschaftlich genannt wird, führt beispielsweise dazu, dass die Konzentration proentzündlicher Botenstoffe wie Interleukin-6 konstant erhöht ist. Der Körper befindet sich dann in steter Abwehrbereitschaft – da es aber keine feindlichen Eindringlinge wie Viren oder Bakterien zu bekämpfen gibt, richtet sich die Aggression gegen den eigenen Körper. Zellen und Organe werden angegriffen, sind in ihrer Funktion beeinträchtigt und altern weitaus schneller.

Untersuchungen von Erwachsenen, die als kleine Kinder in Ceauşescus berüchtigten rumänischen Kinderheimen vor sich hin vegetieren mussten, zeigen, dass sie zeitlebens anfälliger für Infektionen sind. Auch wenn sie längst der erzwungenen sozialen Isolation entronnen sind, weil sie als Jugendliche in ein behütetes Umfeld zu freundlichen Familien kamen, weit entfernt von den Orten ihrer früheren Torturen, sind sie auch Jahrzehnte später noch weniger geschützt gegen Krankheiten und Entzündungen aller Art. Der Körper bleibt nicht nur empfindlicher, sondern auch anfälliger.

«Schon bei kleinen Kindern lässt sich beobachten, dass sie häufiger krank sind, ihre Sterblichkeit erhöht ist und ihre kognitive wie emotionale Entwicklung langsamer verläuft, wenn sie vernachlässigt werden, früh für längere Zeit von ihren Eltern getrennt wurden oder andere Formen des emotionalen Missbrauchs erfahren haben», sagt die Psychologin Sabine Aust von der Charité in Berlin. «Ist die Stressachse dauerhaft aktiviert, schädigt das den Hippocampus.»

Das Gehirn leidet mit

Der Hippocampus ist die für die Gefühlsverarbeitung wohl wichtigste Struktur im zentralen Nervensystem. Er gehört zum limbischen System, das auch als «emotionales Gehirn» bezeichnet wird. Hier werden Gefühle «verarbeitet», hier entsteht die Reaktion auf das Verhalten anderer. Werden kleine Kinder emotional missbraucht, bleibt der Hippocampus im Vergleich zu Gleichaltrigen kleiner und ist in seiner Funktion stark beeinträchtigt.[11] Die Fähigkeit, Gefühle zu verstehen, einzuordnen und selbst auszudrücken, bleibt zeitlebens unterentwickelt, wenn Kinder schon früh Kränkungen und Erniedrigungen erleben.[12]

Die Reaktionen des Organismus auf angstauslösende Reize und unangenehme Situationen fallen dadurch extremer aus als normalerweise; die Feinabstimmung der Gefühle ist schwieriger. Zudem ist der körperlich empfundene Schmerz größer. Schon kleinere Provokationen und Hänseleien können große Krisen auslösen, denn die psychische Widerstandskraft ist nicht sehr ausgeprägt und erlahmt schnell. «Die biologischen Systeme für die Verarbeitung von Schmerzen und Emotionen überschneiden sich zu erstaunlich großen Teilen», sagt Psychologin Aust. Ausgrenzung und Kränkung tun deshalb nicht nur seelisch, sondern auch körperlich weh.

Allerdings ist es auch von diversen genetischen Faktoren abhängig, wie Menschen auf Ablehnung und Zurückweisung und den damit verbundenen Stress reagieren. Liegt etwa im Erbgut der GG-Genotyp jenes Merkmals vor, das die Ausschüttung des Stresshormons Cortisol über den Weg vom Gehirn über die Nebenniere steuert, ist die Gefahr größer, dass man nach frühkindlichen Traumatisierungen im Jugend- oder Erwachsenenalter eine Depression oder andere psychische Störungen entwickelt. Die AT-Variante im Erbgut scheint hingegen in gewissem Maße davor zu schützen, allzu schnell aus dem Gleichgewicht geworfen zu werden; auch Einfühlungsvermögen und soziale Schwingungsfähigkeit sind dann stärker ausgebildet.[13]

Eine spätere psychotherapeutische Betreuung kann ebenfalls dazu beitragen, die stressbedingten Schädigungen im Hippocampus wieder rückgängig zu machen oder wenigstens die schlimmsten Folgen etwas zu lindern. «Mit einer intensiven Therapie von mehreren Stunden in der Woche wachsen die entsprechenden Hirnstrukturen später wieder nach», sagt Kinderarzt Brisch. Eine beruhigende Botschaft: Das Gehirn und andere Bereiche des Nervensystems sind erstaunlich regenerationsfähig und können sich auch bei Erwachsenen immer noch verändern; diese Wandlungsfähigkeit wird als Plastizität bezeichnet. Je größer und andauernder die Verletzungen jedoch waren und je später die Hilfe erfolgt, desto langwieriger und mühsamer ist der Weg.

Psychotherapeutisch geschulte Ärzte haben ein schönes sprachliches Bild dafür gefunden, wie sie versuchen, gequälten Seelen auch viele Jahre nach unangenehmen Erfahrungen noch Geborgenheit und Vertrauen zu vermitteln: «Wir bauen späte Nester!» Auch der Buchtitel «Es ist nie zu spät, eine glückliche Kindheit zu haben» deutet an, dass Verletzungen und Kränkungen nicht zwangsläufig und auf ewig tiefe Wunden schlagen müssen.[14] Der Psychiater Ben Furman zeigt darin anhand vieler Schicksale und Beispiele, wie auch nach einer schwierigen Kindheit noch ein zufriedenes und erfülltes Leben möglich ist. Dies gelingt erstaunlich oft, ohne dass dafür die belastende Vergangenheit beschönigt werden muss. Einem widrigen Lebensstart zum Trotz spüren und erfahren viele Menschen, was ihnen hilft, was sie stärkt und über welche psychischen Selbstheilungskräfte sie verfügen.

Wie Kränkung und Erniedrigung das Herz und andere Organe schädigen

«Das macht mich krank!» Wie schnell ist so ein Satz dahingesagt, wie leichtfertig geht er uns über die Lippen, wenn das Leben allzu anstrengend wird, wenn der Wind uns nicht trägt und beflügelt, sondern uns heftig entgegenbläst. Wissenschaftler entdecken neuerdings immer genauer, wie viel an dieser Äußerung dran ist und wie schnell aus Bedrängnissen der Seele und psychischer Not nicht nur Angst und Trübsinn, sondern auch körperliches Leid entsteht. Seelische und körperliche Beeinträchtigungen hängen eng zusammen. Etliche Krankheitsbilder lassen sich auf emotionale Gewalt zurückführen, und auch die pathophysiologischen, zellulären und molekularen Mechanismen dahinter werden zunehmend entschlüsselt. Erfreulicherweise ist das längst nicht mehr allein eine Domäne der «Psychofächer», auch die vermeintlich «harten» Wissenschaften nehmen sich dieser Themen an.

Auf der weltweit größten Fachtagung von Kardiologen und Gefäßexperten, dem Kongress der American Heart Association im Dezember 2017 in Dallas, haben Ärzte beschrieben, wie Missbrauch, Mobbing und das Erleben emotionaler Gewalt in jungen Jahren die Wahrscheinlichkeit erhöhen, im Erwachsenenalter einen Herzinfarkt oder Schlaganfall zu bekommen. Auch das Risiko für andere Erkrankungen des Herz-Kreislauf-Systems und der

Organsysteme steigt an. Die Ärzte zeigten verschiedene Mechanismen auf, wie die unguten Erfahrungen später krank machen können.[15] Zu der erhöhten Empfindlichkeit des Körpers trägt bei, dass Kinder und Jugendliche, die starke seelische Belastungen ertragen mussten, später eher zu ungesunden Lebensgewohnheiten neigen: Sie ernähren sich schlechter, bewegen sich weniger und verhalten sich riskanter und entwickeln damit leichter Übergewicht, Bluthochdruck und Diabetes. Diese ungesunde Trias gilt als eine der Hauptursachen für die frühe Schädigung der Blutgefäße sowie anderer Organe.

Daraus können wiederum diverse weitere Erkrankungen wie Koronarverkalkung, Herzinfarkt, Schlaganfall und Gefäßprobleme resultieren. Ausdrücke wie «Kummerspeck» oder «Frustsaufen» klingen dafür allerdings zu läppisch. Sie geben nur unzureichend wieder, wie das übersteigerte Bedürfnis nach Essen und Trinken durch psychische Belastungen in ungesunde Bereiche ausschlagen kann und zu einer – häufig schädlichen – Form der Kompensation für die erlebten Seelenqualen wird. Ein Teufelskreis aus ungesundem Verhalten und Krankheitsneigung entsteht.

Misshandlung und negative Erfahrungen in der Kindheit sind allerdings auch direkt dafür verantwortlich, dass im Erwachsenenalter der Blutdruck erhöht ist. Bei Mädchen mit Missbrauchserfahrungen ist dies sogar zu 43 Prozent häufiger der Fall als bei Frauen, die keine derartigen Erfahrungen machen mussten.[16] Wie genau Feindseligkeit und emotionale Gewalt das Herz-Kreislauf-System und den Stoffwechsel schädigen, ist im Detail allerdings noch nicht geklärt. Vermutlich spielt vor allem der vermehrte Stress eine Rolle, dem der Organismus ausgesetzt ist. Darunter ist eine sowohl seelische als auch körperlich-biologische Reaktion auf die unangenehmen Erlebnisse zu verstehen, die zur Aktivierung von Entzündungszellen und Stresshormonen führt, die wiederum ständige Attacken auf die Gefäßwände, Gewebe und Organe stimulieren.

Es ist außerdem bekannt, dass chronischer Stress oder sich wiederholende extreme Stressspitzen, wie sie nach Wutausbrüchen oder heftigen Beschimpfungen auftreten können, die reibungslose Funktion der Immunabwehr, den Stoffwechsel, den Ausbau des Nervensystems und des Hormonhaushalts beeinträchtigen. Treten die Schädigungen sehr früh und massiv auf, kann dadurch sogar die kindliche Entwicklung gestört werden.

«Die Tragödie besteht zunächst einmal darin, dass Kinder überhaupt diesen traumatischen Erlebnissen ausgesetzt sind», sagt Shakira Suglia, die an der Auswertung beteiligt war und als Epidemiologin an der Emory University in Atlanta arbeitet. «Wir reden hier über Kinder und Jugendliche, die körperlichen und sexuellen Missbrauch erlebt haben oder regelmäßig Zeugen von Gewalt geworden sind. Leider hören die negativen Folgen dieser Erfahrungen aber nicht auf, sobald die Erlebnisse aufhören, sondern sie dauern viele Jahre an.» Ähnliche Befunde gibt es für die Opfer emotionaler Gewalt.

Das wichtigste Ziel müsse daher die primäre wie die sekundäre Prävention sein, so die Wissenschaftlerin: «Idealerweise wollen wir verhindern, dass solche Dinge überhaupt passieren – und wenn es leider doch dazu gekommen ist, müssen wir dafür sorgen, dass die gesundheitlichen Nachteile und Langzeitschäden möglichst gering bleiben», sagt Suglia.

Im Englischen wird zumeist der Begriff «Adversity» benutzt, um Feindseligkeit und andere negative Erfahrungen zu umschreiben. Darunter versteht man in der Regel alles, was die körperliche und seelische Sicherheit von Kindern bedrohen kann oder ihre familiären oder sozialen Strukturen erschüttert. Dazu gehören emotionaler, körperlicher oder sexueller Missbrauch, Vernachlässigung, Mobbing oder Kränkungen durch Gleichaltrige, Gewalttätigkeit zu Hause, aber auch eine Trennung der Eltern oder der Tod eines Elternteils. Sind die Eltern drogenabhängig oder leben Kinder in einer Gegend mit hoher Kriminalität, Obdachlosigkeit, Diskriminierung und Armut, erhöht das ebenfalls ihr statistisches Krankheitsrisiko – ebenso wie die Zugehörigkeit zu einer niedrigen sozialen Schicht.

Wird diese erweiterte Definition von Feindseligkeit auf den Begriff emotionale Gewalt übertragen, geben auch in wohlhabenden Industrieländern wie den USA und in Europa fast sechzig Prozent der Bevölkerung an, solche negativen Erfahrungen in ihrer Kindheit gemacht zu haben. Mehr als die Hälfte der Menschen hat demnach tiefgreifende seelische Erschütterungen durchleiden müssen. In Regionen, die von Krieg, Hunger, Flucht und Vertreibung geprägt sind, liegt der Anteil naturgemäß noch wesentlich höher.

Nun ist es allerdings nicht zwangsläufig so, dass sich von emotionalem Leid betroffene Menschen unbedingt auffällig benehmen müssen oder ihre psychische Belastung und das körperliche Leid sofort ins Auge springen. Manchmal äußern sich die Defizite erst bei stärkeren Belastungen und in Extremsituationen, sprich, wenn das Leben rauer wird. Körperliche und seelische Symptome überlappen sich dann: Haben die Betroffenen Schwierigkeiten im Job, sehen sie sich schnell von einer Kündigung bedroht und reagieren mit Rücken- oder Herzbeschwerden. Oder sie befürchten nach jedem Streit mit dem Partner, dass er sie verlassen könnte – und plötzlich ist ihnen immer wieder schwindelig. «Fehlende Seitenwindstabilität» nennt das ein erfahrener Arzt – die Mängel und Schädigungen werden erst dann offenbar, wenn es im Leben heftiger zugeht und schwerer wird, Kurs zu halten.

Aber längst nicht bei allen Kindern, die in einem feindseligen Umfeld aufgewachsen sind und emotionale Gewalt erleben mussten, machen die Gefäße früher dicht und der Stoffwechsel schlapp.

Es gibt offenbar eine Reihe biologischer und umweltbedingter Schutzmechanismen, darunter auch kulturelle und soziale, die das Risiko verringern und verhindern, dass sich Krankheiten entwickeln. Diese gilt es zu stärken, um besser vorbeugen zu können und Kinder vor den schädlichen Langzeitfolgen früher Gewalterfahrungen zu bewahren.

Derzeit gibt es allerdings nur wenige Richtlinien und Empfehlungen für Ärzte, mit denen sich gefährdete Patienten früh erkennen ließen – in diese Richtung müssten die Forschungsbemühungen noch deutlich verbessert werden. Bisher sind nur zahlreiche Bruchstücke des Zusammenhangs zwischen emotionaler Gewalt und den daraus resultierenden gesundheitlichen Spätfolgen bekannt. Die vielen Ansätze zeigen aber, wie bedeutsam das Problem in der Praxis ist – und wie viele Menschen davon betroffen sind. Bei unklaren körperlichen Beschwerden sollte daher auch daran gedacht werden, dass emotionale Gewalt dahinterstecken könnte.

Herz, was willst du mehr?

Der Volksmund weiß längst, dass ein Herz auch brechen kann – die Wissenschaft ist diesem Phänomen hingegen erst seit vergleichsweise kurzer Zeit auf der Spur. 1990 haben Ärzte aus Japan erstmals beschrieben, wie massiv sich emotionaler Stress, Angst, Trauer und Konflikte auf das Herz auswirken können. Im Ultraschall und mit Hilfe anderer bildgebender Verfahren erkannten sie, dass das Herz einiger ihrer Patienten oftmals seltsam verengt und eingeschnürt war. Weil die Form sie an eine traditionelle japanische Tintenfischfalle erinnerte, nannten die Mediziner die Krankheit «Takotsubo-Syndrom».[17] Bekannter wurde allerdings der Begriff «Broken-Heart-Syndrom» – das Leiden vom gebrochenen Herzen.

Die Patienten haben heftige Schmerzen und spüren ein Engegefühl in der Brust. Hinzu kommt Atemnot, das Herz kann nur noch eingeschränkt pumpen. Das EKG ist auffällig verändert, sodass die Ärzte zunächst häufig von einem Infarkt ausgehen. Eine Unterscheidung gelingt oftmals nur mittels einer Herzkatheter-Untersuchung, wobei sich dann – im Gegensatz zum Infarkt – überraschenderweise meistens zeigt, dass die Herzkranzgefäße offen sind. Als Ursache der Beschwerden wird unter anderem eine vorübergehende Verkrampfung der allerkleinsten Gefäße im Herzmuskel vermutet, die zu einer Minderdurchblutung bis hin zum lebensbedrohlichen Pumpversagen führen können.[18] Nach wenigen Tagen in der Klinik sind die Beschwerden fast vollständig wieder verschwunden. Bei den Patienten handelt es sich jedoch keineswegs um Simulanten.

Leiden vom gebrochenen Herzen
Von ihren Eltern hat sie so gut wie nie ein freundliches Wort gehört. Kein Lob, keine Nähe, keine Aufmunterung. Sie kann sich daran erinnern, dass sie beschimpft oder bestenfalls ermahnt wurde. Oft hat der Vater zu ihr gesagt: «Du taugst eh nichts, dich müsste man vergasen.» Sie hat zu Hause schon früh hart arbeiten und mithelfen müssen. Es erschien ihr selbstverständlich, Dank hat sie dafür nicht erwartet. Das ist zwar inzwischen lange her, doch nach den Tagen auf der Intensivstation erinnert sich die 67-Jährige wieder daran. Jetzt ist sie in einer Reha-Klinik, denn «die Ärzte haben gesagt, da ist nichts am Herzen, das ist topfit».
Mit Verdacht auf einen Infarkt war sie eingeliefert worden. Die Schmerzen in der Brust, die Atemnot und auch ihr plötzlicher Schwächeanfall im Garten sprachen dafür. Der Notarztwagen war schnell da, in der Klinik kümmerten sich die

> Ärzte gleich um sie. Die Untersuchungen ergaben, dass ihre Kranzgefäße nicht verengt waren, sondern den Herzmuskel weiterhin gut mit Blut versorgten. «Es war wohl zu viel Stress, hat der Doktor zu mir gesagt», erinnert sich die Patientin. «Und jetzt kommt plötzlich alles hoch.»

Inzwischen haben die Erkenntnisse rund um das Syndrom vom gebrochenen Herzen eine interessante zusätzliche Note erfahren. Ärzte aus Zürich und Deutschland beschrieben, dass nicht nur negative Belastungen, sondern – in seltenen Ausnahmen – auch positiver Stress das Pumporgan in Mitleidenschaft ziehen können.[19] Sie fanden ebenfalls einen einprägsamen Namen für das Krankheitsbild: «Happy-Heart-Syndrom». «Vermutlich suchen sich freudige wie traurige Lebensereignisse ganz ähnliche emotionale und körperliche Wege», sagt die Kardiologin Jelena Ghadri vom Universitätsklinikum Zürich, die Autorin der Studie. «Das sollten Ärzte bei Patienten mit Herzbeschwerden im Blick haben.»

Mediziner hatten europaweit mehr als 1700 Patienten analysiert, bei denen ein Verdacht auf das Takotsubo-Syndrom bestand. Bei 485 Teilnehmern blieb ein emotionaler Auslöser als einzige Ursache für die Beschwerden übrig. Mehr als 95 Prozent von ihnen hatten zuvor negative Ereignisse erlebt, bei gut vier Prozent ließen sich hingegen nur positive Erlebnisse ausmachen. Bisher kannten Mediziner die Krankheit – wenn überhaupt – hauptsächlich aus Fallberichten, die Untersuchung war die bisher größte ihrer Art. Überraschend war, dass bei beiden Patientengruppen die klinischen Befunde wie auch die Untersuchungsergebnisse ähnlich ausfielen, egal ob die Diagnose nun in Einzelfällen «Happy Heart» oder wie bei der großen Mehrheit «Broken Heart» lautete.

«Wir vermuten, dass es sich beim Takotsubo-Syndrom um ein klassisches Beispiel für ineinander verflochtene Feedback-Schleifen handelt», sagt der Kardiologe Christian Templin. «Psychische wie physische Stimuli sind daran beteiligt, das Herz wie auch das Hirn – und am Ende teilen sich traurige wie schöne Ereignisse dieselben Bahnen der Gefühlsverarbeitung im zentralen Nervensystem.»

Zum Großteil sind Frauen von dem Leiden betroffen. Sie scheinen anfälliger für emotionale Ausnahmezustände zu sein. Ein kleiner Teil von ihnen hatte keine einschneidenden Negativerlebnisse gehabt, sondern in letzter Zeit hauptsächlich von freudigen Ereignissen berichtet. Die Forscher konnten deshalb als einzig übriggebliebene Erklärung für die bedrohlichen Herzbeschwerden überwältigende Glücksgefühle ausmachen.

Manchmal ist es einfach zu viel des Guten: die Freude über die Hochzeit des Sohnes. Das Treffen mit einer Schulfreundin, die man seit fünfzig Jahren nicht mehr gesehen hat. Das Glücksgefühl, Großmutter zu werden, oder auch die Begeisterung darüber, dass die notorisch erfolglose Lieblingsmannschaft doch mal ein Fußballspiel gewonnen hat. Die Studienteilnehmerinnen berichteten etwa von einer Überraschungsparty zum beruflichen Abschied, vom eigenen Geburtstag, von einem erfolgreich verlaufenen Bewerbungsgespräch, aber auch von der Erleichterung über eine Kernspinaufnahme, die keinen krankhaften Befund ergeben hatte. Derart überwältigende Ereignisse führen jedoch nicht nur zu einer gehobenen Stimmung, sie hinterlassen manchmal Spuren im Körper. Die Wucht der Emotionen kann Menschen buchstäblich das Herz abschnüren. Von emotionaler Gewalt kann man hier beim besten Willen nicht sprechen – eher von emotionalem Überschwang.

Pflegende Angehörige:
krank vor Sorge

Die Störungen bei gebrochenem – und manchmal eben auch bei von Glücksgefühlen überwältigten – Herzen gehen auf momentane Ausnahmezustände zurück. An der Funktion des Herzens wird offenbar, welche gesundheitsschädigenden Auswirkungen es hat, wenn negative Gefühle den Menschen dauerhaft belasten. Das Miteinander in Paarbeziehungen und in der Familie, das manchmal eher ein Gegeneinander ist, wirkt sich erstaunlich stark auf das zentrale Pumporgan aus, aber auch auf die verschiedenen anderen Organsysteme. So gut wie alle Körperregionen können davon betroffen sein.

Das zeigt sich auch bei medizinischen Neuerungen und Fortschritten. 2018 haben amerikanische Kardiologen untersucht, wie sich die Implantation eines Kunstherzens auf die Träger – und ihre nächsten Angehörigen – auswirkt. Demnach geht es jenen Patienten, die ein linksventrikuläres Unterstützungssystem (LVAD) eingepflanzt bekommen, hinterher zwar deutlich besser. Da diese Patienten jedoch viel Unterstützung von pflegenden Angehörigen benötigen, fühlen sich diese anschließend stärker gestresst – was sich wiederum auf ihre Herzgesundheit auswirken kann. Die Angst um ihre Liebsten und deren Wohlergehen verschlimmert den Druck offenbar zusätzlich.

Negative Gefühle wie Sorge und Unruhe schlagen sich im Körper nieder. So zeigen Studien, dass die Immunabwehr von pflegenden Angehörigen stark in Mitleidenschaft gezogen wird, wenn diese seelisch allzu sehr belastet sind. Die Abwehrschwäche äußert sich ganz konkret: Mit Herpesviren oder Epstein-Barr-Viren werden die Betroffenen dann längst nicht so gut fertig wie Gleichaltrige, die niemanden pflegen müssen. Deshalb ist es auch nicht verwunderlich, dass bei Menschen, die schon seit mehreren Jahren einen Demenzkranken in der Familie pflegen, oberflächliche Wunden auf der Haut deutlich langsamer heilen.

Bei chronisch fortschreitenden Leiden wie Alzheimer, Parkinson, einigen Tumorarten oder multipler Sklerose wissen die Angehörigen genau, dass es den Patienten kontinuierlich schlechter gehen wird, dass keine Heilung mehr zu erwarten ist. Zu spüren und zu ahnen, dass die geistigen Fähigkeiten (oder die körperlichen Funktionen) eines geliebten Menschen immer weiter abnehmen, stellt eine besonders intensive Form der psychischen Belastung dar.

Viele Faktoren tragen dazu bei, dass die Gesundheit der Pflegenden beeinträchtigt ist: Die Neigung zu Depressionen verstärkt sich, wenn man weiß, es gibt keine Aussicht auf Besserung. Die Kontakte zu anderen Menschen, aber auch soziale und berufliche Aktivitäten sind oftmals eingeschränkt, da die Pflege nun einmal viel Zeit und intensive Hinwendung erfordert. Auch das verschlechtert die Abwehrkräfte und das körperliche Befinden.

Wie Stress dem Körper schadet

Stress ist vor allem Nervensache, allerdings ziehen chronische Belastungen den gesamten Organismus in Mitleidenschaft. Zwar wissen Ärzte, dass Herzbeschwerden früher auftreten, Gefäße eher dichtmachen und nahezu jedes Organ beeinträchtigt werden kann, wenn der Mensch dauerhaft unter Strom steht und den Attacken auf sein Selbst nicht mehr gewachsen ist. Warum aber mal das Immunsystem oder das Schmerzempfinden beeinträchtigt werden, mal der Rücken, der Magen oder das Herz, das ist nicht im Detail bekannt. Wissenschaftler haben erst kürzlich gezeigt, wie chronischer Stress sich vom Hirn gesteuert über den gesamten Organismus ausbreitet und in der Folge verschiedenen Organen, besonders aber dem Herz und den Blutgefäßen, zusetzt.[20]

Das Team um den Harvard-Mediziner Ahmed Tawakol hat dazu fast dreihundert Erwachsene mittleren Alters untersucht. Bei Probanden, die über starken Stress klagten, war die Nervenaktivität der tief im Hirn gelegenen Amygdala erhöht, die auch als Mandelkern bezeichnet wird. Zudem waren die Adern dieser Studienteilnehmer stärker verhärtet und weniger durchlässig. Der Mandelkern gilt als der Teil des emotionalen Gehirns, in dem Gefühle wie Angst und Ärger verarbeitet werden. In Stresssituationen sendet er offenbar sofort Signale an das Knochenmark und andere Körperregionen aus, vermehrt weiße Blutkörperchen und weitere Entzündungsstoffe zu produzieren.

Auf diese Weise werden chronische Entzündungen im Körper angeregt, ohne dass dazu ein Keim oder eine Infektion notwendig wären – also ohne dass ein Erreger von außen in den Organismus eindringen muss. Dieser von Medizinern als Inflammation bezeichnete Vorgang ist ein steter und allgegenwärtiger Aggressionsherd im Körper, der jedes Gewebe und besonders die Wände von Arterien angreifen und schädigen kann, die daraufhin rigider und dicker werden. Vorzeitige Gefäßverengung durch Verdickung und Verkalkung und damit Diagnosen wie Angina Pectoris, Herzinfarkt oder Schlaganfall sind die naheliegende Folge.

Aber nicht nur in den Blutgefäßen richten stressbedingte chronische Entzündungen ihr Unwesen an, sie können schlichtweg alle Gewebe und Organsysteme im Körper schädigen, wenn sie eine Weile fortbestehen. Spezielle Botenstoffe, die sogenannten Entzündungsmediatoren, lösen dann im gesamten Organismus Alarm aus. Sind die Werte von Interleukin-6, Tumor-Nekrose-Faktor alpha und dem C-reaktiven Protein erhöht, zeigt das eine gesteigerte Aktivität an, die Entzündungen ebenso fördert wie die Abwehrreaktion dagegen. Diese Substanzen entfalten nicht nur selbst eine aggressive Wirkung, sie stimulieren wiederum weitere Abwehrstoffe und Immunzellen, deren zerstörerische Arbeit auf den eigenen Körper abzielt.

Es ist ein ausgeklügeltes Zusammenspiel der verschiedenen Botenstoffe, Zellen und Abwehrreaktionen, das auch deshalb so gut funktioniert, weil es normalerweise den Körper vor Attacken von außen schützen soll: Stresshormone werden dann vermehrt ausgeschüttet, Abwehrzellen sind aktiviert und strömen in erhöhter Zahl durch den Körper und werden von angriffslustigen Substanzen in ihrem Kampf unterstützt. Diese gut organisierte Defensive ist ziemlich schlagkräftig und noch dazu schnell in der Lage, ihre Truppenzahl zu erhöhen – sie hat nur leider den Nachteil, dass sich ihre Energie im Fall einer stressbedingten Entzündung gegen den eigenen Körper richtet.

Wie Belastungen krank machen
Wenn der psychische Druck dauerhaft steigt oder immer wieder seelische Krisen ausgelöst werden, hat das Folgen für den Körper: Botenstoffe und Entzündungszellen werden aktiviert, der Hormonspiegel verändert sich, die Schmerzschwelle sinkt. Jeder Mensch hat seine persönliche Schwachstelle, an denen sich psychische Erschütterungen zuerst bemerkbar machen. Stresshormone und Entzündungsmediatoren können etwa auf den Magen schlagen und dort den Säureschutz der Magenwände schwächen. Anfangs muss man sauer aufstoßen, es kommt zum Reflux, irgendwann werden die Beschwerden stärker, und es droht ein Geschwür.
Bei anderen Menschen werden hingegen zuerst die Blutgefäße in Mitleidenschaft gezogen. Dann führen Stresshormone und Entzündungen dazu, dass sich die Gefäßwände verhärten und nicht mehr so elastisch auf Blutdruckschwan-

kungen und einen unterschiedlichen Füllungsgrad reagieren können. Zudem verkalken die Adern und setzen sich langsam zu, der Blutfluss ist nicht mehr gewährleistet. Arteriosklerose, Herzinfarkt und Schlaganfall können die Folge sein.
Aber auch chronische Schmerzen sind häufig stressbedingt. Die Knochen sind schließlich ebenfalls ein lebendes Gewebe, das ständigen Auf- und Abbauvorgängen unterliegt und anfällig für die Angriffe von Stresshormonen und Entzündungen ist. Zusammen mit der verringerten Schmerzschwelle und einem erhöhten Muskeltonus kann sich so dauerhafte Pein einstellen. Rückenschmerzen beispielsweise sind nicht primär ein mechanisches Problem, sondern treten besonders häufig in Folge seelischer Belastungen am Arbeitsplatz auf. Wenn Menschen sich dauerhaft unterdrückt und zu wenig beachtet fühlen, ist die Wahrscheinlichkeit besonders groß, dass sie Schmerzen erleiden. Das nagende Gefühl, im Job nicht voranzukommen und nicht genügend Wertschätzung von Kollegen oder Vorgesetzten zu erfahren, die sogenannte Gratifikationskrise, ist der häufigste Grund dafür, dass bisher gesunde und beschwerdefreie Menschen chronische Schmerzen im Kreuz entwickeln.

Mit Scans des Gehirns und anderer Körperregionen haben Forscher nachgewiesen, dass eine erhöhte Aktivität der Amygdala auch mit einer erhöhten Konzentration von Substanzen einhergeht, die Entzündungen aufrechterhalten. Auch klinisch zeigt sich immer wieder, dass die Blutgefäße bei Probanden stärker beeinträchtigt sind und ihr Infarktrisiko um nahezu sechzig Prozent erhöht ist, wenn der Mandelkern ständig Alarm auslöst und feuert.

«Genauso wie nach anderen Risikofaktoren für Herz-Kreislauf-Leiden gefahndet wird, sollte routinemäßig auch nach chronischem Stress gefragt und die Behandlung danach ausgerichtet werden», sagt Tawakol. «Werden psychische Belastungen gezielt reduziert, dient das nicht nur dem Wohlgefühl, sondern hat auch handfeste Auswirkungen auf die Gesundheit.»

In früheren Analysen hatten Ärzte aus Großbritannien bereits umfangreiche Daten rund um den Globus zusammengetragen, mit denen sie zeigen konnten, dass psychischer Stress und negative Gefühle das Risiko für einen Infarkt oder Schlaganfall fast so sehr erhöhen können wie das Rauchen und sogar mehr dazu beitragen als die gemeinhin bekannten Risikoklassiker Bluthochdruck, erhöhtes Cholesterin und Diabetes.[21] Die Belastung durch Stress und Unzufriedenheit in Beruf, Familie oder Partnerschaft erhöht das Infarktrisiko demnach um den Faktor 2,67. Damit kommen sie kurz hinter dem allbekannten Risikofaktor Rauchen (Faktor 2,87) und noch vor Diabetes (Faktor 2,37) oder Bluthochdruck (Faktor 1,91).

«Im letzten Jahrzehnt hat sich gezeigt, dass immer mehr Menschen über täglichen Stress klagen, sei es durch vermehrte Arbeitsbelastung, Jobunsicherheit oder prekäre Verhältnisse», sagt Ilze Bot von der Universität Leiden und appelliert an ihre ärztlichen Kollegen: «Wir müssen das in unserer täglichen medizinischen Routine stärker berücksichtigen.» Schließlich spreche viel dafür, dass der Stress in unseren Köpfen auch unseren Herzen stark zusetze.[22]

Worauf es ankommt
- *Emotionale Gewalt wirkt sich auf vielfältige Weise auf den Körper aus. Alle Organsysteme können betroffen sein. Zudem beeinträchtigen Kränkungen und Erniedrigungen das Immunsystem und machen schmerzempfindlicher, auch die Wundheilung ist gestört. In der Folge sind chronisch belastete Menschen anfälliger für Infekte. Vor allem aber greifen inflammatorische Prozesse, also Entzündungen ohne Erreger, diverse Organe an.*
- *Emotionaler Missbrauch führt auch zu Veränderungen im Gehirn. Besonders jene Strukturen entwickeln sich schlechter, die für die Verarbeitung von Gefühlen und Erfahrungen zuständig sind. Den Betroffenen fällt der Umgang mit Veränderungen und plötzlichen Belastungen schwer.*
- *Jeder Mensch hat unterschiedliche Schwachstellen, an denen sich Belastungen niederschlagen. Besonders oft sind das Herz, der Magen und der Rücken betroffen. Die Mechanismen der Schädigung sind vielfältig.*
- *Emotionale Gewalt trägt im Bereich des Herzens dazu bei, dass Arterien schneller verkalken, weniger elastisch bleiben, das Blut zähflüssiger wird und sich Gerinnsel bilden. Herzinfarkt und Schlaganfall, aber auch Rhythmusstörungen sind die mögliche Folge.*
- *Knochen sind lebendes Gewebe und werden bei chronischen Kränkungen und negativen Erlebnissen angegriffen und eher abgebaut. Der erhöhte Spiegel an Stresshormonen setzt dem Knochen zu. Zudem führen Angst und Anspannung zu verhärteten und verkürzten Muskeln, was in der Summe Rückenschmerzen und andere orthopädische Beschwerden begünstigt.*

KINDER SIND
SO VERLETZLICH

Vom ersten Lebenstag an spüren Kinder, ob sie sich sicher und geborgen fühlen können und ob es ihnen gutgeht. Ihre erste Sprache ist Berührung, und sie reagieren extrem sensibel auf atmosphärische Schwankungen. Fehlt diese Zuwendung, zeigt sich das schnell körperlich. Babys sind dann leichter erregbar, angespannt, weinen schneller, und ihr ganzer Körper steht unter Strom. Sie haben feine Antennen für die Stimmung, mit der ihnen begegnet wird.

Wenn das Baby keine Reaktion hervorruft

«Babys spüren sofort, wenn sie bei ihrer Mutter gar nichts auslösen können», sagt Anna-Lena Zietlow vom Universitätsklinikum Heidelberg, die in ihren Vorträgen eindrucksvolle Filmausschnitte mit depressiven Müttern zeigt. «Die Folgen eines solch negativen Feedbacks sind ziemlich umfangreich. Dazu gehören erhöhte Anspannung und starkes Stresserleben.»

Treten Mütter kaum in Kontakt mit ihren Kindern und bleibt die Interaktion sparsam, wirkt sich das vielfältig auf die frühkindliche Entwicklung aus. «Die Kinder entwickeln sich kognitiv wie emotional langsamer als andere Gleichaltrige», sagt Zietlow. «Ihr Intelligenzquotient ist niedriger, sie haben mehr Sprach- und mehr Schlafprobleme, und sie sind als Jugendliche häufiger überschießend impulsiv oder aber depressiv.» Zahlreiche Befunde untermauern, welche körperlichen wie psychischen Beeinträchtigungen auftreten können.

Ohne Nähe und Bezug

Die Mutter starrt mit leerem Blick in die Ferne oder vielmehr: ins Leere. Denn dort ist gar nichts zu sehen, das Zimmer bietet wenig Ablenkung. Fast würde man den Säugling übersehen, der da vor ihr liegt, er ist erst wenige Wochen alt. Dabei müht sich das Kind – ihr Kind – ziemlich ab, wenigstens ein bisschen Blickkontakt zu seiner Mutter aufzunehmen und ihre Aufmerksamkeit zu erheischen. Es lächelt, es rudert mit den Armen, rekelt sich und versucht auf einfallsreiche Weise, sich bemerkbar zu machen. Doch nichts passiert, die Mutter reagiert einfach nicht – immer wieder rackert sich das Kind ab. Irgendwann stellt das Baby frustriert alle Versuche ein, die Mutter zu erreichen, und sein Gesichtsausdruck verändert sich. Er wird starr. Das Kind scheint selbst innerlich zu erlöschen.

Weil eine Störung der frühkindlichen Bindung massive Folgen haben kann, ist es so wichtig, die oft verniedlichend als «Baby-Blues» bezeichnete postpartale Depression junger Mütter nicht zu unterschätzen. Der Ausdruck Wochenbett-Depression trifft es schon etwas besser, aber auch darunter stellen sich Ärzte wie Laien oft eine nur vorübergehende Phase der Traurigkeit vor, die rasch und von allein wieder verschwindet, was leider längst nicht immer der Fall ist. Der Trübsinn hält manchmal lange an, und die Mutter ist dann so apathisch, dass sie kaum noch auf das Kind reagiert, so verzweifelt sich dieses auch bemerkbar zu machen versucht.

Wird den Müttern ihr eigenes teilnahmsloses Verhalten im Video vorgeführt, ist das zwar oftmals hilfreich, denn sie erschrecken selbst darüber, wie wenig sie bisher auf ihr Kind eingegangen sind und es gleichsam ignoriert haben. «Allerdings verbessert sich die Beziehung zum Kind nicht automatisch dadurch, dass die Depression nachlässt», klärt Zietlow über einen verbreiteten Irrtum auf. Der Mutter mag es dann zwar etwas besser gehen, das Kind wird jedoch womöglich auch weiterhin emotional vernachlässigt.

In zahlreichen Städten gibt es inzwischen Angebote und Kurse zur «Ausbildung» von Eltern, die – womöglich nach schlechten Erfahrungen in der eigenen Kindheit – erst lernen müssen, eine stabile Beziehung zu ihrem Kind aufzubauen, dessen emotionale Bedürfnisse zu erkennen und darauf angemessen einzugehen.[23] Viele Eltern wissen anfangs nicht genau, was Kinder brauchen und wie sie mit ihnen umgehen sollten. Sie erkennen nicht, welche Äußerungen ihres Babys ganz normal sind und dass ein Schreien nicht automatisch bedeuten muss, dass ihr Kind gerade in höchster Not ist.

Entwertet, ein Leben lang

Vor mehr als dreißig Jahren kam die Frau aus Rumänien nach Deutschland. Hier hat sie eine Familie gegründet und zwei mittlerweile erwachsene Töchter bekommen. Seit einigen Jahren ist sie nun verwitwet. Trotzdem kommen immer wieder Erinnerungen daran hoch, wie sie als Kind von ihrer Adoptivmutter verprügelt und entwertet wurde. Nie hat sie eine stabile innere Vorstellung davon entwickelt, wo und wann sie sich geborgen fühlen konnte, und so blieb sie zeitlebens ein ängstlicher Mensch.

Ohne jeglichen Bezug zu sich selbst, entstand durch den Auszug der Kinder und dann durch den Tod ihres Ehemannes eine erhebliche Leere. Die emotionale Gewalt der Adoptivmutter trägt diese Frau also stets in sich. In der therapeutischen Beziehung braucht sie Nähe und deutliche Unterstützung, um sich schrittweise mehr zuzutrauen und zu spüren, dass sie das Heft des Handelns selbst in der Hand hat – und nicht nur passiv die Umstände und Schicksalsschläge ertragen muss, die das Leben für sie bereithält. Sie muss erst lernen, das zu entwickeln, was Psychologen Selbstwirksamkeit nennen.

Liebkosen statt «kaltstellen»

Wenig ist anstrengender für junge Eltern, als wenn sie Nacht für Nacht von ihren Kindern um den Schlaf gebracht werden, ihr Nervenkostüm leidet, und sie sind zu fast allem bereit – bevor sie verzweifeln. Von Großeltern ist dann häufig der Ratschlag zu hören: «Lasst das Kind schreien, das hat euch schließlich auch nicht geschadet.» Ein Tipp aus der Mottenkiste der schwarzen Pädagogik. Die Kinder würden nur aus Langeweile schreien, so die (falsche) Logik, und hätten durchschaut, dass sie mit ihrem Schreien Mutter oder Vater zum sofortigen Herbeieilen bewegen. Also bloß gegensteuern, gar nicht erst einreißen lassen!

Diese Vermutungen sind ebenso brutal wie falsch. Die allermeisten Babys können in einem Alter von wenigen Monaten schlicht nicht acht Stunden am Stück schlafen. Der biologische Rhythmus von Tag und Nacht prägt sich erst später aus, und viele Säuglinge haben nach einigen Stunden ohne Muttermilch wieder Hunger. Wie sie ein Einschlafritual entwickeln, sich selbst beruhigen und den Schnuller wiederfinden, all das lernen sie erst später.

«Eltern in Deutschland haben noch immer Angst, ihr Kind zu sehr zu verwöhnen», sagt Kinderarzt Karl Heinz Brisch. «Dabei weiß man, dass Kinder auf lange Sicht länger schreien, wenn sie erst warten müssen, anstatt dass die Eltern gleich reagieren.» Deshalb empfehlen die Ärzte einhellig, schreiende Babys schnell zu beruhigen. «Das Weinen ist für Eltern ein deutliches Signal: Sie brauchen es, beachtet zu werden und dass man sich für sie interessiert – schlicht Liebe», sagt Florian Heinen, Experte für kindliche Entwicklung am Haunerschen Kinderspital in München. «Die Verunsicherung von Eltern und küchenpsychologischer Rat haben hingegen nur negative Folgen.»

Karl Heinz Brisch führt das hartherzig wirkende Vorgehen mancher Eltern auf die lange Tradition kruder Empfehlungen aus der Nazizeit zurück. «Das Buch von Johanna Haarer ‹Die deutsche Mutter und ihr erstes Kind› bekam jede Mutter als Erziehungsratgeber an die Hand», sagt Brisch. Dort stehe eindeutig: Ist ein Baby gewickelt und gefüttert, legt man es in sein Bett und geht die ganze Nacht keinesfalls mehr ins Zimmer, sonst wird das Kind verwöhnt. Wenn das Kind schreit, ist das gut, denn dies kräftigt die Lungen – Haarer meinte es zu wissen, schließlich war sie Lungenfachärztin.

Allerdings bekamen noch bis in die 1970er Jahre etliche Frauen zur Trauung den Naziratgeber von Johanna Haarer geschenkt, der seit 1946 kaum überarbeitet wurde und unter dem Titel «Die

Mutter und ihr erstes Kind» weiter hohe Auflagen erreichte. Das Buch hat Generationen von Kindern mit emotionalem Entzug und Lieblosigkeit groß werden lassen. «Kaltstellen» nannte Haarer in kaum beschönigender Offenheit ihre Methode.

Längst ist bekannt, dass Kinder auf diese Weise nicht schlafen lernen, sondern vor allem frustriert und unruhig werden. «Sie schalten früh auf ein Notprogramm im Gehirn um, das analog dem Totstellreflex bei Tieren dem Überleben in absoluter Bedrohung dient», sagt Brisch. In der Tat: Sind erst mal ein paar Nächte vergangen, in denen ein Baby vergeblich weinen musste, wird es seine Versuche, Nähe einzufordern, bald einstellen. Jedoch nicht, weil es von nun an gern allein in seinem Bettchen liegt, sondern weil sein Wille, so muss man es sehen, gebrochen ist. Das Gehirn entwickelt sich in der Folge schlechter, und das Kind lernt nicht, mit Belastungen umzugehen.

Der Evolutionsbiologe Jared Diamond hat beschrieben, dass sich Mütter in vielen traditionellen Gesellschaften ihren unruhigen und schreienden Kindern sofort zuwenden.[24] Auch das Tragen von Säuglingen, der ständige Körperkontakt, ist dort viel selbstverständlicher als hierzulande. Indigene Völker gehen häufig intuitiver und langfristig gesünder mit ihren Kindern um – und stehen dennoch nicht unbedingt im Verdacht, ihre Kinder zu verzärteln.

Nächtliches Weinen einfach zu ignorieren, wurde zwar als Tradition des «Dritten Reiches» populär, ist aber auch in anderen europäischen Ländern verbreitet. Es ist offenbar eine Urangst vieler Eltern in westlichen Ländern, ihr Kind zu sehr zu verzärteln. Den kindlichen Bedürfnissen entspricht der Entzug von Zuwendung und Trost in der Nacht keineswegs. «Kinder brauchen verlässliche körperliche Nähe, um seelische Grundbedürfnisse zu befriedigen und Stress abzubauen», sagt Fabienne Becker-Stoll, Direktorin des Staatsinstituts für Frühpädagogik in Bayern. «Nur dann können sie sichere, vertrauensvolle Bindungen zu den Eltern und später zu anderen Menschen aufbauen.» Entwicklungsexperte Florian Heinen macht deutlich, worauf es dabei ankommt: «Wir würden gerne elterliches Selbstvertrauen verordnen, nicht elterliche Überreflexion.»

Zurechtweisungen vom Lehrer

«Wer aber mehr und Schwereres vom anderen leidet, der Lehrer vom Knaben oder umgekehrt, wer von beiden mehr Tyrann, mehr Quälgeist ist, und wer von beiden es ist, der dem anderen Teile seiner Seele und seines Lebens verdirbt und schändet, das kann man nicht untersuchen, ohne bitter zu werden.»
(Hermann Hesse: Unterm Rad)

«Ihr Text hat Stärken und Schwächen», sagte der Lehrer süffisant. Nach einer Kunstpause sprach er weiter: «Er fängt schwach an und lässt dann stark nach.» Die Klasse lachte, und alle schauten auf den Schüler, dessen Werk gemeint war. Der Spruch des Lehrers wirkt auf den ersten Blick witzig und geistreich: Zuerst klingt er wie ein ausgewogenes Urteil, dann aber folgt die Erklärung, und sie ist eine Demütigung für den, der sich das vor der gesamten Klasse anhören muss – gerade weil alle Zuhörer damit rechneten, dass auch noch ein paar positive Seiten des Aufsatzes aufgeführt werden. Wenn der Lehrer den Text des Schülers vor dessen Mitschülern niedermacht, geht das über die vielleicht notwendige Kritik hinaus. Er spielt mit seiner Macht, Urteile und Noten zu vergeben. Konstruktiv ist an dieser Bewertung nichts.

In wahrscheinlich jeder Branche, jedem Betrieb werden die

besonders schillernden Beispiele für Zurechtweisungen vom Chef wie Wandersagen weitergetragen. Oft trägt das sogar zur Erheiterung bei, und sicher schwingt dabei auch die Genugtuung mit, nicht selbst auf diese Weise gerüffelt worden zu sein. Zu den fragwürdigen Bonmots dieser Sorte gehört zweifellos auch jene oben zitierte Äußerung, die einem für seinen militärischen Stil bekannten Lehrer zugeschrieben wird.

Unzählige kleine und große emotionale Grausamkeiten in ähnlicher Form sind von Lehrern überliefert: So muss ein Lehrer nicht genüsslich den Text eines Schülers vor der gesamten Klasse vortragen, auch wenn er ihn als Beispiel für eine besonders misslungene Arbeit sieht. Auch herabwürdigende Äußerungen wie «Wenn du das Abi schaffst, fress ich 'nen Besen» oder «Du brauchst dich gar nicht erst zu bemühen, das bringt sowieso nichts» entmutigen und kränken. Deshalb sind sie ebenso ärgerlich wie unnötig. Genau wie das, was ein Lehrer zu seinem Schüler Ulrich sagte: «Ulrich – da fällt mir nur ein: ‹Der Mann ohne Eigenschaften›.» Dieser Lehrer erhöht sich gleich in doppelter Weise über seinen Schüler. Zum einen protzt er mit seinem Wissen und zeigt sich als Kenner Robert Musils (Die Hauptfigur von Musils Roman «Der Mann ohne Eigenschaften» heißt Ulrich), wobei er nicht davon ausgehen kann, dass einem Zehntklässler Autor und Werk unbedingt geläufig sind. Zusätzlich kränkt er den Schüler, indem er ihn als blass und nichtssagend – eben ohne Eigenschaften – darstellt. Das allein ist bereits verletzend, doch darüber hinaus macht der Lehrer auch noch den Namen des Schülers zur Zielscheibe des Spotts. Witze über Namen sollten sich grundsätzlich verbieten und zeugen nicht gerade von Feingefühl, schließlich sucht man sich nicht selbst aus, wie man heißt.

Manchmal bleibt den Lehrern das, was sie so dahinsagen, gar nicht als problematisch im Gedächtnis. Für die Schüler kann ein leichthin fallengelassener Spruch trotzdem eine große Demütigung bedeuten, wie etwa diese Aussage einer Lehrerin kurz vor den Sommerzeugnissen: «Euch haut es sowieso bald auf die Fresse.» Sie meinte damit, dass etliche Schüler vermutlich eine Klasse würden wiederholen müssen. Ermutigung und pädagogisches Geschick sehen anders aus.

Manche Schüler jedoch mögen sich von derartigen Entwertungsversuchen angespornt gefühlt haben, es dem verhassten Lehrer jetzt erst recht zu zeigen und sich besonders anzustrengen. Eine solche Trotzreaktion wenigstens wäre zum Vorteil dessen, der eigentlich erniedrigt werden sollte. Er hat sich nicht zum Opfer machen lassen, sondern gegen diese Rolle aufbegehrt und zusätzliche Motivation daraus gezogen. Vielleicht war ihm der Schulabschluss zuvor egal – dieser Lehrer aber sollte ihm nicht seine weitere Laufbahn vermiesen.

Auch im familiären Bereich gibt es Situationen, in dem sich aus der Entmutigung Energie gewinnen lässt. Der Fußballspieler Per Mertesacker erzählt von einer solchen Begebenheit. «Du schaffst es eh nicht», habe sein Vater mal zu ihm gesagt, als Mertesacker mit fünfzehn starke Wachstumsbeschwerden hatte und ein Jahr lang nicht trainieren konnte. Die Mutter beruhigte ihn, dass er sich erst mal auf die Schule konzentrieren sollte. Du schaffst es eh nicht – «auf gewisse Weise hat mich dieser Satz befreit», sagte Mertesacker 2018 im Gespräch mit dem «Spiegel». Denn plötzlich sei der Druck verschwunden, den er immer gespürt hatte.

Schwarze Pädagogik

«Denn diese von außen kommenden Assoziationen und erborgten Gefühle tragen die jungen Leute über den gefährlich weichen seelischen Boden dieser Jahre hinweg, wo man sich selbst etwas bedeuten muss und doch noch zu unfertig ist, um wirklich etwas zu bedeuten. (...) Wenn man da solch einem jungen Menschen das Lächerliche seiner Person zur Einsicht bringen könnte, so würde der Boden unter ihm einbrechen, oder er würde wie ein erwachter Nachtwandler herabstürzen, der plötzlich nichts als Leere sieht.»
(Robert Musil: Die Verwirrungen des Zöglings Törleß)

Der Tatort ist fast immer die Familie. Ungezählte Grausamkeiten sind hier an Kindern verübt worden, über Jahrhunderte und Jahrtausende hinweg. Aber nicht nur in längst vergangenen Zeiten, als Kinder keinerlei Rechte hatten, geschunden und geschlagen und manchmal von den eigenen Eltern wie Sklaven gehalten wurden, geriet Erziehung immer wieder zur Qual. Dass die «schwarze Pädagogik» keinesfalls der Geschichte angehört, kann man leider immer wieder erleben. In vielen Familien gibt es noch heute von Generation zu Generation weitergegebene Methoden der Zurechtweisung, der Demütigung und Kränkung. Manchmal sind sie offen brutal und können Außenstehende nur verwundern, manchmal erschließen sich die subtilen Gemeinheiten erst auf den zweiten Blick.

So ist beispielsweise auch die Empfehlung einer Mutter an ihre erwachsene Tochter zu verstehen, die inzwischen zwei eigene Kinder hat. Wie die meisten Kinder kommen auch diese beiden immer wieder auf Ideen, die Erwachsenen nicht gefallen: Sie stellen allerlei Unsinn an, schmieren die Wände voll, sind laut und hin und wieder frech – was Kinder halt so machen. Die Großmutter sagte irgendwann entnervt zu ihrer Tochter: «Wenn sie nicht artig sind, solltest du einfach zwei Tage lang kein Wort mit ihnen reden ... Du wirst sehen, wie das wirkt. Dann gehorchen sie schon wieder.»

Die Großmutter redete nicht etwa über Fremde, sondern über ihre eigenen Enkel, über die Kinder ihrer Tochter, die damals noch im Vorschulalter waren und ihr doch eigentlich besonders nahe sein sollten. Als sie diese brutale Form der Nichtbeachtung empfahl, schrieb man nicht das Jahr 1810, nein, es war ein Erziehungstipp des 21. Jahrhunderts. Vermutlich musste die Großmutter einst Ähnliches erdulden und wusste aus eigener Erfahrung nur zu gut, wie verstörend es sein kann, wenn Eltern plötzlich überhaupt nicht mehr auf die kindlichen Äußerungen und Bedürfnisse reagieren, die Beziehung vorübergehend gar komplett einstellen.

Viele Familien haben ihre eigenen Formen der emotionalen Grausamkeit kultiviert. Die Folgen dessen sind schon lange bekannt: Kinder, die in einer liebevollen und wertschätzenden Beziehung zu ihren Eltern aufwachsen, sind später besser vor Depressionen und anderen psychischen Leiden geschützt – und reagieren widerstandsfähiger auf Belastungen.[25] Sogar ihr Herzrhythmus ist stabiler, sodass sie als Erwachsene weniger anfällig für Infarkte und andere Herzleiden sind. Aber in solchen familiären Konstellationen geht es weniger um Gesundheit. Vielmehr werden Machtverhältnisse austariert und autoritäre Rituale gepflegt. Und oft geben die Eltern – schlicht, aber grausam – jenen Erziehungsstil weiter, den sie als Kinder selbst ertragen lernen mussten.

Reagieren die Eltern hingegen sensibel und aufmerksam auf die Regungen ihrer Kinder, bieten sie ihnen ein sicheres und geschütztes Umfeld, dann begünstigt das auch deren geistige Entwicklung. Kleinkinder mit liebevollen Müttern können einfache Zusammenhänge früher und besser verstehen als solche, deren Mütter zumeist abwesend auf sie reagieren. «Sprache, Ausdauer und soziale Kompetenz entwickeln sich günstiger, wenn Kinder sich sicher gebunden fühlen», sagt die Psychologin Gisa Ascherleben, die an der Universität Saarbrücken das Verhältnis von Müttern zu ihren Kindern untersucht.

Offenbar haben Kinder schon von früh an Sensoren für die Gefühlsfärbungen unserer Gespräche und Handlungen. Bereits Neugeborene spüren, ob etwas böse oder lieb gemeint ist, ob jemand unruhig oder gelassen auf sie reagiert – auch wenn sie die Worte nicht verstehen. «Dieses mentale Bewusstsein gibt es seit der Geburt», sagt Maria Legerstee von der York University in Toronto. «Es wird durch Zuneigung verstärkt, und es ist besonders die mütterliche Sensibilität, die Kinder sozial und emotional macht.» Umso schlimmer, wenn die Kommunikation in den Familien verstummt und bereits Kindern keine freundlichen Gefühle mehr entgegengebracht werden.

Natürlich gibt es auch hier Graubereiche. Die extremen Fälle von Vernachlässigung und emotionaler Kälte sind selten. Weitaus häufiger sind jene Familien, in denen zwar immer wieder freundlich miteinander umgegangen wird, oft aber auch nicht. Wie es diesen Kindern langfristig ergeht, ist schwer zu sagen. Die Quantität der Kränkungen und Erniedrigungen allein ist nicht entscheidend. Auch wenn die schlechten Erlebnisse überwiegen, kann dies durch ausgeprägte Widerstandskräfte, einen stabilisierenden Freundeskreis oder andere Mechanismen ausgeglichen werden.

«Das Schlimmste war diese Sprachlosigkeit», sagt eine Frau jenseits der vierzig, als sie sich an ihre eigene Kindheit erinnert. Wenn sie nicht «artig» war, was immer das genau bedeutete, straften die Eltern sie mit Liebesentzug. Sofort fühlte sie sich schuldig und elend. Die Stille hing wie ein belastender Schatten permanent über ihr, denn auch die offensichtlichsten Probleme wurden tabuisiert und totgeschwiegen.

«Manche Themen kamen bei uns schlicht nicht vor», erinnert sich die Frau heute. «Dass wir unseren Onkel wegen eines absurden Streits gar nicht mehr sahen und sich ein anderer Verwandter und enger Freund meines Vaters umgebracht hatte, wurde beispielsweise nie mehr erwähnt.» Wenn doch jemand versehentlich dieses Minenfeld betrat und eines der Themen ansprach, die unter das Familientabu fielen, folgten strafende, eisig-vernichtende Blicke – und noch mehr Schweigen.

Er hätte es gekonnt
Die beiden Brüder wussten es genau. Der Vater hätte sie schlagen können, jederzeit. Er wäre dazu in der Lage gewesen, körperlich sowieso, aber auch von seiner seelischen Verfassung her. Ein aufbrausender, zur Gewalt neigender Kerl. Die Mutter wusste das auch. Zu ihrem Mann sagte sie deshalb: «Wenn du die Kinder schlägst, verlasse ich dich. Dann bin ich weg.» Die Kinder hörten diese Drohung ihrer Mutter, seit sie fünf oder sechs Jahre alt waren. Es bestand kein Zweifel, dass auch sie dem Vater zutraute, einfach drauflozuprügeln.
«Wir wussten, er hat das Potenzial, uns zu schlagen», erinnert sich einer der beiden Brüder, der heute 49 Jahre alt ist. «Wir lebten mit der ständigen Vorstellung, dass es möglich war und aus heiterem Himmel einfach so hätte passieren können. Immer hatten wir das Gefühl, gerade noch einmal davongekommen zu sein. Immer wussten wir, nächstes Mal kann es so weit sein.» Obwohl der Vater seine Söhne tatsächlich nie geschlagen hat, blieb er eine allzeit bedrohliche Schreckensfigur. Eine ständige Gefahr im eigenen Haus, unberechenbar

> wie eine Bombe, die scharf gestellt war und jederzeit explodieren konnte.
> Oder kann man diese Familienkonstellation auch anders deuten, viel positiver? Immerhin ist ja nichts geschehen. «Viel entscheidender als das, was man befürchtet, ist doch das, was passiert», sagt der Traumaexperte Martin Sack, leitender Arzt für Psychosomatik an der Technischen Universität München. «In diesem Fall hat die Gewaltprävention immerhin funktioniert.» Ein ebenso wichtiger wie interessanter Gedanke: Was hat schlimmere Folgen für unser Seelenheil: das, was wir immer wieder befürchten und wovon wir uns bedroht fühlen – oder das, was uns tatsächlich zustößt?

Es kann eine hilfreiche, wenn auch schmerzhafte Übung sein, sich zu vergegenwärtigen, welche Äußerungen der Eltern oder anderer naher Menschen in der Familie besonders kränkend waren und einem womöglich bis heute nahegehen. Da kommt einiges zusammen, wenn man ein wenig nachdenkt – nicht zuletzt darüber, was man selbst mitunter zu den eigenen Kindern sagt. Nicht jeder flapsige Spruch ist brutal und erniedrigend, wird oft nicht mal in böser Absicht geäußert, aber auch hier gilt das Motto: Gut gemeint ist längst nicht immer gut gemacht. Genauso wichtig und aufbauend ist allerdings der Gedanke daran, wie leicht man manche kleine Gemeinheit oder größere Bosheit weggesteckt hat. Schließlich gibt es auch etliche Verletzungen, die schnell wieder verheilen.

Entmutigungen von zu Hause

«Ich weiß wirklich nicht, wie du später mal ohne mich zurechtkommen willst, du kriegst ja gar nichts auf die Reihe», sagt die Mutter immer wieder zu ihrer pubertierenden Tochter. Die Mutter ist aufgeklärt, modern und selbst mit erzieherischen Themen vertraut. Heute jedoch, da aus dem Mädchen eine junge Erwachsene geworden ist, macht sich die Mutter häufig Vorwürfe.

Sobald die Tochter Schwierigkeiten hat, ihr neues selbständiges Leben und ihre Ausbildung zu organisieren oder auch nur eine Versicherung abzuschließen, führt die Mutter das auf die eigenen Bemerkungen zurück. Hat sie die Tochter zur Unmündigkeit erzogen? Hat sie ihr das Selbstvertrauen genommen, das nötig ist, um etwas ohne die Hilfe anderer zu schaffen und sich durchzubeißen? Die Tochter ist mal genervt vom fürsorglichen Verhalten ihrer Eltern, mal nimmt sie deren Unterstützung gern in Anspruch. Viel zu schnell sind die Eltern deshalb bereit, ihrer Tochter zu helfen, ihr beiseitezustehen, auch wenn es vielleicht längst nicht mehr nötig ist. So setzt sich die kindliche Entmündigung, wenngleich ungewollt, bis weit ins Erwachsenenalter fort. Aber weil die Mutter selbst so lang an die Familiensaga von der unselbständigen Tochter geglaubt und sie dieser immer wieder eingeimpft hat, ist sie gleichsam zu einer selbsterfüllenden Prophezeiung geworden.

Für die Tochter gilt: Möglichst bald abnabeln, auch wenn das eine Weile dauern kann. Die Tochter muss ihren Eltern freundlich, aber unmissverständlich klarmachen, dass sie ihre Probleme selbst zu lösen bereit und auch in der Lage ist. Das mag zunächst ungewohnt für alle sein, aber nur so kann es ihr gelingen, sich aus der ewigen Rolle des unmündigen Kleinkindes zu befreien. Lässt sie sich weiter bemuttern, wird sie zwar vermutlich ein bequemeres Leben haben – dabei aber immer unselbständig sein.

Und die Eltern sollten anerkennen, dass sie ihrer Tochter endlich mehr zutrauen können, anstatt ihr vorauseilend etliche Aufgaben abzunehmen und sie damit vor den Anforderungen des Erwachsenenlebens zu beschützen. «Sie kann das schon, sie wird das hinbekommen. Und wenn nicht, wird sie auch daraus lernen», so ähnlich müsste die Einstellung lauten. Nur auf diese Weise hat die Tochter die Chance, zu einem starken, selbstbewussten Menschen heranzureifen. Oder wie Psychologen es ausdrücken: Selbstvertrauen kommt von Zutrauen.

«Zwei Jungs wären mir schon lieber gewesen», hat der Vater immer wieder zu seinen beiden Töchtern gesagt. «Zwei richtige Kerle, nicht nur Mädchen.» Das Wort «Mädchen» sprach er ziemlich abfällig aus. Dabei liebte er seine beiden Töchter eigentlich heiß und innig. Er war zeitlebens sogar ziemlich froh, diese Kinder zu haben, auch wenn er das nicht gut zeigen und noch weniger sagen konnte. Deshalb kam bei seinen Töchtern stets etwas anderes an: Ihnen hat sich der Eindruck eingebrannt, für den Vater vor allem eine Enttäuschung gewesen zu sein.

Die beiden Frauen waren deshalb auch im fortgeschrittenen Alter von fünfzig Jahren noch nicht das Gefühl losgeworden, niemals zu genügen, irgendwie falsch zu sein. Die vielen gelungenen Schritte, die sie zunächst in der Schule, dann im Studium und später im Beruf gemacht hatten und die sie ziemlich erfolgreich sein ließen, änderten daran nichts. Das ungute Gefühl, irgendwie mit einem Makel behaftet zu sein, blieb, und es nagt beständig an ihnen, bis heute.

«Ich habe andauernd das Gefühl, noch mehr leisten, noch mehr erreichen, mich noch mehr anstrengen zu müssen», sagt eine der Töchter, obwohl sie doch schon eine beachtliche Karriere hingelegt hat. Trotzdem ist sie immer von übermäßigem Ehrgeiz angetrieben, kommt sehr früh ins Büro und geht als eine der Letzten.

Sie bewirbt sich innerhalb der Firma auf offene Stellen, nicht unbedingt aus Interesse, sondern sobald diese einen noch so kleinen Karrieresprung verheißen.

«Es ist absurd und irrational, aber ich will meinem Vater immer noch gefallen, obwohl er ja schon viele Jahre tot ist», hat die Fünfzigjährige selbst erkannt. «Irgendwie habe ich immer noch das Gefühl, mich beweisen und ihm zeigen zu müssen, dass ich genauso viel leisten kann wie ein Mann, wie der Sohn, den er sich immer gewünscht hat.» Und dafür legt sie sich mächtig ins Zeug, arbeitet bis tief in den Abend, bringt ihre eigene Familie an die Grenzen der Belastbarkeit – und hat trotzdem das Gefühl, dass es immer noch nicht genug ist. Wenn sie so weitermacht, ist Erlösung nicht so bald in Sicht.

Was hilft
Menschen sollten nicht den Erwartungen anderer nachkommen und deren ungelebtes Leben wahrmachen müssen. Das gilt in Paarbeziehungen ebenso wie im Verhältnis zwischen Eltern und Kindern. In diesem Fall geht es nicht darum, den Vater postum für seine hohen Ansprüche zu verdammen. Hilfreicher wäre es, Frieden mit ihm zu schließen und vielleicht sogar Verständnis dafür aufzubringen, warum er sich so dringend einen Sohn wünschte und seine Töchter im Gegenzug herabsetzte.
Vielleicht war er mit seiner eigenen Entwicklung als Jugendlicher und junger Erwachsener unglücklich, hatte aufgrund des Krieges und seiner zerrissenen Ausbildung selbst die Sehnsucht gehegt, mehr aus seinem Leben zu machen – und diese unerfüllten Wünsche auf die beiden Töchter projiziert. Diese leben jedoch ihr eigenes Leben und sollten nicht das vermeintliche oder tatsächliche Vermächtnis ihres Vaters

weitertragen müssen. Er hat es ihnen nicht sagen können, aber vielleicht wäre er mehr als zufrieden, wenn es seinen Töchtern gelänge, mit sich und dem Erreichten ins Reine zu kommen.

Zündschnur für ein schlechtes Gewissen

Immer wenn die Mutter überfordert war, wurde sie laut. Und sie war oft überfordert. Dann beschimpfte sie ihre Kinder, weil sie nicht artig waren und mal wieder nicht gehorcht hatten. Vor allem aber waren es Selbstgespräche, die sie in beachtlicher Lautstärke führte. Sie spulte dann eine regelrechte Litanei ab, die Tochter und Sohn mit anhören mussten. «Ich könnte ja auch mal an mich denken, ich könnte es mir ja auch mal gutgehen lassen, einfach in den Urlaub fahren und das Geld zum Fenster rauswerfen.» Dinge wie diese sagte sie, wenn sie besonders in Rage war.

Die Kinder verkrochen sich daraufhin zwar betreten in ihre Zimmer, doch sie konnten gar nicht anders, als das laute Wehklagen der Mutter zu hören. Ja, warum sollte sie es sich denn nicht gutgehen lassen, warum sollte sie nicht in den Urlaub fahren, fragten sich die Kinder zunächst. Warum sollte sie nicht an sich denken? Soll sie doch, war ihr erster Gedanke.

Dann stellte sich jedoch bald eine andere, weitaus toxischere Wahrnehmung ein: Oje, der Mutter geht es also nicht gut. Und wenn die Mutter es sich *nicht* gutgehen lässt und *nicht* auch mal an sich denkt, dann muss das ja wohl eindeutig an uns liegen, denn mit uns schimpft sie ja gerade. Auch wenn sich diese Gedanken vermutlich eher im Unterbewusstsein der Kinder abspielten, so spürten sie, dass sie «irgendwie» für das Befinden der Mutter verantwortlich waren.

Kinder erklären sich ihre Welt aus ihrer unmittelbaren Umgebung heraus, aus dem für sie Naheliegenden, dem, was sie hören, spüren und erleben: Die Mutter ist unglücklich und schimpft mit ihnen – also sind sie schuld am mütterlichen Unglück. Man muss das Kindern nicht mal ausdrücklich sagen; sie beziehen vielmehr die Schwingungen, die sie von ihren Eltern empfangen, automatisch auf sich – im Guten wie im Bösen. Das ist kein rationaler Vorgang, und die Saat für chronische Selbstvorwürfe wird auf diese Weise schon früh gelegt.

«Du störst»
«Ich hatte immer das Gefühl, dass ich störe», sagt der junge Mann. Jetzt ist er dreiunddreißig Jahre alt, seine Kindheit empfindet er im Nachhinein als Horror. «Egal, was wir gemacht haben, es war immer falsch: zu laut, zu viel, zu schnell, zu wenig.» Seine Mutter schildert er als überfordert und überempfindlich, inzwischen tut sie ihm fast leid. Wenn er als Jugendlicher normalen Schrittes die Treppe hochging, wies sie ihn zurecht, er sei zu laut gewesen. Wenn eine seiner beiden Schwestern sich etwas aus dem Kühlschrank nahm, konnte es sein, dass die Mutter einen Wutanfall bekam, weil sie es für sich selbst reserviert hatte.
«Das Schlimme war diese völlige Unberechenbarkeit», sagt der Mann. «Wir wussten nie, weswegen sie das nächste Mal explodierte. Grundsätzlich war immer alles falsch, was wir machten.» Seine Kindheit war davon geprägt, dass er ständig das Gefühl hatte, im Weg zu sein. Heute ist er erstaunlich zufrieden mit seinem Leben, er hat gelernt, wie schön es sein kann, wenn man nicht stört und sich selbst auch nicht an allzu vielen Dingen stört. Was er sich trotzdem fragt: «Ich weiß gar nicht, wieso meine Mutter überhaupt Kinder bekommen hat.»

Bereits bei kleinen Kindern funktioniert dieser Automatismus von Vorwurf und Schuldgefühl, schließlich sind die Eltern ja ihre wichtigsten und oft auch einzigen Bezugspersonen. Und wenn die Eltern dann klagen, sie würden etwas verpassen im Leben, dass sie sich etwa das neue Auto nicht leisten und auch sonst nie nach ihren eigenen Wünschen handeln könnten, dann ist für die Kinder schnell klar, dass diese Misere wohl allein auf sie zurückzuführen ist.

Wer schon früh in der Kindheit die Rolle des Sündenbocks oder familiären Blitzableiters eingenommen hat, kann lange darunter leiden. Jede Konfrontation, jeden Streit und Ärger beziehen die Betroffenen auf sich, fühlen sich für alles verantwortlich, fehlerhaft und schuldig. Diese Gefühle gehen fast immer mit einer starken Selbstentwertung einher, mit der stillen Überzeugung, eigentlich nutz- und wertlos zu sein. In Auseinandersetzungen neigen solche Menschen schnell dazu, vermeintliche Fehler einzuräumen und ihren Beitrag zur schlechten Stimmung oder krisenhaften Situation zu überschätzen.

Umgekehrt glauben sie, für gute Stimmung in der Familie, der Partnerschaft oder am Arbeitsplatz sorgen zu müssen. Um ja nicht in die Kritik zu geraten, übernehmen sie vorauseilend unbeliebte Aufgaben, in der Hoffnung, die Laune der anderen würde sich dadurch bessern. So angenehm es sein kann, solche Zeitgenossen als Kollegen oder in der Familie zu haben, so sehr müssen diese selbst aufpassen, nicht immer nur an andere zu denken und sich für sie aufzuopfern.

Die Verletzungen und Kränkungen, die Vorwürfe und Überforderungen aus der Kindheit verschwinden oft nicht so schnell wieder. Sie bleiben bis ins fortgeschrittene Erwachsenenalter bestehen, vermutlich sogar ein Leben lang. Vielleicht treten sie in den Hintergrund – etwa dann, wenn sie lange nicht ausgesprochen wurden und kein Kontakt mehr zum Absender besteht. Dennoch haben sie sich eingeprägt wie ein unsichtbares Brandzeichen.

Was hilft
Es erfordert schon einige Übung, sich nicht permanent als Buhmann und Schuldigen zu sehen, wenn man dies lange Zeit gewohnt war. Eine erste Strategie besteht darin, sich zu fragen: Warum ich, hat das überhaupt etwas mit mir zu tun? Um hier zu einer Antwort zu kommen, hilft es, die Situation aus der Vogelperspektive zu betrachten. Lag es wirklich an mir, dass dieses berufliche Projekt gescheitert ist und das Team nicht vorankommt? Habe ich in der Partnerschaft nicht ebenfalls Zugeständnisse gemacht und bin auf den anderen zugegangen? Muss ich mir diesen Schuh tatsächlich anziehen? Muss ich mir überhaupt jeden Schuh anziehen?
Wenn im Job ein Krisengespräch bevorsteht, beispielsweise weil die Leistungen des Teams hinter den Erwartungen des Chefs zurückgeblieben sind, kann es eine heilsame Erfahrung sein, erst mal nicht alles auf sich zu beziehen. Vielleicht wird man feststellen, dass sich die Vorwürfe gar nicht auf einen selbst konzentrieren. Dieser Vorgang ist erstaunlich entlastend und festigt die neue Erkenntnis: Nicht ich bin das Problem, manchmal sind es auch die anderen, und ich bin nur ein unschuldiger Beisitzer.
Das Ziel dieser Übung besteht natürlich nicht darin, die eigene Verantwortung künftig grundsätzlich abzustreiten. Vielmehr gilt es, den Eigenanteil an einem misslungenen Projekt, Streit oder Zerwürfnis *realistisch* einzuschätzen – und dann gegebenenfalls dafür geradezustehen.

Die langen Schatten der Tyrannei

Wie im Brennglas zeigen sich die Folgen emotionaler Vernachlässigung von Kindern in den Waisenhäusern Rumäniens zu Zeiten des Diktators Nicolae Ceaușescu. Er hatte seit 1960 systematisch Kinderheime errichten lassen, in denen beim Sturz seines Regimes 1989 noch mehr als 170 000 Kinder leben mussten. Dort wurde auf grausame Weise demonstriert, wie sehr gerade Kinder auf Liebe angewiesen sind – und dass sie ohne sie verkümmern und schließlich eingehen. Gegen Ende der kommunistischen Diktatur und in den folgenden Jahren wurden die furchtbaren Praktiken nach und nach bekannt, bis heute finden Wissenschaftler neue Hinweise auf chronische Schädigungen.[26]

Kleinen Kindern wurde in den Heimen so gut wie keine liebevolle Zuwendung entgegengebracht, manche wurden an ihre Betten gefesselt und mussten ohne soziale Nähe und ein freundliches Wort auskommen. Etliche von ihnen starben, weil sie ungleich anfälliger für Infekte und andere Krankheiten waren als Gleichaltrige, die behütet in Familien aufwuchsen.

Unter den Überlebenden waren etliche geistig zurückgebliebene Kinder, andere hatten ein äußerst eingeschränktes Gefühlsleben entwickelt. Typische Gemütsäußerungen und Emotionen waren ihnen gar nicht erst möglich; sie wussten schlicht nicht, wie man sich freute, wie man traurig oder wütend war. Ihr Gefühlshaushalt blieb ausdruckslos und leer. Diese Defizite spiegelten sich auch bei späteren Untersuchungen wider: Die Hirnstrukturen, mit denen Gefühle verarbeitet und ausgedrückt werden, waren im Vergleich zu Altersgenossen kleiner geblieben und zudem auch funktionell verkümmert.

Die Folgen, die jahrelange Vernachlässigung haben kann, sind auch für Ärzte schwer zu erfassen. «Psychisch muss man mit einer extremen Steigerung dessen rechnen, was als Hospitalismus bezeichnet wird», sagt Peter Henningsen, Chefarzt für Psychosomatik am Klinikum der Technischen Universität München. «Schwere Verhaltensauffälligkeiten können die Folge sein. Sie äußern sich oft in rhythmischen Bewegungen wie Kopfwackeln und Schaukeln mit dem Oberkörper.» Diese Anzeichen des Kaspar-Hauser-Syndroms treten weltweit bei vernachlässigten Waisenkindern und anderen emotional deprivierten Patienten auf. Die Schaukelbewegungen sind der traurige Versuch des Körpers, sich selbst zu beruhigen.

Auch der Umgang mit anderen ist massiv beeinträchtigt. «Kontaktängste und Bindungsstörungen können aus einer solch qualvollen Isolation resultieren», sagt Henningsen. «Verzögerungen der Sprachentwicklung und der Denkleistungen wären typisch, zudem entwickeln sich soziale Fähigkeiten oft später, sodass man von einer Art Autismus sprechen kann.»

Kinder, die ohne regelmäßige Zuwendung aufwachsen, zeigen später nicht nur schwerwiegende Störungen im Gefühlshaushalt und im Kontakt zu anderen. Die Isolation beeinträchtigt auch körperliche Funktionen. Sicher ist: Vernachlässigte Menschen sind anfälliger für Krankheiten, ihr Abwehrsystem ist geschwächt. Sogar banale Infekte können gefährlich werden. Die Widerstandskraft gegenüber körperlichem wie seelischem Stress ist vermindert. «Menschen können an einem Mangel an Beziehung und Zuwendung sterben», sagt Henningsen. «Was mit den Opfern in solchen Verliesen passiert, kann man als eine Form des verzögerten Mordes bezeichnen.»

Schwere Vernachlässigung ist oft mit einer komplexen Traumatisierung gleichzusetzen. Daraus entstehen womöglich Persönlichkeitsstörungen mit chronischer Angst, innerer Leere und unkontrollierbaren Impulsdurchbrüchen bis hin zur Selbstverletzung. Gefühle schwanken zwischen den Extremen, emotionale Ausgeglichenheit finden die Opfer nur selten wieder. Permanentes Misstrauen – gerade gegenüber Menschen, die sich ihnen annähern versuchen – wird sie lange begleiten.

Ärzte der Harvard University haben gezeigt, dass bei vernachlässigten Kindern das Gehirnwachstum eingeschränkt ist.[27] «Schlechte und erst recht feindliche Erfahrungen in der Kindheit haben negative Auswirkungen auf die Hirnentwicklung», sagt Margaret Sheridan, die Hauptautorin der Studie. «Das gilt nicht nur für Kinder, die in Heimen untergebracht sind, sondern auch für die, die Missbrauch, Verwahrlosung, Gewalt in Kriegen, extremer Armut oder anderen gravierenden Nachteilen ausgesetzt sind.» Die Forscher hatten drei Gruppen Acht- bis Elfjähriger untersucht. Die erste wurde in einem Heim betreut, die zweite wuchs in der eigenen Familie auf. Eine dritte Gruppe hatte zunächst im Heim gelebt, wurde aber seit mindestens sechs Jahren von einer Pflegefamilie großgezogen.

In Kernspinaufnahmen des Gehirns zeigte sich, dass die Heimkinder deutlich weniger graue Substanz aufweisen als jene, die immer in ihrer Familie gelebt hatten. Dieser Unterschied blieb bestehen, auch wenn sie später in eine fürsorgliche Pflegefamilie gewechselt waren und dort bereits seit mehreren Jahren lebten. Auch das Volumen der weißen Substanz war bei den Heimkindern gegenüber den zu Hause lebenden vermindert. Hier zeigte sich jedoch, dass die Kinder, die in Pflegefamilien kamen, in der Hirnentwicklung – zumindest rein mengenmäßig – aufholten und nach einiger Zeit ähnlich viel weiße Substanz aufwiesen wie jene, die schon immer behütet waren.

Die graue Substanz differenziert sich während besonders empfindlicher Phasen der Entwicklung aus, in denen Umwelteinflüsse das Gehirn stark prägen. Vereinfacht gesagt wird sie nicht nur mit der Muskelkontrolle und der taktilen Wahrnehmung in Verbindung gebracht, sondern auch mit der Gefühlsverarbeitung, dem Gedächtnis, Sprache und Sinneseindrücken wie Sehen und

Hören. Die weiße Substanz bildet das Netzwerk der Informationsverarbeitung und knüpft ständig neue Verbindungen. Sie wächst langsamer als die graue und kann deshalb auf Veränderungen in der Entwicklung besser reagieren und sich anpassen.

«Offenbar kann die weiße Substanz einen Rückstand einigermaßen aufholen», sagt Margaret Sheridan. Das könnte erklären, warum Kinder, die aus dem Heim in eine Pflegefamilie kommen, nach einigen Jahren nahezu über die gleiche Menge dieser Nervenbahnen verfügen wie Kinder, die nie in einem Heim gelebt haben. «Unsere Studien legen den Schluss nahe, dass es innerhalb der ersten beiden Lebensjahre einen Zeitraum gibt, in dem sich die Übernahme in eine Pflegefamilie besonders positiv auf die kognitive Entwicklung auswirkt», sagt Charles Nelson, der Leiter der Arbeitsgruppe aus Boston. «Je früher das Kind aus dem Heim in eine solche Familie kommt, desto besser das langfristige Ergebnis.»

Die Studie wurde mit Hilfe von Ärzten aus Rumänien durchgeführt, wo sich die Situation zwar verbessert hat. Doch weltweit leben nach Schätzungen des Kinderhilfswerks UNICEF acht Millionen Kinder in Heimen. Die meisten von ihnen werden seelisch wie körperlich vernachlässigt. Ihre sozialen und sprachlichen Fähigkeiten sind verkümmert, Verhaltensauffälligkeiten häufig. Zunehmend erkennen Forscher auch die körperlichen Folgen der frühkindlichen Entbehrungen.

Auch in vielen Waisenhäusern, die in demokratischen Staaten Mitte des 20. Jahrhunderts nach modernsten Standards entworfen wurden, hatten die Pflegerinnen bis in die 1960er Jahre die Anweisung, Kinder nicht zu berühren und nicht mit ihnen zu spielen – aus übertriebener Hygiene und Furcht vor Ansteckung. In einem Fall starben vierzig Prozent der Kinder, als ihre Einrichtung von den Röteln heimgesucht wurde, obwohl sie medizinisch bestens versorgt waren. Außerhalb des Waisenhauses erlagen dieser normalerweise weitgehend harmlosen Infektionskrankheit damals weniger als ein Prozent der Kinder.

«Die frühe emotionale Umgebung wirkt sich noch sehr lange auf die Gesundheit aus», sagt Seth Pollak von der University of Wisconsin. Sein Team hat 155 Jugendliche untersucht, etwa die Hälfte von ihnen verbrachte eine glückliche Kindheit ohne Traumatisierung – ihr Immunsystem war intakt.[28] 34 Jugendliche waren körperlich missbraucht worden und in emotional instabilen Verhältnissen aufgewachsen, sie konnten sich deutlich schlechter gegen Viren, Bakterien und andere Erreger wehren. Ihr Körper musste mehr Antikörper gegen die Eindringlinge produzieren, und auch andere Abwehrmechanismen ihres Immunsystems waren geschwächt.

Die Mediziner analysierten, wie das Abwehrsystem ihrer Probanden auf Herpes-simplex-Viren, Typ 1 (HSV-1), reagierte. Mehr als zwei Drittel der Bevölkerung tragen die Erreger von Fieberbläschen und Halsschmerzen in sich, ohne Beschwerden zu haben. Symptome treten erst auf, wenn das Virus reaktiviert wird – unter Stress, im Krankheitsfall oder wenn das Immunsystem auf andere Weise beeinträchtigt ist. Jene Jugendlichen, die in ihrer Kindheit missbraucht worden waren, konnten die Herpesviren in ihrem Körper nicht gut in Schach halten. «Bei der Geburt ist unser Immunsystem noch nicht vollständig ausgeprägt», sagt Christopher Coe von der University of Wisconsin. «Die Zellen sind zwar vorhanden, aber wie sie sich entwickeln und reguliert werden, ist davon abhängig, wie man aufwächst.»

Ein weiteres Ergebnis war überraschend. Die Wissenschaftler untersuchten auch die Immunreaktion einer dritten Gruppe Jugendlicher und junger Erwachsener. Diese Probanden hatten ihre früheste Kindheit zwar in Waisenhäusern verbracht, lebten inzwischen aber längst in stabilen Verhältnissen in Adoptivfamilien. Das Abwehrsystem dieser Gruppe war trotzdem ganz ähnlich geschwächt wie das der Jugendlichen, die körperlich missbraucht worden waren. «Diese Kinder hatten zwar eine schwierige Kindheit, aber seit mehr als einem Jahrzehnt werden sie geliebt und erleben emotionale Sicherheit», sagt Pollak. «Trotzdem steht ihr Körper dermaßen unter Stress, als wären sie missbraucht worden.»

Manche Verwundungen bleiben ein Leben lang. Wer Opfer einer Misshandlung, eines Unglücks oder einer anderen Traumatisierung geworden ist, hat mit den seelischen Auswirkungen mitunter Jahrzehnte zu kämpfen. Von «Geistern aus der Kinderstube», die immer wieder zurückkehren, sprechen Psychologen und meinen damit in erster Linie die langfristigen Folgen für das Gemüt.

Pollak befürchtet, dass in Zukunft Kinder vermehrt unter solchen Einschränkungen leiden werden, weil auch in vielen demokratischen und wirtschaftlich stabilen Ländern die Unterschiede zwischen Arm und Reich wachsen und weil der ökonomische Druck und die Belastungen der Familien sich zuerst auf jene auswirken, die am schwächsten sind – die Kinder.

Bindungsforscher und Ärzte für Psychosomatik wissen schon lange, dass frühkindlicher Missbrauch, emotionale Verwahrlosung, extreme Strenge und häufiger Familienstreit in späteren Jahren zu mehr Depressionen, Angststörungen und anderen psychischen Leiden führen. «Eine unsichere Bindungsentwicklung ist ein großer Risikofaktor», sagt Karl Heinz Brisch. In jüngster Zeit zeigen immer mehr Forschungsergebnisse die gesundheitlichen Folgen auf. «Frühe Erfahrungen bestimmen auch die neuronalen und hormonellen Reaktionen – und zwar ein Leben lang», sagt Michael Meaney, Neurobiologe an der McGill-Universität im kanadischen Montreal.

Mutter, es reicht!

Wenn der erwachsene Sohn seine Mutter besucht, lautet die erste Frage: «Was, so früh willst du schon wieder los?» Anschließend hört die Mutter gar nicht mehr auf, von ihren Problemen zu erzählen, und irgendwann weiß er sich nicht mehr anders zu helfen, als zu sagen, dass er darauf keine Antwort geben kann. Sie entgegnet nun: «Ach, meine Sorgen interessieren dich wohl gar nicht!?» Oder noch direkter: «Du interessierst dich ja gar nicht für mich.»

Bei einer weiteren Form der emotionalen Erpressung durch Mütter und Väter werden Gefühle über Bande gespielt: «Ach, da wird Tante Klara aber enttäuscht sein, wenn du sie nicht besuchst.» Oder andersherum formuliert: «Oma würde sich so sehr freuen, wenn du auch mal mit ins Altersheim kommst.» «Emotional Blackmail» lautet der englische Begriff für diese sanft wirkende Form der Schuldzuweisung, die selbst die gutmütigsten Kinder unter Druck setzt. Forderungen und Ansprüche werden ständig wiederholt, und ihre Erfüllung ist der Gradmesser für die Zuwendung innerhalb der Familie. Dabei geht es einzig und allein darum, dem anderen ein schlechtes Gewissen zu machen, ihn emotional zu nötigen.

«Das sind die Nebenwirkungen von Beziehungen», sagt Martin Sack und schmunzelt, eben weil die Grauzonen so vielfältig sind und zwischen dem Gefallen für die kranke Großmutter und der seelischen Erpressung manchmal nur ein schmaler Grat liegt. «Erziehung, aber auch Partnerschaft und Familie funktionieren nur selten ganz ohne Manipulation und Erpressungsversuche.» Für den leitenden Arzt der Psychosomatik an der Technischen Universität München ist es entscheidend, dass bei solchen Konstellationen zumeist hehre Motive dahinterstehen. «Die Mutter hat eben ein großes Bedürfnis nach Nähe, das muss man nicht zwangsläufig pathologisieren.»

Wie immer in diesen Dingen kommt es auf die Dosis, die Umstände und die Widerstandskräfte an. Unter Menschen, die sich nahestehen, ist es üblich, sich auch mal einen Gefallen zu tun, Dinge nur dem anderen zuliebe zu machen. Das ist ein Geschenk, das freiwillig sein und von Herzen kommen sollte. Problematisch ist es jedoch, wenn die emotionale Abhängigkeit, in der Kinder zu ihren Eltern stehen (und manchmal auch Partner untereinander), ausgenutzt wird, um den anderen gefügig zu machen. Das Verhältnis zwischen Kindern und Eltern ist ja in der Regel asymmetrisch: Kinder brauchen die Gunst und Zuneigung der Eltern, und zwar lebensnotwendig. Dieses Bedürfnis verliert sich selbst im Erwachsenenalter nicht vollständig. Auch erwachsene Kinder wollen gesehen werden und gefallen.

Den Wunsch nach elterlicher Nähe auszunutzen, mit Liebesentzug zu drohen oder auch gefügiges Verhalten mit überschwänglicher Zuwendung zu belohnen, sind höchst manipulative Techniken. Sie untergraben den freien Willen der Kinder und können ihre Entwicklung zu autonomen, selbstbestimmten Individuen beeinträchtigen. Zwar rechtfertigen sich Eltern gern damit, es doch nur gut gemeint zu haben – aber auch diese Äußerung kann schwer vergiftet sein und die Selbstbezogenheit mancher Eltern offenbaren. Nämlich dann, wenn sie nicht primär an das Wohl und Weh des Kindes denken, sondern vor allem an dessen Zurichtung nach eigenem Gefallen.

Augen am Bildschirm – wenn Kinder und Partner um Aufmerksamkeit ringen

Eltern bekommen im Verlauf der Erziehung viele Gelegenheiten, Fehler zu machen. Besonders heikel ist es, vom Nachwuchs ein Verhalten einzufordern, zu dem man selbst nicht bereit ist. Der Wegweiser geht nicht den Weg, den er weist – diese Haltung birgt das Risiko, dass Kinder unbarmherzig aufdecken, wenn Eltern ihrer Vorbildfunktion nicht nachkommen und sich ständig in Glaubwürdigkeitsfallen manövrieren.

Etliche pädagogische Stolpersteine lauern beispielsweise beim Gebrauch elektronischer Geräte. Forscher aus den USA zeigten kürzlich, welche Folgen es haben kann, wenn Eltern zu Hause ständig an Tablet oder Smartphone hängen, ihren Kindern das Gleiche aber untersagen wollen.[29] Gerade kommt der Vater von der Arbeit, da poppt schon eine Nachricht auf dem Handy auf, die E-Mail macht sich per Signalton bemerkbar, und Vater oder Mutter müssen noch schnell einen Text verfassen. Ganz kurz natürlich. Oft führt das auch zu Spannungen zwischen den Eltern, die sich nicht einig sind, wie sie mit dem allgegenwärtigen Smartphone-Gebrauch ihrer Kinder umgehen sollen.[30]

Dabei hat der Zehnjährige gerade gefragt, ob er etwas essen kann, der Zwölfjährige beschwert sich, weil sein Bruder nicht die Fußball-Sammelbilder mit ihm teilt, und die Achtjährige will endlich stolz ihr Lego-Bauwerk vorführen. «Eltern haben oft das Gefühl, an mehreren Orten gleichzeitig sein zu müssen», sagt die Kinderärztin und Studienleiterin Jenny Radesky von der Universität Michigan. «Sie müssen den Anforderungen des Jobs genügen, wollen Freundeskreis und Umfeld nicht vernachlässigen. Und all das, während sie für die Kinder Essen kochen oder bei den Hausaufgaben helfen.»

Es ist ein ständiger Kampf und alles andere als leicht, die richtige Balance zu finden: Einerseits ist da der Wunsch, zu Hause zu sein und mehr Zeit für die Familie zu haben, andererseits ermöglichen es die kleinen, gemeinen technischen Hilfsmittel, jederzeit und von überall auf neue Angebote und vermeintliche Erfordernisse zu reagieren. Die in der Studie befragten Eltern berichten übereinstimmend von ihrer starken emotionalen Anspannung und der Not, sich im Strudel von Informationsflut und Familienroutine zwischen Arbeit, Kindern und sozialem Umfeld zerreißen zu müssen. Schließlich hat man mit den elektronischen Helferlein «die ganze Welt in seinem Schoß», wie es eine Mutter ausdrückt.

Andere Eltern erzählen, wie negativ die mobile Kommunikation und ständige Erreichbarkeit auf ihre Stimmung schlagen. Kommt eine schlechte Nachricht von der Arbeit rein, reagieren sie verärgert und konzentrieren sich erst recht auf ihren Bildschirm. Die Kinder suchen umso stärker die Aufmerksamkeit von Vater oder Mutter, woraufhin diese – noch immer in gereizter Stimmung – ungehalten werden und ihre Kinder anschnauzen.

Als Vorbild taugt ein solches Verhalten nicht. «Kinder sehen ihre Eltern ständig am Handy und denken sich: Das gehört wohl dazu, das ist Teil der Kommunikation», sagt Karl Heinz Brisch, Bindungsforscher an der Ludwig-Maximilians-Universität München. «Zudem ist es ja keine schöne Erfahrung, wenn plötzlich das Gespräch abgebrochen wird, weil das Gegenüber auf den Bildschirm starren muss.»

Manchmal sitzt eine Familie gemeinsam am Tisch, aber keiner schaut den anderen an, weil alle online sind – und die Kommunikation miteinander gerät ins Off. Von außen ist das eine absurd anmutende Situation, die man bisweilen gern filmen möchte. Isolation in Gemeinschaft. «Das gibt es ja sogar beim Candle-Light-Dinner im Restaurant», sagt Brisch. «In den Pausen liegt das Handy dann neben dem Teller. Man kann nur hoffen, dass sich die beiden wenigstens gegenseitig schreiben.»

Wie wichtig das Rollenmodell der Eltern und ihr Vorbildverhalten für die Erziehung ist, wissen Forscher auch aus anderen Bereichen. So haben mehrere Studien jüngst gezeigt, dass Kinder nur dann viel Obst und Gemüse essen, wenn die Eltern mit gutem Beispiel vorangehen. Auch das richtige Verhalten im Straßenverkehr nehmen Kinder eher an, wenn die Eltern nicht bei Rot über die Ampel rasen. Der klassische Konflikt, dass Jugendliche keinen Fahrradhelm mehr tragen wollen, lässt sich ebenfalls kaum lösen, wenn die Eltern es selbst nicht tun und nur mit schwacher Argumentation darauf verweisen, es sich in ihrer Jugend nicht angewöhnt zu haben.

Extreme elterliche Ablenkung durch Smartphone oder Tablet jedoch hat wohl die gravierendsten Folgen. «Es löst bei Kleinkindern, Jugendlichen, schlicht: in jedem Alter erheblichen Stress aus, missachtet zu werden», sagt Brisch. «Kinder sind von Anfang an auf ganz feine Kommunikation angewiesen. Sie sind Super-Decoder und spüren bereits früh, wenn Mimik und Gestik nicht zur Sprache passen oder die Antwort mit Verzögerung kommt, weil die Eltern mal wieder abgelenkt sind.» Nähe, Kohärenz und emotionaler Blickkontakt sind für die körperliche wie seelische Entwicklung äußerst wichtig. Fallen sie zu dürftig aus, drohen Krankheiten und psychische Störungen.

Schon Säuglinge schütten vermehrt Adrenalin und Cortisol aus, wenn ihre Eltern sie nicht wahrnehmen. Der Puls schnellt in die Höhe, Unruhe erfasst den ganzen Körper, der Organismus wird in Alarmbereitschaft versetzt. In einem Experiment wurde Kleinkindern eine Videoaufnahme der zugewandten Mutter gezeigt, aber die Tonspur lief zeitlich etwas versetzt. Die Kinder reagierten so gestresst, als befänden sie sich in größter Not.

«Man muss sich das vorstellen wie einen schlechten Film mit miserabler Synchronisation», sagt Brisch. «Als die Sprache dann mit dem zugewandten Verhalten in Übereinstimmung gebracht wurde, beruhigten sich die Kinder wieder und entspannten sich.» Ähnliche Reaktionen sind täglich in Bus oder Bahn zu beobachten: Die Eltern steigen mit dem Kinderwagen ein und schauen sofort auf ihr Handy. Kurz ringen die Kinder noch um die Aufmerksamkeit von Mutter oder Vater, bewegen sich auffällig, stellen alles Mögliche an, um sich bemerkbar zu machen, suchen Augenkontakt. Nach kurzer Zeit jedoch schalten sie ab und verfallen in emotionale Starre.

«Niemand erwartet, dass Eltern hundert Prozent ihrer Zeit für die Kinder aufbringen; eine gewisse Unabhängigkeit ist für deren Entwicklung sogar sehr wichtig», sagt Kinderärztin Radesky. «Aber bestimmte Auszeiten, zu denen niemand in der Familie online ist, sind extrem hilfreich für die Entwicklung und die Beziehung, sei es während der Mahlzeiten, direkt nach der Rückkehr von der Arbeit oder nach dem Abendessen.» Zudem kann der Gebrauch auf bestimmte Räume beschränkt werden, sodass Smartphones im Wohn- und Kinderzimmer tabu bleiben und nicht zum permanenten Begleiter werden.

Für Eltern, aber auch für Menschen ohne Kinder kann es erhellend sein, mit Hilfe entsprechender Apps nachzuvollziehen, wie viel Zeit sie online verbringen und womit genau. Oft ist man davon selbst überrascht. Wer einen Großteil seiner Freizeit damit beschäftigt ist, berufliche Mails zu beantworten oder sich auf Facebook aufzuhalten, sollte vielleicht grundsätzlich etwas an seinem Alltag ändern und bewusster digitale Pausen einlegen.

Zusätzlich ist es hilfreich für Eltern, zu erkennen, welche ihrer mobilen Aktivitäten sie mental am meisten fordern. Sind es beispielsweise berufliche E-Mails, die sie besonders aufregen, sollte man diese erst lesen, wenn der Nachwuchs anderweitig beschäftigt ist. Dann kann man die Nachrichten in Ruhe bearbeiten, statt die Zeit mit den Kindern zu unterbrechen und die eigene schlechte Laune womöglich auf sie zu übertragen.

Stark fürs Leben –
wie wichtig die Liebe des Vaters ist

Männer sind in der Familie schnell überflüssig. Sie sind die Versorger und Ernährer, sonst haben sie in der Kindererziehung nicht viel zu melden. Der Mann ist zwar als Erzeuger beteiligt, aber zumindest in den ersten Lebenswochen wird er nur geduldet und kann dem Neugeborenen nie so nahe sein, wie es eine Frau gleichsam von Natur aus erlebt, wenn sie gebärt, stillt und das Baby mit sich trägt. So die populären Vorstellungen und Vorurteile, die noch heute weit verbreitet sind.

Auch wenn Wissenschaftler die Bedeutung der frühkindlichen Bindung erforschen, geht es oft nur um die Beziehung zwischen Mutter und Säugling. Dabei haben britische Kinderärzte davor gewarnt, die Bedeutung des Vaters zu unterschätzen.[31] «Ob und wie sehr sich der Vater in den ersten Lebensjahren emotional einbringt, beeinflusst das Verhalten von Kindern und Jugendlichen ganz ungemein», sagt Charles Opondo von der Universität Oxford. Er hat an mehr als 6000 Kindern untersucht, wie sich die Rolle des Vaters auf ihre spätere Entwicklung auswirkt.

Dabei zeigte sich, dass Kinder im Alter von neun und elf Jahren seelisch stabiler waren und sich seltener verhaltensauffällig zeigten, wenn ihre Väter sich in ihrer Rolle wohlfühlten, dem Kind zugewandt waren und Verantwortung in der Betreuung übernahmen. Psychische Probleme und soziale Schwierigkeiten traten um immerhin vierzehn Prozent seltener auf als bei Kindern, deren Väter sich wenig einbrachten und in ihrer Rolle unsicher waren.

«Ein Königreich für einen Vater, der für sein Kind da ist, in emotionalem Kontakt mit ihm steht und sich engagiert», sagt Karl Heinz Brisch. «Väter haben eine andere Art, mit Kindern umzugehen, sie spielen anders als Mütter, sie füttern und pflegen anders und sind anders sensibel. Das ist genauso wichtig, für Jungen wie Mädchen.»

Diesen unterschiedlichen Umgang bemerken Babys schon im Alter von zwei Monaten. Die Kleinen bewegen sich anders auf dem Wickeltisch, weil sie wissen, dass Papa jetzt Turnübungen mit ihnen macht. Das Verhalten von Männern kann körperbetonter sein, aber auch feinfühliger, als es Kinder von der Mutter gewohnt sind. Wichtig ist: Keiner von beiden macht es besser – nur eben anders.

«Für Jungs wie Mädchen ist es leichter, ein gesundes Selbstbewusstsein zu entwickeln, wenn sie mit beiden Elternteilen Gefühle und Erfahrungen teilen», sagt Brisch. «Jungen erleben mit Vätern Wettkampf und Dynamik und dass sich Konflikte auch bei Spiel und Sport lösen lassen. Sitzen und reden ist manchmal schwierig für sie.» Das erklärt auch, warum es viele Männer nicht gut aushalten, über ihre Beziehung und etwaige Probleme am Küchentisch zu reden. Bei einer Radtour, einem Spaziergang oder beim Sport gelingt das womöglich viel besser.

Genauso freuen sich Mädchen, wenn der Vater mit ihnen rauft oder ihnen auf den Baum hilft, wenn sie toben und sich verausgaben können. Das zeigt ihnen: Auch Mädchen dürfen stark, laut und wild sein. «Und woher sollen sie sonst wissen, wie Männer sind?», sagt Brisch. Zunehmend erkennen Forscher, wie wichtig männlicher Umgang und väterliche Wertschätzung für Kinder sind. In einer von Frauen geprägten Kindheit, in der es hauptsächlich Erzieherinnen, Lehrerinnen und Mütter gibt, sollten Männer zeigen, was sie können. Umso unverständlicher, wenn Richter in Umgangsverfahren immer noch nach dem alten Rollenklischee verfahren, wonach die Väter nicht so wichtig sind und dem Kind am meisten damit gedient ist, wenn es hauptsächlich bei der Mutter lebt.

Selbstbewusstsein stärken

«Eltern fragen uns immer wieder, was sie tun können und wie sie sich richtig verhalten sollen. Sie wollen Anleitungen haben und Empfehlungen für die Erziehung», sagt Keith King von der University of Cincinnati. «Dabei ist die Sache doch ganz einfach: Sagt euren Kindern immer wieder, dass ihr stolz auf sie seid, dass sie etwas gut gemacht haben. Beschäftigt euch mit ihnen, lasst euch auf sie ein, helft ihnen bei den Hausaufgaben.»

Diese naheliegende Bestätigung bekommen keineswegs alle Kinder – obwohl sie so wichtig ist. Das ergaben Analysen einer großen Erhebung, die King und seine Kollegin Rebecca Vidourek ausgewertet haben. Die Erziehungswissenschaftler und Experten für Prävention hatten die Daten von Zigtausenden Jugendlichen aus den USA gesichtet, die zu ihrer Kindheit befragt wurden. Dabei zeigte sich, dass junge Menschen häufiger unter Depressionen leiden und verstärkt zum Suizid neigen, wenn sie sich von ihren Eltern nicht genügend wertgeschätzt fühlen.[32] Es ist zu vermuten, dass diese Ergebnisse auch auf andere Gegenden der westlichen Welt übertragen werden können.

Nicht nur die frühkindliche Bindung sei von großer Bedeutung, wie die Wissenschaftler auf einem Fachkongress betonten, gerade im Alter zwischen zwölf und siebzehn Jahren sei es wichtig, dass Kinder sich aufgehoben fühlten und darauf verlassen könnten, dass ihnen jemand den Rücken stärkt. «Leider wissen das längst nicht alle Eltern – und das ist ein riesiges Problem», sagt King.

Besonders empfindlich ist offenbar die Gruppe der Zwölf- bis Dreizehnjährigen. Bekommen sie von ihren Eltern so gut wie nie zu hören, dass sie etwas gut gemacht hätten, dass die Eltern stolz auf sie seien und ihnen beistünden, entwickeln sie laut der Studie fünf Mal so häufig Suizidgedanken und unternehmen sieben Mal so oft tatsächlich einen Suizidversuch. «Der Schlüssel besteht darin, dass sich Kinder positiv-emotional mit ihren Eltern und ihrer Familie verbunden fühlen», sagt Vidourek.

Mit zunehmendem Verlauf der Pubertät geht das suizidale Verhalten etwas zurück. So ist die Wahrscheinlichkeit, Selbstmordgedanken zu entwickeln und auch umzusetzen, bei den Sechzehn- bis Siebzehnjährigen, die sich nicht von ihren Eltern geschätzt fühlen, «nur» noch drei bis vier Mal so hoch. Doch wahrscheinlich liegt das auch daran, dass die älteren Jugendlichen bereits Bewältigungsstrategien entwickelt haben, wenn ihnen die elterliche Zuwendung fehlt.

Tröstlich ist das nicht gerade. So nehmen diese Teenager beispielsweise häufiger und früher Drogen und lassen sich häufiger und früher auf riskante sexuelle Kontakte ein, vermutet King: «Die Folgen des Mangels ziehen sich durch, unabhängig von Geschlecht, Klasse und Rasse – und sie zeigen sich in allen Bereichen.»

Worauf es ankommt
- *Kinder sind seelisch wie körperlich auf Nähe, Zuwendung und stabile Bindungen angewiesen. Ohne Liebe und Zuneigung bleiben sie nicht nur psychisch instabil, auch ihre Anfälligkeit für diverse Krankheiten steigt.*
- *Die unsinnige Erziehungstradition, Babys schreien zu lassen und sich nicht oder erst spät um sie zu kümmern, wenn sie nicht einschlafen können, frustriert kleine Kinder und überfordert sie. Die Sorge, sie zu verzärteln, ist unbegründet. In den ersten Lebensmonaten brauchen Kinder besonders viel Liebe und Zuneigung.*
- *Kinder fühlen sich schnell dafür verantwortlich, wenn es ihren Eltern nicht gutgeht. Sie glauben, es sei ihre Schuld, wenn Mutter oder Vater schimpfen oder traurig sind. Dienen die Kinder immer wieder als Blitzableiter und Sündenböcke, fühlen sie sich auch später für vieles verantwortlich, was in ihrem Umfeld schiefläuft.*
- *Erniedrigungen und Kränkungen von Eltern oder Lehrern können Kinder in ihrer Entwicklung hemmen und psychische Verletzungen nach sich ziehen. Die emotionale Gewalt äußert sich auf vielfältige Weise. Mal werden Kinder ignoriert oder übergangen, mal hagelt es Entmutigungen und Beleidigungen. Gelegentlich gelingt es aber, aus vernichtenden Urteilen erst recht Energie zu gewinnen.*
- *Jeder Mensch braucht Aufmerksamkeit, Kinder sind ganz besonders darauf angewiesen. Wenn Kinder bei ihren Eltern emotional wenig auslösen, ringen sie zunächst um Beachtung, bevor sie in eine seelische Starre verfallen. Die Allgegenwart von Smartphone, Tablet und Co. macht es zunehmend schwieriger, vom Gegenüber ausreichend wahrgenommen zu werden.*

KANN DAS WIRKLICH LIEBE SEIN? DER ALLTÄGLICHE BEZIEHUNGSKAMPF

Viele langjährige Paare haben ihre eigenen perfiden Strategien entwickelt, um dem anderen zuverlässig das Leben schwerzumachen. «Was tust du – ich tue nichts – du kannst doch nicht nichts tun – morgen bringe ich sie um», ist die Kurzversion des Ehedramas, das Loriot so anschaulich wie treffend schildert und das zwischen Küche und Wohnzimmer vermutlich das ganze Elend zahlreicher Beziehungen zusammenfasst.

Passive Aggressionen

Es gibt diverse Möglichkeiten, seinen Partner unweigerlich zur Verzweiflung zu bringen. Als «passive Aggression» bezeichnet die Schweizer Paartherapeutin Verena Kast die beliebte Technik, nur so zu tun, als würde man zuhören, tatsächlich aber «auf Durchzug» zu stellen.

Solche «Gespräche» sind der längst zum Klischee geronnene Beziehungsalltag vieler Paare: Sie redet ununterbrochen, er nickt gelegentlich dazu oder gibt einen nach Zustimmung klingenden Grunzlaut von sich, hat aber in Wirklichkeit überhaupt nichts mitbekommen. Sollte sie doch einmal gezielt nachfragen, kann er meistens nichts entgegnen und muss die Waffen strecken. «Was hast du noch mal gesagt?» (Auch wenn diese klassische Rollenaufteilung gern parodiert wird, geht es natürlich auch andersherum: Er redet permanent auf sie ein, sie grunzt ...)

In diese Taktik der emotionalen Gleichgültigkeit ist auch das häufig zu beobachtende Verhalten einzuordnen, im Gespräch permanent zu gähnen und so recht unverhohlen das fehlende Interesse für den anderen auszudrücken. Der Partner ist zwar körperlich anwesend, aber eben nicht wirklich da. «Nie hörst du mir zu!», «Du interessierst dich ja gar nicht für mich» lauten die entsprechenden Vorwürfe – und zumindest im skizzierten Moment treffen sie auch zu.

Allerdings gehört zu den vielfältigen Ausdrucksformen der passiven Aggression und andauernden emotionalen Bedrängung nicht nur das ignorante Jaja-Grummeln, sondern auch ständiges Fragen, welches sich unter der Rubrik «Auftragswesen», summieren lässt, wie Verena Kast dies plastisch nennt. Fortwährend wird der andere kontrolliert, ob er denn auch die Aufgaben erledigt habe, die irgendwann mal erwähnt oder ihm gezielt übertragen wurden: «Hast du denn ...?» – «Wolltest du nicht ...?» – «Ich frage mich, wie lange wir noch warten sollen, bis du ...» Es braucht schon die Geduld eines tibetanischen Mönches, um auf diese ständigen Kontrollfragen nicht gereizt und wiederum aggressiv zu reagieren.

Dass sich der andere zurückzieht, auf jede Frage monoton «Ich weiß nicht» antwortet oder pausenlos gähnt, ist dann als Abwehrreaktion vielleicht nur allzu verständlich. Beide Seiten haben sich bequem in ihren Verhaltensmustern eingerichtet: Der eine zelebriert die emotionale Nichtbeachtung, der andere äußert Vorwürfe und Kritik. Wer ein solches Paar als Außenstehender miterlebt, weiß: Die beiden sind schon lange zusammen. Gut tun sie sich nicht mehr.

Der alltägliche Horror in der Beziehung

Als sie eines Tages mal wieder besonders wütend auf ihn war, beschimpfte Xanthippe ihren Mann Sokrates nicht nur in jener unerbittlichen Art und Weise, die sie bis heute zur Namenspatronin aller vermeintlich zänkischen Frauen aufsteigen ließ. Sie leerte auch den Nachttopf über ihrem Gatten aus. Er soll nach dieser Demütigung nicht etwa gewütet, sondern nur anerkennend gesagt haben: «Seht ihr, wenn meine Frau donnert, spendet sie auch Regen!» Diese Pointe des berühmten griechischen Philosophen ist zwar ziemlich originell – aber offenbar auch ziemlich frei erfunden.

Zutrauen würde man ein solches Verhalten allerdings jenen Menschen, die sich diesen fragwürdigen Ehrentitel beharrlich erstritten haben. So sind von Xanthippe denn auch etliche andere Hässlichkeiten und Gemeinheiten überliefert, die dazu ausgereicht hätten, eine ganze griechische Polis zu kujonieren. Die Frau des Sokrates gilt daher als der weibliche Inbegriff des häuslichen Tyrannen, der seinem Gatten das Leben zur Hölle macht. Nie war sie mit seinem Verhalten zufrieden, so sagte man, immer hatte sie etwas an ihm auszusetzen und wies ihn zurecht. Mit Freundlichkeit oder Anerkennung konnte er nicht rechnen.

Sokrates schien dieses Schicksal aber nicht nur geduldig hinzunehmen und sich wie etliche nachfolgende Männergenerationen zurückzuziehen (er wählte dazu allerdings öffentliche Plätze und verzog sich nicht in die Kneipe oder den Hobbykeller), sondern es geradezu als Herausforderung anzusehen, eine so anstrengende

Frau zu haben. Schließlich wollte er sich auf diese Weise darin üben, noch geduldiger mit anderen Menschen umzugehen, sie zu verstehen und ihre Gedankengänge nachzuvollziehen – die häusliche Tyrannei als philosophische Schule.

Folgt man Friedrich Nietzsche, konnte Sokrates seiner Gattin deshalb sogar dankbar dafür sein, dass sie ihm das Leben schwermachte. Durch ihre penetrante Art und ständige Bereitschaft zur Demütigung «lehrte sie ihn, auf den Gassen und überall dort zu leben, wo man schwätzen und müßig sein konnte, und bildete ihn damit zum größten athenischen Gassen-Dialektiker aus». Es ist wohl keine schlechte Voraussetzung für gute Philosophen, wenn sie es daheim nicht lange aushalten und daher vor dem alltäglichen Schreckensregime in die öffentliche Diskussion fliehen müssen.

Bis heute ist es ein eheliches Phänomen, dass Mann wie Frau aneinander herummäkeln, den anderen verändern und verbessern wollen. Nie macht sie es richtig, ständig findet er etwas an ihr auszusetzen. Die «Xanthippe» der Beziehung, sei sie weiblich oder männlich, erklärt das oftmals damit, dass es ihr eben nicht egal sei, wie ihr Partner sich gibt, wie er sich kleidet und wie er mit anderen umgeht. Sie meine es also nur gut mit ihm, wenn sie ihm «Empfehlungen» gibt. Viel schlimmer wäre es da doch, würde man sich gar nicht füreinander interessieren. Dann hätte man zwar nicht mehr so viel zu meckern und zu mäkeln, doch das sei ohnehin nur ein Zeichen für Gleichgültigkeit. Klingt theoretisch gut, aber in der Praxis würden sich die meisten Menschen vermutlich ein bisschen mehr Wohlwollen erhoffen.

Stille Gewalt

Das Paar ist seit nunmehr dreizehn Jahren zusammen, die beiden haben schon viel gemeinsam erlebt, geschafft und bewältigt. Sie haben zwei gemeinsame Töchter im Alter von sechs und neun Jahren. Lange hat die Familie zur Miete in der Stadt gewohnt, aber jetzt soll es etwas Eigenes sein, weit draußen, der Traum vom Eigenheim auf dem Lande kann endlich wahr werden. Sie finden ein Baugrundstück in der Heide, ein Leben in einer gewachsenen dörflichen Struktur haben sie sich immer gewünscht. Sie ist ohnehin selbständig, er kann viel von zu Hause arbeiten und muss nicht jeden Tag in die Hamburger City fahren. Und sie können sich den Hausbau und die Finanzierung des Kredits leisten – jetzt könnte alles noch besser werden, als es sowieso schon war.

Die Umzugsfirma ist bestellt, die Möbel für das neue Haus wurden bereits geliefert, die alte Wohnung ist gekündigt, eigentlich hätte es jetzt losgehen können mit dem gemeinsamen Projekt. Doch dann, nur wenige Tage vor dem Einzug, will sie plötzlich nicht mehr. Nicht nur nicht jetzt, sondern überhaupt nicht mehr. «Karin kommt nicht mit», sagt er ebenso lakonisch wie enttäuscht zu seinen Freunden. «Sie hat es sich anders überlegt.»

«Nach so vielen Jahren will ich endlich auch mal das machen, was ich möchte», erklärt Karin ihren überraschenden Stimmungswandel. «Immer hat Thomas alles bestimmt, immer ging es hauptsächlich nach seiner Nase und nach seinen Wünschen.» Andere Motive schließt Karin aus. Es gibt offenbar keinen anderen Mann, keine großen Pläne zur Weltumseglung, und auch eine Flucht ins Kloster hat sie bisher nicht geplant. Nur endlich selbstbestimmt leben, das möchte sie. Endlich machen, was ich will – diesen Satz betont sie immer wieder. Nicht mehr von den Plänen und Wünschen ihres Mannes abhängig zu sein, das ist offenbar ihr

Ansporn. Er zieht tatsächlich in das beschauliche Heidedorf; sie bleibt in der Stadt.

> **Sonst ist er gar nicht so**
> Der Mann ist Ende dreißig und wird in seinem Freundes- und Bekanntenkreis sehr geschätzt. Originell, witzig, vielseitig und an anderen interessiert. Unterhaltsam und charmant kann er sein, wenn er abends in einer größeren Gruppe im Biergarten sitzt. Frauen behandelt er rücksichtsvoll und zuvorkommend.
> Furchtbar wird es allerdings, wenn seine langjährige Partnerin dabei ist. Er sagt, dass er sie nicht nur mag, sondern sogar liebt – zu spüren ist das allerdings nicht. Wenn sie – aus seiner Sicht – etwas zu langsam oder umständlich erzählt, unterbricht er sie und fährt ihr über den Mund. Ihre Bemerkungen tadelt er als «unlustig», überhaupt kritisiert er im Beisein anderer fast alles, was sie sagt und tut. Der Blick, mit dem er sie dann anschaut, ist entwertend, manchmal sogar feindselig, als würde er sie für ein «kleines Dummchen» halten. Solche Treffen verlaufen zumeist unangenehm, man möchte die junge Frau permanent in Schutz nehmen und das kränkende Verhalten des gemeinsamen Freundes endlich abstellen.

Als «maximale Form der stillen Aggression» bezeichnet Verena Kast, die Schweizer Psychoanalytikerin, das Verhalten der Frau, als sie von der Geschichte des gescheiterten Umzugs erfährt. «Viel deutlicher kann sie ihre Unzufriedenheit ja nicht ausdrücken, sie zeigt ihm ganz schön heftig, dass sie die Nase gestrichen voll hat vom gemeinsamen Leben», sagt sie.

Verena Kast beschäftigt besonders die dauerhafte Kränkung, die Karin ihrem Mann angetan hat – und die symbolische Wucht, die sie in ihre Entscheidung legt. «Schließlich wird damit ja auch das Haus chronisch belastet und bleibt für immer mit der Trennung und dem nicht gelungenen gemeinsamen Einzug verbunden.» Dieser Schatten wird die Freude am neuen Heim dauerhaft verdunkeln, zumindest solange der Mann dort wohnt und seine Kinder im Wochenwechsel bei sich hat.

Auf den ersten Blick ist es natürlich Karin, die hier massive emotionale Gewalt gegen ihren Mann ausübt. Sie fügt ihm einen akuten Schock zu, mit größtmöglicher Stoßkraft. Was muss zuvor alles passiert sein, damit sie so heftig reagiert? Sie spricht von jahrelangen Gefühlen der Unterdrückung und des fehlenden Rückhalts. Womöglich hat sie sich dauerhaft zu wenig beachtet gefühlt, es muss sich der Eindruck festgesetzt haben, dass ihre Bedürfnisse gänzlich zu kurz gekommen sind. Allerdings kann sie das nicht allein ihm anlasten. Es wäre längst an ihr gewesen, deutlich zu machen, was sie will und was ihr wichtig ist – anstatt auf den letzten Drücker und mit brutaler Kränkung zu reagieren.

«Sie war eine Granate im Bett!»

Ein anderes Beispiel: Diese Ehe hat schon viele dramatische Ereignisse überstanden. Fast nur Höhen und Tiefen, eine einzige Achterbahnfahrt. Wie er damals um sie gekämpft hat, ihr hinterhergereist ist, um sie zu erobern. Wie sie plötzlich alles stehen und liegen ließ für ihn. Und dann die gemeinsamen wunderbaren Jahre im Ausland! Großes Kino, heftige Emotionen. Alle diese Erlebnisse hätten für das Drehbuch gleich mehrerer Seifenopern getaugt.

Schon seit achtzehn Jahren sind sie zusammen, heile Familie. Beide Kinder besuchten das Gymnasium, waren zumeist guter Dinge, nebenbei erfolgreich im Sport und hatten nur wenige Probleme in der Schule. Das Ehepaar hatte es sich trotz aller Anstrengungen nett eingerichtet und behaglich gemacht. Eigenheim, Straßenfest, Raclette-Essen bei den Nachbarn, gute Jobs, samstags zum Wertstoffhof, ein intakter Freundeskreis, gelungene Urlaube, die übliche Speckgürtel-Vorort-Routine. Was will man mehr?

Und dann das! Irgendwann offenbarte er ihr, dass es aus sei. Aus und vorbei, endgültig. Aus heiterem Himmel, wie sie sagt. Er habe die Beziehung satt – und außerdem habe er sie betrogen. Kurze Pause, sie war entsetzt. Dann legte er nach: Nicht einmal, sondern dutzendfach hätte er Affären gehabt, immer wieder. Zuerst nannte er die Namen der Frauen und fremden Städte, beschrieb die anonymen Hotelzimmer. Dann sprach er über Stellungen und Positionen und andere Dinge, die er mit den Frauen und sie mit ihm angestellt hätten.

Was hilft: Streiten, aber richtig
Konflikte und Streit gelten oft als schlechtes Signal für eine Beziehung. Diese Wahrnehmung ist falsch, denn die offene Auseinandersetzung ist eher ein Zeichen für bleibendes Interesse aneinander und charakterisiert lebhafte Beziehungen. Der andere ist einem eben nicht egal. Die Alarmglocken sollten eher läuten, wenn ein Partner auf das, was ihn früher zuverlässig erzürnt hat, nur noch gleichgültig reagiert. Besser streiten, als alles egal zu finden.
Die Art des Streits ist allerdings wichtig für die seelische wie körperliche Gesundheit beider Partner. Wer den anderen im Konfliktfall permanent entwertet, herabwürdigt und Verallgemeinerungen bemüht («*Immer* vergisst du alles», «Du sprichst *ständig* so wie deine Mutter», «*Nie* hörst du mir zu»), hat gute Chancen, den Partner dauerhaft zu

> kränken. Hilfreicher wäre es, seine Anerkennung und Wertschätzung für das Gegenüber auszudrücken und deutlich zu machen, dass sich der Dissens nur auf den momentanen Anlass bezieht.
> Gesünder ist das sowieso: Geht ein Streit unter die Gürtellinie, wird er kränkend und verletzend, dann sind schädliche Stressmoleküle deutlich länger im Körper unterwegs, als wenn Konflikte respektvoll und freundlich ausgetragen werden. Auch die Wundheilung leidet darunter, sodass – buchstäblich – Wunden länger schmerzen.

Haarklein zählte er ihr auf, wie viele Affären er gehabt hatte, wie die Frauen hießen und wie leidenschaftlich der Sex mit ihnen war. Jeder Freund, vor dem er damit geprahlt hätte, würde wohl zu ihm gesagt haben: «Ist ja gut, so genau will ich es gar nicht wissen.» Als wären die Seitensprünge nicht schon kränkend genug gewesen, ließ er in jede Erzählung einfließen, um wie viel besser im Bett die anderen Frauen waren. «Sie war wirklich eine Granate im Bett», sagte er über die eine oder andere seiner Affären.

Die bloße Mitteilung reichte ihm offenbar nicht. Wie eine Voodoopuppe durchbohrte er seine Frau mit immer neuen Stichen und Giftpfeilen. Sie sollte spüren, wie ärgerlich er auf sie war, und deshalb malte er die Treffen in den Hotelzimmern, die Umarmungen wie auch besonders akrobatische Umschlingungen im Bett detailliert aus.

Er ist eigentlich kein bösartiger Mensch, betont sein Umfeld, aber jetzt wollte er es ihr offenkundig heimzahlen. Nicht nur, weil er sie kränken wollte, sondern auch, weil er so wütend war über sich selbst, über all die verpassten Gelegenheiten und die routinierte Langeweile, die sich wie eine Horde Holzwürmer in ihre morsche Ehe gefressen hatte. Vor allem bedauerte er das eigene

Versäumnis, seiner Frau nicht deutlicher gemacht zu haben, dass er etwas anderes wollte, dass er andere Bedürfnisse und Wünsche hatte und diese in ihrer Ehe nicht annähernd erfüllt sah.

So ist es vor allem die Wut über sich selbst, die hinter seinen Seitensprüngen steckt, als jene auf seine Frau. Der Eindruck vom ungelebten Leben, die Sorge und der fehlende Mut, sich verständlich zu machen, trieben ihn zu diesem radikalen Schritt. Es war wie eine stückweise Befreiung, als er die Namen der Geliebten, einen nach dem anderen, herunterrasselte.

Das Paar trennte sich, wiederum großes Kino, zerschlagenes Porzellan, es gab viele laute Szenen. Nach ein paar Monaten kam es jedoch zur überraschenden Versöhnung, für die keine ihrer Freundinnen Verständnis hatte. Doch beide waren in sich gegangen und hatten gemerkt, wie sehr sie einander vermissten und wie wichtig sie sich trotz allem noch immer waren. Bald zogen sie wieder zusammen und hatten die allerbesten Vorsätze – beispielsweise frühzeitig darüber zu sprechen, was man will, was man braucht und was einem fehlt.

Obwohl er ihr maximale Kränkungen zugefügt hatte, fanden beide wieder zusammen. Die emotionale Gewalt war zwar heftig, aber sie spürten, wie viel ihnen aneinander lag. So lassen sich selbst massive Wutausbrüche und Verletzungen überwinden. Die Intensität der Beziehung war größer und bedeutender als der Schaden, der zwischenzeitlich entstanden war. Und sie erkannte offenbar, dass er zwar ungeheuer wütend auf sie und sich gewesen war – sie aber immer noch liebte.

Eingeforderte Liebesbeweise

«Zeig mir, dass du mich liebst!» Es gibt vermutlich nur wenige Aufforderungen, mit denen man eine Beziehung stärker überlasten kann. Wenn damit ausschließlich Sex gemeint ist und dieser Sex hauptsächlich als Aufbauhilfe für ein angeknackstes Selbstwertgefühl dient oder um die Unsicherheit in der Partnerschaft zu überspielen, stabilisiert er weder die Beziehung, noch ist er besonders befriedigend.

«Melancholischer Sex ist allerdings sehr verbreitet», sagt Kate White ernüchtert. Sie ist Therapeutin am Bowlby Centre in London und meint damit das traurige Miteinander, wenn beide spüren, dass körperliche Nähe auch ziemlich trostlos und einsam sein kann. Deshalb lautet ihr Rat für dauerhafte Partnerschaften: Habt lieber weniger als schlechten und lustlosen Sex.

Wer mit dem langjährigen Partner ständig Sex haben will, mahnt die Wissenschaft, ist sich seiner Sache nicht sicher und braucht offenbar immer neue Bestätigung, dass die Beziehung tatsächlich noch hält. Er vertraut nicht auf die Tiefe der Bindung oder spürt keine Nähe mehr – versucht aber, durch das körperliche Beisammensein die fehlende Intensität wiederherzustellen. Das kann kurzfristig vertraute Gefühle auslösen, langfristig aber nicht gelingen.

Zudem entsteht auf diese Weise ein Ungleichgewicht in der Beziehung, eine Abhängigkeit vom anderen. Ist einer von beiden ständig auf Zuneigung und Zärtlichkeit angewiesen, gewinnt der andere an Macht und kann diese ausspielen, indem er sich gezielt verweigert – oder in vermeintlicher Großzügigkeit doch ein paar Brocken Intimität verteilt. Sich auf diese Weise dem Partner zu unterwerfen, trägt nicht zu einer ausgewogenen Beziehung bei. Ihm gönnerhaft ein bisschen Zuneigung zu gewähren, ist auch kein Merkmal einer stabilen Partnerschaft.

«Dauerhafte Sicherheit und häufiger, guter Sex schließen sich aus», sagen sogar manche Psychotherapeuten. Dazu kennt man sich nach so langer Zeit einfach viel zu gut – und dann ist es schwer, den anderen noch zu überraschen. Deshalb ist es aus wissenschaftlicher Sicht absolut nachvollziehbar, wenn langjährige Paare nicht mehr von ihrer Leidenschaft, sondern von der reifen Liebe, einer neuen Phase der Beziehung reden oder davon, dass Sex sowieso überschätzt wird: Sie sind in einem besonders stabilen Stadium ihrer Beziehung angekommen – oder sie stehen kurz vor der Trennung.[33]

Sind Paare länger als fünf Jahre zusammen, ist es üblich, dass die Phase der intensiven Leidenschaft, in der man kaum voneinander lassen kann, nachlässt. Haben sie nach zehn oder fünfzehn Jahren gemeinsamer Zeit immer noch ziemlich häufig Sex, gehören sie entweder zu den seltenen Ausnahmen – oder sie führen eine emotional äußerst instabile Beziehung. Ihre Partnerschaft gleicht dann einer Achterbahnfahrt der Gefühle, in der andauernd Beweise dafür nötig sind, dass man sich noch mag. Eine wirklich glückliche Beziehung sieht vermutlich anders aus.

«Im Sexualverhalten, in der Art und Weise, wie wir Beziehungen führen, und in den entsprechenden Wünschen spiegeln sich frühe Bindungserfahrungen wider», sagt Karl Heinz Brisch. Wer nur unsicher an seine Eltern gebunden und von Verlustängsten bedroht war, klammert sich später verstärkt an seinen Partner. Er ist ständig in Sorge, etwas falsch zu machen, den anderen zu verlieren. Die Angst, nicht zu genügen oder der Zuneigung des anderen nicht wert zu sein, nagt an ihm.

Hat jemand das Gefühl, dem anderen permanent gefallen zu müssen, ist das ungesund für das Beziehungsleben wie auch für die eigene Psyche. So haben ängstliche und an sich selbst zweifelnde Frauen häufiger wechselnde Sexualpartner, während Menschen, die sich ihrer selbst sicher fühlen, weniger zu halbgaren

Affären neigen. Auch ihr erster Geschlechtsverkehr findet erst in einem höheren Alter statt. Wer emotional gefestigt ist, muss sich nicht andauernd beweisen, dass er es wert ist, gemocht, begehrt und geliebt zu werden. Das wissen diese auf den Hügeln des Glücks beheimateten Menschen aus einem schönen satten Gefühl heraus auch selbst ganz gut.

Worauf es ankommt

- *Menschen in Liebesbeziehungen haben oft ihre eigenen Rituale der Partnerschaftszerrüttung entwickelt. Von kleinen Gemeinheiten bis hin zu größeren Kränkungen ist alles vertreten. Die Grenze zur emotionalen Gewalt ist erreicht, wenn die destruktiven Anteile überwiegen und nicht kurze Aufwallungen der Wut, sondern die Kränkungsabsicht im Vordergrund steht.*
- *Sex als Kitt für eine kaputte Partnerschaft ist wenig hilfreich. In langjährigen Beziehungen ist es normal, dass man seltener miteinander ins Bett geht. Die wilde Leidenschaft des Anfangs geht in tieferes Verständnis und große Vertrautheit über – hoffentlich. Sex als eingeforderter Liebesbeweis lässt hingegen ein nur noch größeres Gefühl der Leere und Enttäuschung zurück.*
- *Liebesbeziehungen sind oft asymmetrisch. Wenn beide wissen, was sie aneinander haben, ist das kein Problem. Wird aber die Schwäche oder Abhängigkeit eines Partners ausgenutzt, droht chronischer emotionaler Missbrauch.*
- *Streit in der Partnerschaft oder Familie ist nicht per se schlimm oder schädlich. Im Gegenteil, wenn man nur noch gleichgültig auf die Eigenheiten des anderen reagiert, dann sollten die Warnlampen aufleuchten. Richtig streiten will allerdings gelernt sein. Konstruktiver Streit reinigt und führt oft zu Lösungen. Destruktiver Streit hingegen verletzt und macht krank.*

ENTWERTUNG IM BERUF

Der Patient sucht wegen Schlafstörungen und Unruhe einen Therapeuten auf. Als langjähriger leitender Angestellter eines US-Konzerns fühlt er sich in vielerlei Hinsicht ziemlich gewichtig. Er ist inzwischen 54 Jahre alt, leider hat man ihn kürzlich beruflich «entsorgt», wie er das nennt. Er hat sich und seinen Körper in den letzten Jahren vernachlässigt, obwohl er früher ein begeisterter Sportler war, schlank und durchtrainiert. Jetzt ist er übergewichtig, man müsste schon fast sagen: fett. Zudem ist er fast immer unruhig und angespannt. Er kann kaum darüber sprechen, wie sehr es ihn kränkt, dass die Firma so rüde mit ihm umgegangen ist.

Das Ganze ist schließlich neu für ihn. Bisher war er es gewohnt gewesen, erfolgreich zu sein. Eigentlich hat immer alles geklappt – bisher. Nach der Ausbildung und seiner ersten Stelle verlief die Karriere steil nach oben. Dieser Mann war zeit seines Lebens auf Erfolg gepolt, er stammt aus einer leistungsorientierten und emotional verschlossenen Familie. Er kennt deshalb seit jeher mehr Entwertung als Lob. Für den Arzt ist das eine Herausforderung. Hilft hier Nähe oder eher Distanz? Er darf dem Mann nicht zu nahe treten, ja ihn noch nicht einmal zu sehr loben, wenn er Fortschritte in der Therapie macht. Zudem muss seine narzisstisch geprägte Seele beachtet werden.

Der Patient braucht in dieser schwierigen Situation einen Erfolg, den er sich selbst zuschreiben kann, und niemanden, der ihm gute Tipps gibt, die er vermutlich ohnehin nicht annehmen würde. Die emotionale Gewalt, die hinter der Kündigung steht, ist ihm wahrscheinlich kaum bewusst, und doch dient die therapeutische Unterstützung dazu, seinen Glauben an die eigene Handlungsfähigkeit wiederherzustellen. Die emotionale Rettung für diesen Mann ist also ein Arzt oder Therapeut, der ihn so ansprechen kann, wie er es braucht. Das bedeutet in diesem Fall: mit genügend Distanz. Dann besteht die Hoffnung, dass er neue, positive Erfahrungen macht, die sein berufliches Entwertungsgefühl wieder ausgleichen.

Vorgeführt vom Chef

Es war ein immer wieder praktiziertes Ritual, und alle Mitarbeiter, die es einmal durchmachen mussten, haben es gefürchtet. So muss man zumindest die Äußerungen verstehen, die hinterher an die Öffentlichkeit gelangten. War bei VW irgendetwas schiefgelaufen, hatten die leitenden Angestellten zum Rapport anzutreten. Vor den obersten Führungsleuten mussten sie Rede und Antwort stehen, auch VW-Chef Martin Winterkorn war immer wieder dabei.

Am sogenannten Schadenstisch stehend, hatten sie sich persönlich zu rechtfertigen und mussten erklären, warum etwas nicht so funktioniert hatte wie geplant. Wie dumme kleine Schuljungen, die abgefragt wurden, standen sie da, in einer Konstellation, die absolute Unterwerfung erforderte, von einseitiger Machtausübung geprägt war und damit schnell zu einer Demütigung entgleisen konnte.

Lange bevor der Abgasskandal bekannt und in immer neuen Dimensionen öffentlich ausgebreitet wurde, gab es bei Volkswagen in Wolfsburg bereits die Institution des Schadenstisches, wie mehrere Mitarbeiter einhellig berichten. Vor einem Raum mussten sie warten, bis sie hereingerufen wurden – und dann lag auf einem Tisch vor ihnen das defekte Bauelement aus dem Motorblock oder der Abgasanlage, irgendein zu beanstandendes technisches Detail. Die Ingenieure und Techniker wurden direkt konfrontiert mit dem Ergebnis ihres tatsächlichen oder vermeintlichen Versagens – und hatten sich dafür zu rechtfertigen. Warum das nicht geklappt habe, wie so etwas passieren konnte, was sie sich dabei gedacht hätten? Die Mitarbeiter, hochbezahlte Ingenieure in mittleren bis gehobenen Führungspositionen, wurden vorgeführt, gedemütigt und niedergemacht, mussten etwas erklären, was sie oft nicht erklären konnten oder woran sie manchmal gar nicht direkt beteiligt waren.

Feuertaufe im Ministerium

Der legendäre US-Außenminister Henry Kissinger hatte einen neuen Mitarbeiter eingestellt. Zu Beginn von dessen Tätigkeit ließ ihn Kissinger eine längere Ausarbeitung anfertigen. Der Referent gab sich außerordentlich Mühe, bekam sein Dossier dann aber mit den Worten zurück: «Ist das alles, was Sie an der Uni gelernt haben?» Der junge Referent überarbeitete seinen Text gründlich und gewissenhaft und musste dennoch von Kissinger hören: «Besser können Sie das nicht?» Also feilte er ein drittes Mal an dem Schriftstück und arbeitete die Nächte durch. Diesmal ließ Kissinger ihn rufen und fragte: «Ist das wirklich das Beste, was Sie zu bieten haben?» Der junge Mann war mit den Nerven am Ende und schrie zurück: «Ja, verdammt noch mal, besser kann ich es nicht.» Daraufhin entgegnete Kissinger zufrieden: «Okay, dann werde ich den Text jetzt lesen ...»

Im Nachhinein klingt die Anekdote heiter und geradezu harmlos, weil sich bald herausstellte, dass der Betreffende zu einem der engsten Mitarbeiter Kissingers aufsteigen sollte und es lange blieb. Mit dem geschilderten Test wurde offenbar sowohl seine Geduld als auch seine Eignung auf die Probe gestellt. Trotzdem steckt eine unverschämte Anmaßung und emotionale Demütigung dahinter, wie sie vielleicht typisch für Machtverhältnisse in den 1950er und 1960er Jahren waren – und hoffentlich nicht mehr sind: Kissinger zeigt nicht nur unmissverständlich, dass er das Sagen hat und nach Gutdünken Nacharbeiten einfordern kann. Mit seinen Nachfragen unterstellt er auch, dass die Ausarbeitung längst noch nicht gut genug ist – obwohl er sie bisher nicht mal angeschaut hat. Dazu lässt er sich ganz im Stile eines absolutistischen Herrschers erst herab, nachdem der Untergebene drei Mal nachgebessert hat.

Man stelle sich das vor: Ein chirurgischer Oberarzt muss sich in der Pathologie vor dem Chef verantworten, der ihm den abgestorbenen Fuß eines Patienten präsentiert. Oder er wird im Kreise der Hinterbliebenen vom Chefarzt als Schuldiger vorgeführt. Der Polizist muss im ausgeraubten Juweliergeschäft seine Ermittlungsstrategie darlegen, der Einkäufer den defekten Artikel schönreden.

In all diesen Fällen ginge es buchstäblich darum, am Beispiel eines fehlerhaften Details die Hackordnung im Unternehmen klarzumachen – wer hat wem etwas zu sagen? Es sind die alten

Formen der Machtpyramide, die hier zementiert werden sollen. Die Merksätze dazu kennt jeder: «Ober sticht Unter.» – «Wer ist hier bitte schön der Chef?» – «Einer muss ja der Schuldige sein, und wer das ist, bestimme immer noch ich.» – «Antworten Sie nur, wenn Sie gefragt werden» – oder wie die beschönigenden Floskeln allzu starrer Hierarchien auch immer lauten mögen.

Bei VW sollen Mitarbeiter den Raum mit dem vermaledeiten Schadenstisch mitunter weinend und am Boden zerstört verlassen haben. Um ein kollegiales Gespräch auf Augenhöhe, in dem die Beteiligten darüber diskutierten, warum etwas schiefgelaufen war und wie es überhaupt zu Fehlern kommen konnte, ging es dabei offenbar nicht. Das hätte vielleicht auch den Abgasskandal früher erklären oder sogar verhindern können. Vielmehr war es der Zweck der Übung, einen Schuldigen zu finden und ihm ein schlechtes Gewissen zu bereiten. Kurz: Es wurde deutlich gemacht, wer im Konzern wirklich zählt.

Die «dunkle Triade» psychopathischer Vorgesetzter

Für die Geknechteten, Beladenen und subalternen kleinen Angestellten ist es immerhin ein gewisser Trost: Sie sind zwar schlechter bezahlt, nicht weniger überarbeitet und müssen ihren Herren stets zu Diensten sein, aber sie können sich wenigstens moralisch überlegen fühlen. Schließlich haben ihre Chefs zwar Macht und Geld, aber häufig eben auch einen miesen Charakter.

Kaum eine Legende ist unter Arbeitnehmern so populär wie die vom psychopathischen Chef. Seit Psychologen beschrieben haben, dass ein gehöriges Maß an Rücksichtslosigkeit und Narzissmus durchaus hilfreiche Eigenschaften sein können, um Führungspositionen – besonders im Finanzmarkt – zu ergattern, wird den Reichen und Erfolgreichen gern eine defekte Persönlichkeit unterstellt. Bücher wie jene von Tom Wolfe («Fegefeuer der Eitelkeiten») und Michael Lewis («Wall Street Poker») zeichnen seit den 1980er Jahren das Bild des ebenso habgierigen wie skrupellosen Bankers, der über Leichen geht oder wahlweise seine Großmutter verkaufen würde, wenn sich auf diese Weise ein guter Deal einfädeln ließe.

Mobilität erwünscht

Schöner Brauch: Unter traditionsbewussten Menschen gilt eine Abmachung noch per Handschlag. Klar, deswegen war der aufstrebende Mitarbeiter ja auch bereits aus dem Rheinland nach Hamburg gezogen, Frau und zwei Kinder inklusive. Die Zwillinge hatten das Schuljahr in der neuen Klasse bereits begonnen, die alte Wohnung war längst gekündigt. Nächsten Monat sollte es endlich im Job losgehen, der Mitarbeiter würde eine Führungsposition in dem Unternehmen bekommen, der Chef hatte sie ihm zugesagt.

Dann verzögerte sich der Arbeitsbeginn, erst um vier Wochen, dann um drei Monate, schließlich sogar auf unbestimmte Zeit. Wenn er bei seinem zukünftigen Chef anrief, wurde er nicht durchgestellt. Auf E-Mails kam keine Antwort, dabei hatten beide zuvor ein fast freundschaftliches Verhältnis gehabt. Persönlich wurde er nicht vorgelassen. Langsam dämmerte es ihm, dass es mit der Stelle doch nichts werden würde. Irgendwann kam eine dürre Mitteilung von der Personalchefin, dass sich die wirtschaftliche Lage der Firma verschlechtert habe und man gegenwärtig von Neueinstellungen absehen würde.

Wie ein dummer Junge und lästiger Bittsteller kam er sich vor. Aus dem Mann mit dem strahlenden Selbstbewusstsein wurde ein Zweifler und Grübler, der sich ständig fragte, was

> er nur falsch gemacht haben konnte. Dabei lag es nicht an
> ihm. Das Unternehmen hatte akut einen Einstellungsstopp
> verhängt – und ihn ließ man im Ungewissen abblitzen. Nach
> acht Monaten fand er endlich eine neue Stelle und musste
> wieder umziehen. Diesmal wechselte die Familie erst den
> Wohnort, nachdem er den Vertrag in den Händen hielt.

So mancher Chef mag seinen Aufstieg tatsächlich einem ausgeprägten Hang zur Selbstdarstellung und kräftigen Ellenbogen zu verdanken haben, erfolgreicher ist er deswegen allerdings nicht unbedingt. Sozialpsychologen der Universitäten Denver und Berkeley zeigten sogar, dass Hedgefonds-Manager schlechtere Ergebnisse erzielen, wenn sie die beschriebenen negativen Persönlichkeitsmerkmale aufweisen.[34] Die «dunkle Triade», wie die toxische Mischung aus Machiavellismus, Selbstverliebtheit und Gewissenlosigkeit genannt wird, mag zwar manchen Karriereschritt begünstigen, der Leistung ist sie jedoch nicht zuträglich.

Die Forscher erstellten Persönlichkeitsprofile von 101 Hedgefonds-Managern und analysierten deren Investitionen und Gewinne wie auch ihr Risikoverhalten in der Zeit von 2005 bis 2015. Jene Banker, die tendenziell eine psychopathische Persönlichkeit aufwiesen, machten etwa ein Prozent weniger Gewinn als ihre verträglicheren Kollegen. Dieser Unterschied mag zwar gering erscheinen, über die Jahre und angesichts der enormen Summen, mit denen Hedgefonds-Manager umgehen, ergeben sich daraus jedoch gewaltige Geldbeträge. Als weiterer Befund zeigte sich, dass die Psychopathen unter den Finanzinvestoren größere Risiken eingehen, um den gleichen Gewinn zu erzielen wie ihre psychisch gesünderen Kollegen.

«Wir sollten vielleicht unsere Vorurteile überdenken, wonach Rücksichtslosigkeit und emotionale Kälte günstige Eigenschaften für Investmentbanker sind», sagt die Leiterin der Studie, Leanne ten Brinke von der Universität Denver. «Diese Persönlichkeitszüge verbessern nicht nur nicht die Leistung, sie sind dieser sogar abträglich.» Anders als man es sich vielleicht ausmalt, waren unter den analysierten Fondsmanagern sogar erstaunlich wenige, bei denen die dunklen Seiten ihrer Persönlichkeit überwogen.

In früheren Untersuchungen hatte sich bereits gezeigt, dass auch unter Politikern nicht etwa die Egomanen und Kaltblütigen erfolgreicher sind. Wer psychopathische Züge aufweist, bekommt im Parlament weniger Unterstützung für Gesetzesvorlagen oder Anträge und erhält im Wahlkampf weniger Hilfe von außen.

Für Mitarbeiter in Unternehmen ist es eine gute Botschaft, dass sie mit zugewandten Chefs weiterkommen und diese deshalb – zum Wohle der Firma – auch einfordern können. Eine kooperative, konstruktive Arbeitsatmosphäre ist weit gewinnbringender als eine, die von Druck und Hierarchie geprägt ist, sowohl in wirtschaftlicher als auch in psychologischer Sicht. Auch in der Politik und für die nächste Wahl sind diese Erkenntnisse wichtig. «Wenn es darum geht, unsere Führungskräfte in der Politik oder in großen Organisationen auszuwählen, sollten wir nicht denen hinterherlaufen, die sich laut und kaltschnäuzig geben und das für durchsetzungsstark halten», so die Autoren.

Die Mitarbeiterin war empört und fühlte sich zurückgewiesen. Sie war massiv angegangen worden, in ihrer Abteilung hatte es Umbesetzungen gegeben, die ihr die weitere Arbeit sehr erschwerten. Zudem war sie bei der letzten Beförderung wortlos übergangen worden, obwohl sie längst dran gewesen wäre. Als sie den Chef um ein Gespräch bat, war seine Reaktion überraschend: «Darauf habe ich jetzt wirklich keine Lust», sagte er lapidar.

Um seine Lust geht es allerdings nicht in diesem Fall. Es gehört zu seinen Aufgaben als Chef, sich mit Personalproblemen zu beschäftigen und für eine Lösung zu sorgen. Sein Verhalten ist völlig unprofessionell und kommt einer Ohrfeige für die Mitarbeiterin gleich. Sie sollte sich schleunigst klarmachen, dass nicht sie hier das Problem ist, sondern ihr Vorgesetzter seinen Aufgaben nicht gewachsen zu sein scheint.

Ein extremer Fall – viel häufiger ist es wahrscheinlich, dass der Chef ein Gespräch mit dem Hinweis verweigert, er habe gerade keine Zeit. Wenn das bei weiteren Bitten um einen Termin immer wieder passiert und sich die Aussprache um Wochen oder Monate verzögert, kommt der Angestellte eine ganze Weile nicht zu seinem Recht. Irgendwann muss ihn das Gefühl beschleichen, nicht erwünscht oder zumindest unwichtig für das Unternehmen zu sein. Diese Form der Ablehnung und Ignoranz ist leider häufig und kann als passive emotionale Gewalt bezeichnet werden.

Wir nennen keine Gründe

Der 51-Jährige ist ein ziemlich gewinnender Typ, man muss ihn geradezu mögen. Er leitet eine größere Arbeitsgruppe in einem international tätigen Fahrzeugkonzern, er ist verbindlich, freundlich und obendrein ein unterhaltsamer Gesprächspartner. Eigentlich möchte man mit so jemandem gerne nach Feierabend ein Bier trinken gehen – und ihn in seinem beruflichen Umfeld haben.

Er selbst hat einen unbefristeten Job, aber da in seiner Firma nach US-Vorbild immer mal wieder komplette Abteilungen geschlossen oder ins Ausland verlagert werden, möchte er sich mittelfristig etwas anderes suchen. Er hat schließlich Familie und keine Lust darauf, dass auch ihm plötzlich gekündigt wird oder er nach der Schließung der hiesigen Niederlassung entweder freiwillig gehen oder seine Arbeit in England oder den USA weiterführen muss.

Die erste Reaktion auf die Bewerbung bei einer großen inländischen Firma klingt zunächst ziemlich vielversprechend. Mehrere Gespräche mit dem Leiter der dortigen Arbeitsgruppe verlaufen gut. Man versteht sich und ist sich schnell einig über die inhaltlichen Ziele, das künftige Aufgabengebiet und dass eine solch erfahrene Fachkraft das Team gut verstärken würde. Zeit für einen Wechsel! Jetzt steht nur noch das Gespräch mit der Personalchefin an, aber das sollte eigentlich eine Formsache sein, reine Routine. Wenn das neue Gehalt nicht deutlich unter dem alten liegt, steht dem Jobwechsel nichts mehr entgegen.

Das Gespräch mit der Personalchefin verläuft allerdings unerwartet holprig. Eigentlich war doch schon vorher alles klar? Der Mann ist irritiert, weil ihm Fragen gestellt werden, wie man sie als Laie bei einer schnellen Internet-Suche finden würde. Sie blickt an ihm vorbei, als sie von ihm wissen will, welche Ziele er noch hat, wie er diese erreichen will, was er für seine größten Schwächen hält und was er als seine größten Stärken ausgemacht hat. Es folgt die obligatorische Frage nach seinem bisher größten Erfolg. Der Maschinenbauer reagiert freundlich und verbindlich, ist um keine Antwort verlegen, zeigt sich durchaus selbstbewusst, aber keineswegs auftrumpfend – auch wenn er es seltsam findet, dass ihn die Kollegin aus der Personalabteilung kaum anschaut, während sie mit ihm redet.

Drei Wochen später kommt der Anruf aus der Personalabteilung. Der 51-Jährige rechnet fest mit einer Zusage und freut sich, endlich von seinem neuen Arbeitgeber zu hören. Doch das Gegenteil ist der Fall, ihm wird mitgeteilt, dass er den Job nicht bekommt, und zwar nüchtern und knapp, ohne jede Angabe von Gründen. Der Bewerber ist perplex, schließlich hatte er sich mit seinem zukünftigen Vorgesetzten prima verstanden. Im Verlauf des Telefonats möchte er erfahren, woran es denn gelegen habe: Waren seine Gehaltsvorstellungen zu hoch, hat er vielleicht doch nicht so gut in die Gruppe gepasst wie vermutet – oder ist er inzwischen schlicht zu alt? «Nein, wir geben in unserer Firma nie eine Begründung an», lautete die lapidare Antwort am Telefon. «Das ist nicht unser Stil.»

Es fragt sich, ob man hier überhaupt von Stil reden kann. Zurückweisungen ohne Erklärungen schmerzen besonders – das gilt in der Schule, in der Familie und auch im Beruf. Ohne klare Gründe abgelehnt zu werden, verunsichert enorm, weil man sich ständig fragt, was man falsch gemacht haben könnte, und sich als Person irgendwann in Frage zu stellen beginnt. Forschungen der Psychologin Naomi Eisenberger aus Kalifornien zeigten, dass die soziale Ausgrenzung sogar körperlich weh tut. Die Schmerzschwelle verändert sich dadurch, man wird empfindlicher, das Immunsystem ist weniger aktiv.[35] Auf etliche Funktionen des Organismus wirkt sich die Ablehnung negativ aus.

Dies liegt auch daran, dass sich der Mensch in fast jeder Lebenslage nach Kausalität sehnt – er will schließlich auch nach negativen Nachrichten verstehen, warum es so gekommen ist. Der Zweifel und die Ungewissheit darüber, was dazu führte, dass der Ingenieur den ersehnten Arbeitsplatz nicht bekommen hat, werden noch lange an ihm nagen. Immer wieder wird er sich fragen, ob es nicht doch an ihm lag.

Für die Personalabteilung wäre es vermutlich kein Problem gewesen, die Gründe für die Entscheidung offen anzugeben. Damit wären keine Geschäftsgeheimnisse oder andere Interna ausgeplaudert worden. Wenn sie es nicht tut, beweist sie damit lediglich die leider üblichen Muster der Machtdemonstration: Wir entscheiden nicht nur, wen wir einstellen und wen nicht, sondern haben es auch in der Hand, was wir preisgeben – oder eben nicht. Die alte Erkenntnis «Wissen ist Macht» sollte längst ergänzt werden: «Wissen nicht mitzuteilen, ist mehr Macht.»

Gerade nicht erwünscht

Es gibt zahlreiche Formen der Ausgrenzung und Demütigung, direkte und indirekte. Missfallen oder Antipathie frei zu bekunden, ist zwar wenig subtil, aber immerhin wird auf diese Weise mit offenem Visier gekämpft, und jeder weiß, woran er ist. Es ist allerdings auch auf dezentere Art und Weise möglich, jemandem zu zeigen, dass man mit ihm nichts zu tun haben möchte. Dies kann umso gemeiner sein, weil der Betreffende zunächst nicht bemerkt, woher die Ablehnung kommt.

Da ist beispielsweise der allseits unbeliebte Kollege, mittlerweile ist er schon seit zwei Jahren in der Firma angestellt. Jedes Jahr im Frühjahr, wenn sich die halbe Belegschaft zur Messe aufmacht, ist er ebenfalls dabei. Man ist im selben Hotel untergebracht, arbeitet am selben Stand und läuft sich bei Terminen zwangsläufig immer wieder über den Weg.

Als sich die anderen Mitarbeiter abends am Messestand verabschieden und manche schon ins Bett gehen, manche noch einen Kneipenbesuch einplanen, fragt der Kollege arglos: «Wann frühstückt ihr denn morgen?» Am nächsten Tag erscheint er zur verabredeten Zeit gegen neun Uhr am Buffet, aber keiner aus seiner Firma ist im Frühstücksraum des Hotels zu sehen. Seltsam, ist er etwa zu früh dran, zu spät – oder hat er sich vielleicht verhört? Einen Kollegen erwischt er doch noch, er kommt gerade von der Toilette zurück, will nur schnell seine Tasche holen, denn auch er hat bereits gefrühstückt. Er sagt nur kurz: «Oh, wir hatten uns doch schon um Viertel nach acht getroffen, wusstest du das etwa nicht?»

Am nächsten Morgen findet das gleiche Schauspiel statt. Der Kollege hatte wiederum gefragt, wann sich die anderen treffen würden, er findet sich erneut zur ausgemachten Zeit im Speisesaal ein, aber auch heute frühstückt er allein. Später auf der Messe erwähnt ein anderer beiläufig, dass man sich auswärts in einem Café verabredet hätte, das sei doch so besprochen worden, ob ihm das denn niemand gesagt habe.

Als er am Folgetag wiederum vergeblich im Hotel wartet, hat er die bittere Botschaft verstanden. Dreimal absichtlich mit der falschen Uhrzeit auf eine falsche Fährte gelockt worden zu sein, ist ein ebenso eindeutiges wie schmerzhaftes Signal: Die anderen wollen ihn nicht in ihrer Nähe und Gesellschaft haben, aber niemand hat es ihm offen gesagt, er musste es auf erniedrigende Weise selbst erfahren. Die gespielt freundliche Begrüßung von einigen Kollegen später auf der Messe verstärkte den Schmerz nur noch.

Viel hinterhältiger kann man einen Menschen nicht brüskieren. Es ist ja auch kaum möglich, die Botschaft *nicht* auf sich zu beziehen. Wer sonst soll denn damit gemeint gewesen sein? Zwei Strategien bieten sich an: Bei einer so massiven Ausgrenzung sollte man sich fragen, was die Kollegen stört und warum man offensichtlich nicht dabei sein soll, wenn sie sich treffen. Ein paar selbstkritische Gedanken sind hier durchaus angebracht. Aber dabei sollte es nicht bleiben, denn das hieße, die Schuld allein bei sich zu suchen. Es ist außerdem empfehlenswert, einige der Kollegen direkt anzusprechen und ihnen klarzumachen, dass diese Form der Ablehnung nicht in Ordnung ist. Ein offenes Gespräch über die Schwierigkeiten, die andere womöglich mit einem haben, ist wahrscheinlich für beide Seiten unerfreulich, aber dabei wird wenigstens mit offenen Karten gespielt. Immer wieder in die Falle gelockt zu werden, ist nichts, was man sich bieten lassen muss.

Bewährungsprobe für die Unvollendeten

Es war eine akademische Übung, eigentlich nur eine Spielerei, aber dennoch eine gute Vorbereitung auf das, was später einmal kommen sollte. Die Gruppe traf sich regelmäßig alle zwei Wochen im Zimmer des Professors für Geschichte und nannte sich ein wenig großspurig «Die Unvollendeten». Es war eine bunte Runde: ein finnischer Schachmeister, ein Ägyptologe, diverse Studierende der Geschichte, Philosophie und Germanistik. Mitglieder aus verschiedenen Studienrichtungen und Fakultäten kamen freiwillig zusammen, und ihr Ziel war es, die freie Rede zu üben und sich gleichsam nebenbei eine gewisse Debattenkultur anzueignen.

Die Mitglieder trafen sich ohne Zwang, es gab keine Noten, sondern nur ein paar knappe Spielregeln. Bei jedem Treffen musste einer der Teilnehmer vorbereitet sein und ein Referat von etwa einer Viertelstunde Dauer halten. Das gewählte Thema war nebensächlich, es ging vor allem darum, frei zu reden, ohne sich auf ein Manuskript oder andere schriftliche Unterlagen zu stützen. Waren die fünfzehn Minuten vorbei, wurde ein anderer Teilnehmer ausgewählt, der spontan den Inhalt des gerade gehörten Vortrags zusammenfassen sollte. Er durfte sich ebenfalls keinerlei Notizen machen. Anschließend war ein weiterer Teilnehmer an der Reihe, der nachtragen sollte, was womöglich von seinem Vorredner in der Zusammenfassung vergessen worden war. Nach diesen drei Beiträgen waren noch kurz die Struktur und der Aufbau des Referates dran, dann entwickelte sich das Gespräch in eine allgemeine Diskussion über das Thema.

Als einer der Teilnehmer seinen freien Vortrag hielt, stand der Professor plötzlich mittendrin auf. Der Studierende sprach gerade über einen früh vollendeten Lyriker, der schon sechzehnjährig kunstvolle Gedichte verfasst hatte – der Hochschullehrer ging währenddessen zu seinem Bücherregal, drehte dem Redner den

Rücken zu und schien einen wichtigen Band aus seiner Bibliothek zu suchen. Hingebungsvoll machte er sich am Regal zu schaffen.

> **Offensichtlich desinteressiert**
> Gerade fängt der Hochschullehrer an, sein Projekt vorzustellen. Er will erläutern, wie er das Stipendium nutzen würde, für das er sich gerade bewirbt, da holt der Juryvorsitzende umständlich seine Zeitung hervor, faltet sie demonstrativ auseinander und blättert im Sportteil. Sein Gesicht ist hinter den hochgehaltenen Seiten nicht mehr zu sehen, der Vortragende gerät ins Schlingern und schaut fragend die anderen an, bevor er eingeschüchtert weiterredet.
> Es gibt verschiedene Varianten, zu zeigen, wer in einer Runde das Sagen hat und dass es einen nicht die Bohne interessiert, was der andere zu erzählen hat. Aus Jurysitzungen zur Vergabe von Stipendien oder Förderanträgen ist das ebenso bekannt wie aus Bewerbungsgesprächen und Vorsprechterminen: Dabei ist es egal, ob es sich um Studenten, Lehrlinge oder Professoren handelt, die ihre Projekte präsentieren. Der Griff zur Zeitung ist eine sehr offensichtliche Form der Herabsetzung. Dem Bewerber wird gezeigt, dass er abhängig ist vom Urteil der Jury, des Chefs oder eines anderen Entscheiders.

Der Vortragende war irritiert, was sollte das denn? War der Professor gelangweilt? Oder wollte er irgendein Detail des Gesagten nachprüfen und schlug dazu in einem Buch nach? Wahrscheinlich trafen beide Erklärungen nicht zu, es ging um etwas anderes. Automatisch hatte der Studierende während seines Vortrags immer wieder Blickkontakt zu dem Professor gesucht, um dessen Aufmerksamkeit und Wohlwollen zu erhaschen. Diese Verbindung war jetzt jäh unterbrochen worden – der Referent hing in der Luft und war für einen Moment aus der Fassung gebracht.

Nach einer kurzen Phase der Verunsicherung entschloss er sich, einfach weiterzureden. Schließlich waren ja noch mehr als ein Dutzend andere Zuhörer im Raum. Der Studierende versuchte, statt des Professors nun sie anzuschauen und ihren Blick sowie ihr Interesse zu gewinnen, was nach kurzer Zeit auch einigermaßen gelang. Er sprach also weiter und brachte seinen Vortrag unfallfrei zu Ende. Etwas unbehaglich war ihm allerdings schon zumute. Als er fertig war, trat zunächst eine unangenehme Pause ein. Dann kehrte der Professor auf seinen Platz zurück und offenbarte, was er mit seiner überraschenden Aktion bezwecken wollte. Wenn ihm jemand halbwegs selbstsicher und souverän erschien in seinem Vortrag, wollte er testen, ob derjenige es auch bliebe, wenn der erste Ansprechpartner abrupt verlorenging. Die Verunsicherung war also beabsichtigt.

Diese Finte war gut gemeint und keineswegs eine Respektlosigkeit gegenüber dem Vortragenden. Der Professor wollte vielmehr früh auf die drohenden Gemeinheiten im Leben, auf der Bühne und auf Podien hinweisen, denn schließlich kommt es immer wieder vor, dass ein Zuhörer sich mitten im Vortrag abwendet, gähnt, gar einschläft oder den Raum verlässt. Wer das sofort und ausschließlich auf sich bezieht, ist schnell irritiert oder sogar gekränkt.

Für Referenten und Schauspieler sind solcherlei Desinteresse und Ignoranz natürlich nicht leicht zu ertragen. Je nachdem, ob das Selbstbewusstsein schon gefestigt ist oder noch fragil, können sie die Vortragenden komplett aus der Fassung bringen. Dann ist es wichtig, das Ganze keineswegs persönlich zu nehmen. Es kann ja viele Gründe für ein solches Verhalten geben: Vielleicht hatte derjenige einen anstrengenden Tag und ist schlicht müde, vielleicht ist er an einem akuten Magendarmvirus erkrankt, oder er denkt daran, dass er noch dringend seine kranke Mutter anrufen muss ... Mit der Darbietung hat es jedenfalls nur sehr selten etwas zu tun.

Unvergessen auch der Vortrag an einer deutschen Universität. Der Referent sprach ruhig und sachlich, als es plötzlich unruhig wurde. Jeder im Publikum bemerkte, dass die undefinierbaren Geräusche aus dem Nachbarraum kamen und sich weder auf den Vortrag noch auf den Vortragenden beziehen konnten – nur jener selbst merkte es leider nicht. Er wurde zunehmend unsicher, verhaspelte sich und sagte dann irgendwann mit bebender Stimme: «Meine Damen und Herren, bleiben Sie bitte fair!»

Sein oder Nichtsein

Ein Klassiker dieser Situation findet sich in der wunderbaren Komödie «Sein oder Nichtsein» von Ernst Lubitsch, die 1942 in die amerikanischen Kinos kam. In dem Film geht es um eine Warschauer Theatertruppe, die sich den NS-Besatzern widersetzt und dazu all ihre Schauspielkunst gekonnt einsetzt. Gerade wird Shakespeare gegeben, doch während des berühmten Hamlet-Dialogs «Sein oder Nichtsein» springt regelmäßig ein junger Fliegerleutnant auf, der in einer der vorderen Reihen sitzt und fluchtartig das Theater verlässt. Abend für Abend das Gleiche.

Der eitle Hauptdarsteller ist davon schwer gekränkt und versteht das Verhalten des Leutnants als grobe Missachtung seiner Schauspielkunst. Zunehmend ängstlich bangt er den nächsten Aufführungen entgegen. Er bezieht die Flucht aus dem vollbesetzten Theatersaal jedes Mal auf sich, verzweifelt und droht in eine tiefe Schaffenskrise zu stürzen.

Gewiss, es gibt Menschen, die empört aus Theatersälen

stürmen und türenschlagend ihr Missfallen bekunden. Wie egozentrisch es ist, solche Gesten ausschließlich auf sich zu beziehen, macht der Film jedoch aufs herrlichste deutlich, denn in der Handlung wird die eitle Sorge des Hauptdarstellers um seine Schauspielkunst mit dem Plan seiner Kollegen kontrastiert, möglichst lange Widerstand gegen die Nazis zu leisten. Es geht also um Leben und Tod – und nicht um eine mehr oder weniger gelungene Aufführung. Die selbstbezogene Reaktion des Schauspielers wirkt noch lächerlicher durch einen weiteren Kniff des Drehbuchs: Mit der Zeit zeigt sich, dass der junge Fliegerleutnant in der Garderobe seine Geliebte trifft – und sie die Frau des Hamlet-Darstellers ist. So kann sie sicher sein, dass ihr Mann gerade beschäftigt ist. Und der gehörnte Hamlet selbst gibt ungewollt auch noch das Signal für das heimliche Rendezvous in der Garderobe.

Die Macht des Chefs

Es gibt ungezählte Wege, seinen Mitarbeitern und Kollegen gegenüber die allergrößte Geringschätzung und Missachtung auszudrücken und sie emotional vor den Kopf zu stoßen. Manche sind brutal und erbarmungslos, andere subtil – aber deswegen nicht weniger wirkungsvoll und kränkend.

Die traditionellen Techniken, Untergebene zu demütigen, haben in etlichen Firmen und Betrieben Legenden hervorgebracht, in denen vom Chef als «hartem Hund» die Rede ist, mit dem man es sich besser nicht verscherzt. In der Arbeitswelt des 21. Jahrhunderts mit flexiblen Bürozeiten, Home-Office und ständiger Erreichbarkeit wirken derartig starre Hierarchien allerdings reichlich antiquiert und schon lange nicht mehr zeitgemäß.

Das liegt jedoch nicht allein daran, dass plötzlich Menschlichkeit und Nächstenliebe Einzug in die Büroetagen gehalten hätten, obwohl es auch das geben soll. Vielmehr hat sich herumgesprochen, dass ein Terrorregime im Job auch den Erfolg und die Produktivität des Unternehmens beeinträchtigen kann. Gute Chefs wissen längst, dass sie ihre Mitarbeiter motivieren und unterstützen und nicht entmutigen sollten, wenn sie schwarze Zahlen und innovative Projekte im Sinn haben. Stärken zu stärken, anstatt Schwächen auszunutzen, ist nicht zuletzt aus ökonomischer Sicht weitaus vielversprechender.

Deshalb ist es in jeder Hinsicht völlig unangebracht, wenn Kollegen vor der Abteilung oder gar der kompletten Belegschaft runtergemacht und gedemütigt werden. Wer es nötig hat, andere aufgrund seiner höheren Stellung zu erniedrigen, oder seine Machtposition allzu offen demonstrieren muss, der macht sich nicht nur unbeliebt, sondern wird sich zumindest in Unternehmen, die auf flache Hierarchien und Kooperation angewiesen sind, auch nicht lange halten können.

Wenn der Krankenstand steigt

Schlechte Führungskräfte sind auch daran zu erkennen, dass der Krankenstand in ihren Abteilungen permanent erhöht ist. Eine angespannte Atmosphäre, fehlende Gesprächskultur und ungelöste Personalprobleme machen viele Mitarbeiter krank. Besonders der Anteil stressbedingter Leiden steigt, dazu gehören Rückenschmerzen, Magenbeschwerden und unklare Schmerzsyndrome, aber auch Herzrhythmusstörungen und Magen-Darm-Leiden.

Zudem sind Mitarbeiter, die sich in ihrer Abteilung nicht

wohlfühlen und innerlich längst gekündigt haben, eher dazu bereit, blauzumachen. Sie fühlen sich nicht beteiligt an den Projekten und Zielen des Unternehmens und versehen allenfalls noch Dienst nach Vorschrift. Arbeitsmediziner und Psychologen wissen es längst: Eine schlechte Führungskraft nimmt den hohen Krankenstand mit, wenn sie in eine andere Abteilung wechselt.

Die Verletzungen und Kränkungen, die eine betriebsöffentliche Herabsetzung mit sich bringt, sind womöglich enorm. Gefühle der Scham und der Schuld kommen hinzu. Vor den Kollegen angeschrien oder als ahnungslos, nichtsnutzig oder leistungsschwach dargestellt zu werden, schlägt tiefe Wunden.

Die Herabsetzung durch einen Vorgesetzten, dem man häufig ja besonders gefallen will – nicht zuletzt aus ökonomischer Abhängigkeit heraus –, ist geradezu körperlich schmerzhaft. Man verkrampft, der Magen zieht sich zusammen, das Herz scheint für einen Moment stehenzubleiben und das Blut zu stocken. Selbst wenn sie sich keines Vergehens und keiner Fehler bewusst sind, fühlen sich viele Menschen zunächst ertappt und schuldig, wenn sie im größeren Kreis bezichtigt werden, etwas falsch gemacht und Erwartungen nicht erfüllt zu haben. Es ist ihnen peinlich, denn eigentlich würden sie gerne gefallen. Das Machtgefälle gegenüber den Vorgesetzten vergrößert die negativen Gefühle zusätzlich. Man schämt sich für die Risse in dem Bild, das sich die anderen von einem gemacht haben. Aus der Beschämung wird Scham.[36]

Die direkte Beschimpfung, jemanden gar lächerlich zu machen und dem Spott der anderen auszusetzen, ist der traditionelle und wenig zurückhaltende Weg, einem Mitarbeiter zu zeigen, wie wenig man von ihm hält. Ähnlich wirkungsvoll und schmerzhaft sind jedoch die weniger offensichtlichen Methoden: Werden beispielsweise die Wortmeldungen und Anregungen eines Teammitglieds während der Besprechung immer wieder geflissentlich übergangen, fühlt es sich nicht wahrgenommen, hält sich für unzulänglich. Keine Reaktion auszulösen, ist eine äußerst schmerzhafte Erfahrung.

Besonders verletzend kann eine solche Situation für Mitarbeiter sein, die sich mühsam über Jahre hochgearbeitet haben. Sie zeigten stets vollen Einsatz, würden nahezu alles für ihre Firma tun – und erwarten entsprechende Achtung dafür. Sie arbeiten weniger für sich und ihre eigene Zufriedenheit, sondern um dem Vorgesetzten oder dem Team zu gefallen. Wer seine Befriedigung im Job hauptsächlich aus der Anerkennung anderer und nicht aus einen inneren Motivation zieht, für den ist es erschütternd, trotz zahlreicher Bemühungen keine positiven Reaktionen, ja bisweilen nicht mal irgendeine Form der Entgegnung auf sein Trachten und Streben auszulösen.

Vor allem in hierarchisch und autoritär organisierten Strukturen, seien es Firmen oder politische Institutionen, können sich solche Konstellationen nachteilig auswirken. Hier werden in der Regel Günstlinge befördert, persönliche Zuneigung und Vitamin B bestimmen über ganze Karrieren. Einmal in Ungnade gefallen, nützt alles Bemühen um die Aufmerksamkeit der Führungsriege nichts. Wer den Zugang zum inneren Zirkel der Macht verloren hat, wird ihn so schnell auch nicht zurückgewinnen.

Frauen erleben im Beruf besonders oft Zeichen der Zurückweisung und Demütigung. Natürlich ist es inakzeptabel, wenn Frauen von Kollegen oder Vorgesetzten beleidigt, begrapscht oder mit anzüglichen Bemerkungen bedacht werden. Das zu erwähnen, sollte eigentlich überflüssig sein – ist es aber leider nicht, wie nicht zuletzt die Metoo-Debatte gezeigt hat. Ein derart übergriffiges Verhalten muss sofort sanktioniert werden, was inzwischen auch immer häufiger geschieht.

Weitaus häufiger sind jedoch unterschwellig geringschätzende Bemerkungen und Gespräche in Meetings, Projektrunden oder anderen Arbeitsgruppen, die noch immer zum Alltag gehören, wenn Frauen anwesend sind. Statt auf ihre Vorschläge oder die Inhalte ihres Redebeitrags einzugehen, heißt es dann oft: «Prima, dass so ein schönes Gesicht unsere Runde aufhellt» oder «Sie beglücken uns mit Ihrer Erscheinung». Auch wenn derartige Kommentare vermutlich oftmals als Kompliment gemeint sind, führen sie dazu, dass die Frau darauf reduziert wird, nicht viel mehr als ein nettes Accessoire im grauen Büroalltag zu sein.

Natürlich darf man das neue Kleid oder die gelungene Frisur einer Kollegin loben, solange man sich ebenso für ihre inhaltliche Leistung interessiert – und das gilt für den gutgeschnittenen Anzug oder die eleganten Schuhe der männlichen Kollegen ebenso. Bemerkungen über Äußerlichkeiten sollten aber allenfalls im kleinen Kreis fallen, um nicht anzüglich zu wirken. In größerer Runde sind sie schlicht unangebracht.

Worauf es ankommt
- Leider verstehen manche Führungskräfte ihre Rolle noch immer falsch. Statt zu motivieren, zu ermutigen und auf ein kollegiales Miteinander zu setzen, zeigen sie ihren Mitarbeitern das Machtgefälle auf und betonen die Unterschiede in der Hierarchie, anstatt sie zu relativieren. Sie führen Untergebene im Kollegenkreis vor und demütigen andere aus ihrer Machtposition heraus. Das ist keine Machtausübung, sondern Machtmissbrauch.
- Wer seine Mitarbeiter unterdrückt, lächerlich macht oder anderweitig bloßstellt, verhindert, dass sich die Untergebenen mit ihrer Firma identifizieren und aus eigenem Antrieb zu mehr Leistung bereit sind. Im Gegenteil, sie werden öfter krank sein oder «krankfeiern». Unternehmen mit flacher Hierarchie, in denen Vorgesetzte ihren Mitarbeitern vertrauen, sind erfolgreicher als Firmen, in denen straff von oben nach unten «durchregiert» wird.
- Arbeitskollegen können grausam sein. Vom bösartig verbreiteten Gerücht über Mobbing bis hin zur versuchten Denunziation ist es oft nur ein kleiner Schritt.
- Das Verhalten von Chefs und anderen Vorgesetzten wird besonders kritisch bewertet. Überhören sie geflissentlich die Wünsche ihrer Mitarbeiter oder gewähren ihnen auch auf mehrmalige Nachfrage keinen Termin, wird dies schnell als persönliches Desinteresse oder Ablehnung verstanden – auch wenn eine momentane Überlastung und Zeitmangel der Grund sein mögen.
- Emotionale Gewalt, die mit einem Machtgefälle verbunden ist (wie etwa im Chef-Mitarbeiter-Verhältnis), hat besonders heftige Auswirkungen.

ERNIEDRIGUNG AUS PRINZIP: MACHTGEFÄLLE IN MILITÄR UND SPORT

Chancenlos in der Normenfalle

In allen Armeen der Welt gehört es zu den weithin akzeptierten Spielregeln, dass Rekruten gedrillt werden und sich bedingungslos einordnen und unterwerfen müssen. Disziplin und Gehorsam sind die wohl wichtigsten Grundsätze des Militärs. Dazu gibt es ein teilweise über Jahrhunderte eingeübtes Muster an festen Ritualen, immer wiederkehrenden Verhaltensweisen und einen Tagesablauf streng nach Plan. Die direkten Vorgesetzten sind besonders gefürchtet, denn sie achten penibel darauf, dass alle Pflichten erfüllt und die Regeln befolgt werden – zudem sind sie bei Verstößen und Nachlässigkeiten meist auch für die Bestrafung zuständig.

Es geht beim Militär längst nicht allein darum, sich körperlich zu stählen und den Umgang mit Waffen zu erlernen. Auch die «Stube» und der Spind müssen tadellos aufgeräumt sein, Wäsche und Kleidung in Ordnung gehalten werden. Die Vorschriften sollten penibel befolgt werden, anderenfalls drohen – von außen häufig unangemessen hart erscheinende – Strafen. Die Vorgaben für die Rekruten sind allerdings derart vielfältig und umfangreich, dass sie gar nicht alle erfüllt werden *können* – teilweise widersprechen sie sich sogar. Und das ist kein Versehen, sondern dahinter steckt ein Plan. Wer direkt nach dem frühen Aufstehen in übergenauer Ordnung die Kleidung zusammenlegen und akkurat sein Bett machen soll und dabei zusätzlich darauf zu achten hat, dass alles blitzblank sauber ist und sich keinerlei Lebensspuren in seinem Zimmer finden lassen, der kann nicht gleichzeitig in Höchstgeschwindigkeit auf den Exerzierplatz rasen, dort akkurat gebügelt erscheinen und zum Appell strammstehen. Das schließt sich aus.

Wer austrainiert körperliche Höchstleistungen erbringen soll, wird dies auch bei guter Fitness nicht schaffen, wenn er ständig mit Zwangsritualen der Haushaltsführung und anderen Vorschriften drangsaliert wird. Das militärische Prinzip ist eigens darauf angelegt, dass die Pflichten zahlreich, fordernd und widersinnig, schlicht unerfüllbar sind. Diese Nichterfüllung ist einkalkuliert – Soziologen sprechen deshalb von einer «Normenfalle». Ihr Ziel ist es, Gehorsam zu schaffen. Kein Rekrut schafft es, nicht hineinzutappen, auch wenn nicht jeder erwischt wird und deshalb nicht immer eine Strafe auf das absehbare Scheitern folgt.

Der Normenkatalog des Militärs erfüllt in einigen Bereichen den Tatbestand des gehobenen Unsinns, manchmal allerdings auch den der gefährlichen Körperverletzung. Zwar ist es durchaus sinnvoll, dass eine funktionsfähige Streitmacht darin geübt ist, die Waffen zu bedienen und zügig für den Einsatz bereitzustehen. Dazu gehören auch eine nützliche Ordnung und eine gewisse Routine darin, sich am verabredeten Sammelplatz einzufinden.

Es ist allerdings nicht überliefert, dass eine Armee einen Krieg oder auch nur eine Schlacht gewonnen hätte, nur weil die Bettdecken der Soldaten wie mit dem Lineal gefaltet waren, ihre Hemden wie Frühstücksbretter im DIN-Format übereinandergestapelt

lagen und sich kein Staubkorn mehr auf dem Türrahmen oder den
Bettgestellen fand.

> ### Der sadistische Ausbilder
> Wer es nicht selbst erlebt und durchlitten hat, findet in
> zahlreichen Büchern und Filmen Anschauungsmaterial für
> die Qualen und Erniedrigungen, denen junge Menschen beim
> Militär regelmäßig ausgesetzt sind. Der Klassiker «Full Metal
> Jacket» (1987) von Stanley Kubrick zeigt den sinnlosen Drill
> besonders deutlich. Der Film wirkte vermutlich auch deshalb
> so authentisch, weil der Regisseur die Rolle des sadistischen
> Ausbilders mit R. Lee Ermey besetzt hatte, der Staff Sergeant
> im Vietnamkrieg gewesen und am Set ursprünglich nur als
> Berater vorgesehen war.
> Der Legende nach hatte Kubrick Probeaufnahmen von Ermey
> gesehen, in denen er minutenlang Statisten in immer neuen
> Variationen beschimpfte. «Da war ich ganz sicher, dass
> Ermey perfekt für die Rolle wäre», sagte Kubrick gegenüber
> der *Washington Post*. Ermey sei mit einem hundertfünfzigseitigen Notizbuch voller Beschimpfungen am Drehort erschienen; laut Kubrick stammte die Hälfte seines Textes von ihm
> selbst, besonders die zahlreichen Fäkalbegriffe und Beleidigungen unterhalb der Gürtellinie.

Beim Militär gehen physische und emotionale Gewalt ineinander
über und ergänzen sich. Ein extrem anstrengendes Sportprogramm, das gelegentlich den Tatbestand der Körperverletzung
erfüllt und manchmal sogar mit dem Tod endet, gehört zu den
soldatischen Ritualen, mit denen Untergebene gefügig gemacht
werden sollen. Diese Fälle sind keineswegs auf längst vergangene

Jahrhunderte beschränkt, als Rekruten grausam schikaniert wurden und das Spießrutenlaufen eine beliebte Bestrafung ungehorsamer Soldaten war. Aus der Nationalen Volksarmee der DDR sind diverse Berichte über Schikanen und Misshandlung überliefert. In Uwe Tellkamps autobiographisch inspiriertem Roman «Der Turm» aus dem Jahre 2008 etwa geht es um einen Kameraden, der letztlich einem Unfall erliegt, zuvor aber fast bis zum Tode drangsaliert wurde. Auch in der Bundeswehr gibt es bis in die Gegenwart immer wieder unmenschliche Quälereien und mutwillige Torturen.

Erst im Sommer 2017 kam ein 21-jähriger Offiziersanwärter im niedersächsischen Munster ums Leben, als er einen von seinen Vorgesetzten befehligten «Eingewöhnungsmarsch» bei fast dreißig Grad Hitze ableisten musste. Die Strecke war zu lang, das Gepäck zu schwer, die Kleidung viel zu warm, und die Temperaturen lagen für eine solche Gewalttour eindeutig zu hoch. Mehrere Soldaten kollabierten und erlitten einen Hitzschlag, besagter Rekrut starb zehn Tage später an multiplem Organversagen, ein anderer hat bis heute mit gesundheitlichen Spätfolgen zu kämpfen. Weder gab es bei den Soldaten Vorerkrankungen, noch hatten sie Drogen genommen, wie zunächst aus Bundeswehrkreisen behauptet wurde. Die Ausbilder verletzten vielmehr ihre Fürsorgepflicht und verstießen gegen die eigenen Regeln der Bundeswehr, denen zu entnehmen ist, dass die gesamte Gruppe anhalten muss, wenn einer der Rekruten zusammenbricht. Stattdessen wurden die Soldaten auch dann noch zu Strafrunden aufgefordert, als die ersten nicht mehr konnten, sie bekamen nicht genügend zu trinken und durften nur kurze Pausen einlegen.

Nach dem tödlichen Vorfall in Munster wurden weitere Beschwerden laut. Beispielsweise sollten Soldaten im überaus kalten Frühjahr 2018 bei neun Grad minus im Freien übernachten oder wurden anderweitig in der extremen Kälte drangsaliert. Es geht bei diesen körperlichen Züchtigungen darum, den Willen der jungen Männer (und manchmal Frauen) zu brechen und unbedingten Gehorsam zu erzwingen, seien die angeordneten Übungen auch noch so unsinnig oder gefährlich. Die Gewaltmärsche und körperlichen Überforderungen sind ein Mittel seelischer Gewalt.

Tod auf der Gorch Fock

Die Gorch Fock ist der Stolz der Marine, ein Segelschulschiff, schnell und stattlich, das Geschwindigkeitsrekorde aufgestellt hat. Auf dem alten Zehnmarkschein war das Schiff abgebildet. Am 7. November 2010 stürzte eine 25-jährige Offiziersanwärterin in der Nähe der brasilianischen Küste aus 27 Metern Höhe von der Takelage auf das Deck und starb. Bereits 1998, 2002 und 2008 hatte es ähnliche Unglücke gegeben, alle Opfer waren sehr jung. Die Offiziersanwärterin war erst fünf Tage vor ihrem Tod an Bord gegangen.

Nach den Todesfällen entbrannte eine Diskussion über die Gepflogenheiten an Bord. Die Offiziersanwärterin soll gegängelt und ausgegrenzt worden sein; unterschiedliche Berichte über das Verhalten der Gruppe und ihre Stellung kursierten. Der Drill während der Ausbildung auf dem Segelschiff ist legendär und kommt im Gorch-Fock-Lied zur Sprache, das aus den 1960er Jahren stammt: «Der Bootsmann ist nicht immer angenehm / gefürchtet ist auch mancher Maat / und ist auch ihre Nähe oft recht unbequem / im Herzen ist doch jeder Kamerad!» In der Folge zeigte sich, dass etliche Besatzungsmitglieder beklagten, keine Gelegenheit zum Trauern bekommen zu haben, der Druck und die Nötigung durch die Offiziere seien immens gewesen. Ein Teil der Besatzung weigerte sich in der Folge, Masten der Gorch Fock zu besteigen.

Die Ausbildungsmethoden wurden in Anhörungen und Untersuchungsausschüssen als nicht mehr zeitgemäß kritisiert.

Auch begann nach den Todesfällen eine Debatte über Zucht und Folgsamkeit in allen Waffengattungen des Militärs. Der Ausbildungsbetrieb auf der Gorch Fock wurde vorläufig unterbrochen, 2013 aber wiederaufgenommen. Es ist nicht bekannt, dass sich an den üblichen Ritualen der militärischen Unterwerfung seitdem etwas geändert hat.

Zusammen mit der Fülle an Vorgaben dienen die militärischen Rituale allein der Unterwerfung. Gerade in der Grundausbildung sollen die angehenden Soldaten gefügig gemacht werden. «Die Überlastung mit Regeln und Normen hat System, dadurch werden Fehler unvermeidlich», sagt der Freiburger Soziologe Ulrich Bröckling, der ein grundlegendes Buch zur Geschichte der Disziplinierung geschrieben hat.[37] «Bei den Soldaten soll das ohnmächtige Gefühl entstehen, dass sie den Aufgaben sowieso nicht gewachsen sind und in der Folge zu Recht bestraft werden. Sie fühlen sich schuldig und sind deshalb auch bereit, sich weiteren unsinnigen Ritualen zu unterziehen.»

Vergehen werden unerbittlich verfolgt und bestraft, auch wenn die Norm, gegen die verstoßen wurde, beim besten Willen keiner militärischen Logik folgt (und auch nur selten einer anderen Art von Logik). Es geht vielmehr um militärische Gehorsamsproduktion, und dabei werden auch Schikanen und Demütigungen durch selbstherrliche Vorgesetzte hingenommen – und die Sinnhaftigkeit der Vorschriften kaum noch hinterfragt.

Das enge Korsett der Anforderungen gibt dem Einzelnen vielmehr das Gefühl, ständig überwacht und kontrolliert zu werden und einer Bestrafung nicht entrinnen zu können, wenn der Diensthöhere einen erst mal «auf dem Kieker» hat. Es stellt sich schnell das Gefühl ein, irgendwie immer schuldig zu sein und wieder nicht genügt zu haben. Auch wenn man dieses Mal nicht erwischt worden ist, kommt man bestimmt beim nächsten Mal dran. Dieses System lebt geradezu von der Erwartung, dass die Untergebenen gegen Vorschriften verstoßen und anschließend dafür bestraft werden können. Wenn nahezu alles im Übermaß geregelt ist, ist Fehlbarkeit schließlich unausweichlich.

Es ist unwesentlich, ob die Beteiligten – sei es der Vorgesetzte oder der Untergebene – selbst durchschauen, mit welchen menschenverachtenden Techniken die Ziele Unterwerfung und Gehorsam erreicht werden sollen. Dass zahlreiche Befehle und Anweisungen dringend zu hinterfragen wären, greift die autoritäre Struktur nicht an. Es geht um feste Hierarchien und die Aufrechterhaltung der Form – und nicht um Sinnhaftigkeit.

Der Katalog aus Vorschriften und Disziplinarmaßnahmen kostet zudem Zeit. Auf diese Weise haben die Untergebenen möglichst wenig Freiraum, vielmehr werden sie fortwährend eingeschüchtert und zu einem willenlosen Teil der Masse degradiert. Es gibt genügend Beispiele aus der Geschichte, die zeigen, zu welchen Auswüchsen dieser blinde Gehorsam führen kann.

Vermutlich gehört es auch zur Führungskultur mancher Unternehmen, unerfüllbare Ansprüche zu postulieren. In solchen Fällen geht es nicht vorrangig darum, willenlose Befehlsempfänger zu formen, aber trotzdem sind die Anforderungen teilweise so hoch und in sich so widersprüchlich, dass die Mitarbeiter sich ständig im Modus des Schuldbewusstseins befinden. In der Folge nehmen sie auch vermehrte Belastungen weitgehend klaglos hin. Sie haben es ja nicht anders verdient. Sich über die Arbeitsbedingungen zu beschweren, wagen sie nicht – denn wenn sie es täten, liefen sie Gefahr, in ihrer eigenen Unzulänglichkeit ertappt zu werden.

Wie soll beispielsweise der Angestellte im modernen Kommunikationsunternehmen damit umgehen, dass von ihm zwar wie selbstverständlich erwartet wird, an Konferenzen und Besprechungen aufmerksam und aktiv teilzunehmen, zuzuhören und neue Ideen einzubringen – er gleichzeitig aber mit seinen Kollegen und Geschäftspartnern in aller Welt kommunizieren, mailen und chatten soll, weil diese aufgrund der Zeitverschiebung nun mal ausschließlich in diesem Zeitfenster zu erreichen sind? Beides aufmerksam und anspruchsvoll zu erfüllen, ist unmöglich, zwangsläufig passieren Fehler, der Keim zum schlechten Gewissen und zu Versagensgefühlen ist gelegt.

Franz Kafka und das Gefühl von Schuld, Überwachung und unausweichlicher Bestrafung

Durch das Werk Franz Kafkas zieht sich ein Gefühl permanenter Verstrickung. Seine Protagonisten haben den Eindruck, in die Enge getrieben zu sein, ständig fühlen sie sich von höheren Mächten oder autoritären Strukturen beobachtet, gemaßregelt und überwacht. Eine häufig unklare Schuld lastet auf ihnen, sie sind sich selbst zwar oft keines Vergehens bewusst, sehen sich aber dennoch zu Recht – zumindest aber folgerichtig – bestraft.

Unentrinnbar einem düsteren Schicksal ausgesetzt zu sein, ist charakteristisch für Kafkas Helden. In quälend langen Verhörszenen oder anderen Situationen, denen sie nicht entkommen können, müssen sie sich verantworten oder rechtfertigen. Nicht nur dem unerbittlichen Vater oder machtbefugten Richtern billigt Kafka eine erstaunliche Autorität zu, auch Oberkellner oder Türsteher haben beeindruckende Methoden an der Hand, mit denen sie überwachen, strafen, urteilen.

Eine Lösung ist nur selten in Sicht, das Schicksal nimmt unabänderlich seinen Lauf. Sollte es Auswege geben, sind sie allenfalls theoretisch. In der Praxis ist es fatalerweise fast immer zu spät, wie in der «Kleinen Fabel» anschaulich

> anhand einer Maus gezeigt wird, die sich in eine Sackgasse verlaufen hat: «Du musst nur die Laufrichtung ändern, sagte die Katze und fraß sie.»

In vielen Betrieben und Institutionen werden unter ökonomischen Zwängen immer neue Zusatzpflichten an die Mitarbeiter übertragen. Ärzte im Krankenhaus müssen längst nicht mehr nur Kranke untersuchen und behandeln, sondern auch umfangreiche bürokratische Aufgaben übernehmen, Diagnosen codieren, das Qualitätsmanagement erfüllen und ihre Arbeit dokumentieren. Journalisten müssen nicht mehr nur Texte schreiben und redigieren, sondern zunehmend Teaser für iPad- und Online-Ausgaben schreiben und neue Formatierungsregeln lernen. In jeder Berufssparte gibt es zahlreiche Beispiele.

Nun bringen es der Fortschritt in der Arbeitswelt und technische Entwicklungen mit sich, dass sich Jobbeschreibungen ändern und neue Techniken und Arbeitsrhythmen hinzukommen. Manchmal ist das unausweichlich, manchmal trägt es aber auch zur Entfremdung vom inhaltlichen Kern der Arbeit bei – sowie zu dem belastenden Gefühl, nicht mehr hinterherzukommen und die ursprünglichen Aufgaben kaum zu erfüllen. Manche Arbeitnehmer können sich abgrenzen oder finden ihre Nische, in der sie nicht jede Neuerung mitmachen müssen. Andere jedoch sind emotional erschöpft und ausgebrannt.

Als Weltmeister auf die Ersatzbank

Nachdem Bastian Schweinsteiger seine letzte Saison beim FC Bayern gespielt hatte und nicht mehr an die Weltklasse-Leistungen vergangener Jahre anknüpfen konnte, wechselte er im

Spätsommer 2015 in die englische Premier League zu Manchester United. Das war vielleicht nicht die beste Entscheidung seiner Karriere, denn Schweinsteiger war nicht mehr der Jüngste, und seine Leistungen auf dem Platz hatten bereits in München erkennbar nachgelassen.

Als gefeierter Weltmeister von 2014 und langjähriger Leistungsträger des deutschen Rekordmeisters aber wurde er auch in England von vielen Fans verehrt. Die Briten schätzten besonders seine robuste Spielweise und seinen unendlichen Einsatz, der vor allem im WM-Endspiel gegen Argentinien auffällig war, wo er sich trotz sichtbarer Blessuren und Schrammen im Gesicht immer wieder ins Getümmel warf und den Gegner im Alleingang niederzuringen schien.

Nachdem Schweinsteigers Förderer, der ehemalige München-Trainer Louis van Gaal, 2017 vom eigenwilligen José Mourinho als ManU-Trainer abgelöst worden war, begann für den Kicker aus Oberbayern allerdings eine schwierige Zeit in England. Mourinho plante nicht mehr mit Schweinsteiger und versetzte ihn schon bald in Manchesters Reservemannschaft. Zwar wurde er noch gelegentlich als Ersatzspieler im offiziellen Kader des Erstligisten und langjährigen Champions-League-Teilnehmers aufgeführt, zum Einsatz kam er jedoch lange überhaupt nicht.

Schweinsteiger, inzwischen 32 Jahre alt, musste weiterhin mit der zweiten Mannschaft trainieren, die hauptsächlich aus Nachwuchsspielern bestand. Als Weltmeister und ehemaliger Kapitän der deutschen Nationalmannschaft auf die Ersatzbank oder zum Training mit 16- oder 17-Jährigen – eine größere Degradierung durch den Trainer ist im Profisport kaum denkbar.

Im November 2016 kam Schweinsteiger nach 255 Tagen ohne Spiel dann zwar doch noch mal zu einem Einsatz für die erste Mannschaft von Manchester United und wurde für den Europa-League-Kader der Engländer nachnominiert. Zu dieser

Zeit waren seine Tage auf der britischen Insel jedoch bereits gezählt. Im Frühjahr 2017 wechselte der 121-malige deutsche Nationalspieler zu Chicago Fire in die nordamerikanische Major League Soccer.

Bemerkenswert an dieser Geschichte ist nicht die Tatsache, dass verdiente Sportler am Ende ihrer Karriere oftmals ungerecht behandelt werden und dass es ihnen nicht gelingt, zum passenden Zeitpunkt den Absprung zu finden, wie das beispielsweise Schweinsteigers langjähriger Mitspieler Philipp Lahm ausgezeichnet hinbekommen hat. Erstaunlich ist eher, mit welcher Ruhe und Gelassenheit Schweinsteiger zumindest äußerlich die Nadelstiche und Gemeinheiten ertrug, die ihm der exzentrische portugiesische Trainer zufügte. Schweinsteiger war zwar sicher nicht zufrieden mit seiner Rolle als Ersatzspieler und Statist, doch beschwerte er sich öffentlich nicht und tat Mourinho nicht den Gefallen, sich verletzt oder gekränkt zu zeigen.

Die neu entflammte Liebe zur serbischen Tennisspielerin Ana Ivanović, die er im Juli 2016 in Venedig heiratete, trug sicher auch dazu bei, dass Schweinsteiger sich wenig selbst bemitleidete. Er hatte anderes zu tun, als sich über seinen Trainer zu ärgern, und das war wohl die beste Strategie, die er wählen konnte. Zudem war und ist José Mourinho im Weltfußball als wohl einer der speziellsten Trainer bekannt. Seine Menschenführung kann – freundlich ausgedrückt – zumindest als umstritten gelten. Die Entscheidungen von «The Special One», wie er sich selbst nennt, sind auch für gutmütige Fußballfreunde nicht immer nachzuvollziehen.

Trotzdem kann Schweinsteigers Reaktion auf die Kränkungs- und Erniedrigungsversuche als vorbildlich gelten. Er hatte nach einer außergewöhnlich erfolgreichen Karriere genügend Selbstbewusstsein, um nicht in eine tiefe Sinnkrise und in Selbstzweifel zu verfallen. Natürlich wusste Schweinsteiger, dass er nicht mehr der Jüngste war und den Zenit seines Könnens schon überschritten hatte. Trotzdem nahm er die Eskapaden seines Trainers ungerührt hin und wiegelte weder die Mannschaft gegen ihn auf, noch verbreitete er Gerüchte über ihn. Statt sich als eitler, alternder Weltstar zu gerieren, den man doch gefälligst nicht auf diese Weise behandeln könne, blieb er äußerlich ruhig und gelassen, genoss sein Leben und ergriff baldmöglichst die Chance zur Veränderung, als das Angebot aus den USA kam.

Von der Ersatzbank in die Champions League

Im Gegensatz zum ruppigen Mourinho hat sich der 1945 geborene Erfolgstrainer Jupp Heynckes immer wieder als besonders geschickt im Umgang mit verunsicherten Spielern erwiesen. Gesehen werden und sich gemeint fühlen, darum geht es. Schließlich brauchen nicht nur geknechtete Kreaturen und kleine Angestellte, sondern auch Großverdiener und High-Performer immer mal wieder Lob und Anerkennung, um ihre Leistung aufrechtzuerhalten. Allerdings muss zu spüren sein, dass die Wertschätzung aufrichtig ist und nicht nur aus strategischen Gründen erfolgt.

Zu beobachten war das an den Bayern-Spielern Thomas Müller und Arturo Vidal. Der zuvor so gefeierte «Raumdeuter» Müller schlich in der Saison 2016/17 häufig verloren zwischen den Strafräumen hin und her und erfüllte hauptsächlich das Mandat als Heimatvertreter des FC Bayern. Vidal gab statt des Kämpfers den traurigen Veteranen, der mit sich und diversen irdischen Versuchungen haderte. Beide fanden sich immer wieder auf der Ersatzbank wieder.

Dann kam im Oktober 2017 Spielerflüsterer Jupp Heynckes zu den Bayern und löste Carlo Ancelotti als Cheftrainer ab. Heynckes muss eine Art Blitzheilung am Gemüt vollzogen haben. Nach kurzer Zeit grätschte, rackerte und schimpfte Vidal wieder, dass es dem Bayern-Fan eine Freude war und den Gegner grauste. Sogar seine Tattoos schienen plötzlich strammer zu sitzen. Und Thomas Müller stocherte wieder mit Stelzenbeinen groteske Tore zusammen und widerlegte nebenbei die Gesetze von Statik und Anatomie. Nicht nur in der Champions League spielte er in der Saison 2017/18 überragend.

«Es geht um die richtige Balance zwischen Anstrengung und Anerkennung», sagt Peter Henningsen, Chef der Abteilung für Psychosomatik an der Technischen Universität München. «Wenn diese Balance nicht stimmt, kann es zur Gratifikationskrise kommen. Menschen fühlen sich nicht genügend gewürdigt, und dann sinkt ihre Leistung, und die Wahrscheinlichkeit von Erkrankungen steigt.»

Anerkennung ist keineswegs nur materiell gemeint. Psychologen und Ärzten für Psychosomatik haben etliche Patienten mit unklaren Beschwerden, die sich nicht genügend wahrgenommen fühlen. Dann spielen Magen und Darm verrückt, sie haben überall unklare Schmerzen, das Herz rast, oder ihnen ist schwindelig.

Geld nutzt sich als Belohnung rasch ab, erst recht in den Gehaltsklassen der Fußballer. Entscheidend ist die ehrliche Wertschätzung. «Ich halte ihn für einen überragenden Spieler», hat Heynckes schon bald nach Amtsantritt über Vidal gesagt, und «Das ist eben Müller – er kann's» über den Schlaks aus Pähl, nachdem der gleich zweimal in der Champions League gegen Istanbul getroffen hatte.

Die Wertschätzung beruht auf Gegenseitigkeit. Müller schwärmt vom «besten Mann an der Seitenlinie» und meint damit nicht den Schiedsrichterassistenten. «Der Mensch ist ein soziales Wesen. Seine Einstellung zu sich selbst hängt davon ab, was wichtige andere über ihn denken und sagen», meint Sozialpsychologe Dieter Frey von der Ludwig-Maximilians-Universität München.

«Zu spüren, der glaubt an mich, überträgt sich, das Selbstvertrauen steigt, weil der andere meinen Fähigkeiten vertraut.»

Daraus entwickelt sich ein fester Glaube an die eigene Wirksamkeit: Ich kann es eigentlich, versuche es noch mal, strenge mich an und lasse mich nicht so leicht unterkriegen. Werden auch Misserfolge akzeptiert, steigen die Frustrationstoleranz und das Durchhaltevermögen.

«Die Anerkennung muss allerdings so gestaltet sein, dass sich jeder individuell erkannt fühlt», sagt Chefarzt Henningsen. «Ist das gut gemacht, muss die Wertschätzung nicht für jeden anders sein, aber eigene Ausformungen erhöhen die Wahrscheinlichkeit, dass der Betreffende sich angesprochen fühlt.»

«Da habt ihr einen rechten Mist zusammengespielt»

Es sind nicht immer die Worte allein, die verletzen. Es kommt vielmehr darauf an, wie sie gesprochen werden – und wie die nonverbale Kommunikation abläuft, also Mimik und Gestik. Dass der Ton die Musik macht und es darauf ankommt, in welchem Zusammenhang eine kritische Äußerung fällt, ist zwar banal, wird aber trotzdem oftmals vergessen oder ignoriert.

Letzteres lässt sich ebenfalls häufig am Spielfeldrand beobachten. Schon mancher Spieler hat seinem spontanen Unmut über die Entscheidungen des Trainers lautstark Luft gemacht. Einige Medien versuchen dann, aus so einer Äußerung im Affekt einen skandalträchtigen Streit zu machen. Erfahrene Trainer gehen darüber jedoch schnell hinweg. Sie wissen, dass die erste Aufwallung des Ärgers eine normale Reaktion der Spieler ist. Jupp Heynckes etwa schätzt es sogar, wenn seine Spieler so engagiert sind, dass sie sich ärgern, wenn sie nicht mehr spielen dürfen oder ausgewechselt werden.

Aber auch im Kleinen ist das Phänomen immer wieder zu beobachten. Unvergessen der Fußballtrainer der Jugendmannschaft, der trotz harscher Worte fast immer liebevoll mit seinen Spielern umgegangen ist. Seine Wortwahl war zwar ziemlich bayrisch-derb. «Da habt ihr einen rechten Mist zusammengespielt», sagte er regelmäßig oder auch nur «Das war nix» oder «Das war schlecht». Manchmal fielen die Ausdrücke unflätig aus. Die Art und Weise, wie er das sagte, machte aber den Kindern wie ihren Eltern klar, dass er es nicht böse meinte und er seine Jugendkicker ins Herz geschlossen hatte.

Ganz andere Wirkung entfaltete hingegen ein anderer Trainer, der zwar nie ein wirklich böses Wort verlor, dessen Blick aber voller Geringschätzung war, wenn seine Spieler schlecht spielten. Ohne dass er ausfallend wurde, wussten alle Spieler, dass ihr Trainer sie aufgrund ihrer mittelmäßigen Leistung geradezu verachtete. Sein Gesichtsausdruck verriet alles. Nach nur einem halben Jahr rebellierte die Mannschaft: Sie lehnte es ab, sich für den Rest der Saison von diesem Trainer betreuen zu lassen.

Worauf es ankommt

- *In autoritären Strukturen gehört es oftmals zum Prinzip, Untergebene zu demütigen oder gar ihren Willen zu brechen. Auf diese Weise soll Gehorsam erzwungen werden. Beim Militär, in der katholischen Kirche, aber auch beim Sport haben diese Machttechniken eine lange Tradition.*
- *Wer in die «Normenfalle» gerät, kann nicht anders, als gegen Regeln zu verstoßen oder Gebote zu missachten – darauf ist das System mit seinem Übermaß an Vorschriften angelegt. Der Einzelne fühlt sich permanent schuldig und überwacht und sieht sich irgendwann zu Recht bestraft. Dass er bisher nicht erwischt und sanktioniert worden ist, schreibt er allein dem Zufall zu – verdient hätte er es ja.*
- *Unsinnige Vorschriften und militärischen Drill gibt es auch beim Sport. Dem Spießrutenlauf beim Militär kann die Verbannung auf die Ersatzbank oder in die Reservemannschaft beim Fußball gleichgestellt werden. Auch bei Spitzenathleten geht es darum, auf ihre emotionalen Bedürfnisse einzugehen und ihnen Respekt und echte Wertschätzung entgegenzubringen.*

WENN ÄRZTE KRANK MACHEN – EMOTIONALE GEWALT IN DER MEDIZIN

Darf's ein bisschen mehr sein?

Gesund oder krank – das ist nicht mehr allein Pech, Schicksal oder dummer Zufall, sondern wird zunehmend als eine Frage von Moral, Schuld und Verantwortung gesehen. Hat man wirklich genug verzichtet, genug entspannt und sich richtig ernährt? Die vielen Regeln für ein perfektes Leben, mit denen wir ständig bombardiert werden, kann niemand mehr einhalten, und sie haben vor allem eine Folge: Die Menschen stehen am Marterpfahl ihres schlechten Gewissens und fühlen sich mies.

«Uns hat verblüfft, mit welcher Wucht viele Kranke vor allem ein Thema beschäftigt: Verzicht», sagt Wolfgang Himmel aus der Abteilung für Allgemeinmedizin am Universitätsklinikum Göttingen. «Ihr Denken, ihr Tun, ihre Wahrnehmung – alles kreist um eine große moralische Prüfung: beweisen zu müssen, dass man sich immer maßvoll, immer diszipliniert, immer gesund verhält.»

Himmel und sein Team haben beschrieben, wie schmerzhaft es für Diabetiker ist, den geliebten Genüssen immer wieder entsagen zu müssen.[38] Gleichzeitig spüren sie den moralischen Druck,

Krank und falsch
Anna denkt, dass ihr Arzt sie für faul halten muss. Die 42-Jährige versucht immer wieder abzunehmen, aber es gelingt ihr einfach nicht. Vielleicht liegt es auch daran, dass ihr Mann und ihre Kinder von ihr erwarten, Gerichte zu kochen, die sie selbst für ungesund hält.
Und was ist mit Peter? Er ist 73 Jahre alt, und es fällt ihm schwer, auf das zu verzichten, was er als «Seelennahrung» bezeichnet. Für seine Stimmung ist Schokolade wichtig, sie tut ihm gut, gerade in schwierigen Momenten. Manchmal, er gibt es zu, gönnt er sich ein Glas Rotwein. Ein anhaltender Genuss scheint das kaum für ihn zu sein, er fühlt sich vielmehr schuldig.
Katy, 65, würde von ihrem Arzt am liebsten auf eine einsame Insel geschickt werden. Das wäre die Lösung, denkt sie, dann könnte sie nicht durch ungesundes Essen in Versuchung geführt werden. Dem anstrengenden Alltag fühlt sie sich nicht mehr gewachsen. Sie hat Fluchtphantasien, anders scheint sie nicht aus dem Teufelskreis ihres vermeintlichen Fehlverhaltens entkommen zu können.
Die drei Menschen, von denen hier die Rede ist, müssen mehr als andere auf ihre Ernährung achten, sie sind Diabetiker. Essen sie zu viel, nicht zur richtigen Zeit oder das Falsche, entgleist ihr Blutzuckerspiegel. Sie fallen in Unterzucker – oder überschwemmen ihr Blut mit zu viel Glukose. Beides sind Zustände, die gefährlich werden können, manchmal lebensbedrohlich. Viele Diabetiker haben ihr Leiden einigermaßen im Griff und können einen nahezu normalen Alltag führen. Sie halten sich an ein paar Ernährungsregeln und kennen ihren Körper mit der Zeit gut, sodass sie wissen, was ihnen bekommt und was nicht.

sich zu mäßigen und nicht in den Exzess zu verfallen, wie Interviews mit den Betroffenen zeigen. Gelingt ihnen dies nicht, halten sich die Patienten schnell für Versager, die ihr Leben nicht im Griff haben.

Man muss es so drastisch ausdrücken: Diese Menschen unterwerfen sich der Diktatur einer Gesinnungspolizei und tun sich selbst emotionale Gewalt an. Nicht nur im Sprechzimmer des Arztes, auch in der Familie und im Freundeskreis sehen sich die Kranken permanenter Kontrolle ausgesetzt. Ihre Werte und Befunde wie etwa der Blutzuckerspiegel, das Gewicht oder die Konzentration an HbA1c, die ein Maß für die Blutzuckereinstellung ist, werden zu moralischen Prüfmarken für ein ausreichend abstinentes Leben. Die Blutwerte zeigen an, ob sie «richtig» gelebt haben.

Der Imperativ, ein gesundes Leben zu führen, hat allerdings nicht nur Kranke erfasst, auch die Topfitten unterwerfen sich längst dieser Maxime. Immer mehr Menschen wollen nicht nur gut leben, sondern im Streben nach Gesundheit und Wohlbefinden auch alles richtig machen. Immer nach Plan, immer alles unter Kontrolle behalten, immer das Beste: Ausgewogene Ernährung, ausreichend Bewegung, Work-Life-Balance – das sind die Klassiker dieser Optimierungsversuche.

Zufrieden sind nur wenige, denn schließlich gibt es permanent und überall etwas zu verbessern: Mehr berufliche Entfaltung, mehr Sport, mehr Gemüse, mehr Entspannung und mehr Zeit für die Familie sind immer möglich, so die Illusion. Doch nie ist es wirklich genug, denn während man das eine tut, vernachlässigt man das andere. Das intensive Sportprogramm geht auf Kosten von Freunden und Familie. Wer zu sehr auf Erholung und Freizeitgestaltung achtet, kommt womöglich im Job nicht voran. Als «Synchronisierungskrise» bezeichnet der Soziologe Hartmut Rosa das Phänomen, dass zwar die Ansprüche in etlichen Bereichen gestiegen sind, die Zeit, die dafür zur Verfügung steht, aber nicht.[39]

Dieses Dilemma führt dazu, dass die Menschen nicht etwa zufriedener werden, sondern hauptsächlich bemängeln, wozu sie alles *nicht* gekommen sind und was sie alles *nicht* geschafft haben. «Etliche Gesunde haben latent ein schlechtes Gewissen, weil sie meinen, falsch oder ungesund zu leben», sagt der Sozialpsychologe Dieter Frey von der Ludwig-Maximilians-Universität München. «Essen, Sport, Gesundheit sind zu einer Ersatzreligion geworden. Es geht zwar nicht mehr wie früher um ein Leben nach dem Tod, aber immerhin um die Hoffnung auf ein längeres Leben.»

Als «Healthism» bezeichnen Wissenschaftler den Zwang, über eine maßvolle Lebensführung hinaus alles für die Gesundheit zu tun – darf's ein bisschen mehr sein? Man kann ja so viel falsch machen! Schon vor Jahren hat der New Yorker Ernährungswissenschaftler Paul Marantz ein so anschauliches wie erschreckendes Bild für den grassierenden Gesundheitswahn gewählt: «Wenn sich jemand heute genussvoll einen Cheeseburger an die Lippen hält, ist das mittlerweile moralisch gleichbedeutend damit, sich eine Pistole an die Schläfe zu setzen.»

Statt die Leute mit Ernährungsvorschriften zu peinigen, die wissenschaftlich oft kaum abgesichert sind und sich zudem häufig widersprechen, sei es manchmal gesünder, gar keine Ernährungsempfehlungen zu veröffentlichen.[40] Das entlastet zumindest von dem psychischen Druck, bei jedem Kantinenessen und jeder Abendeinladung peinlich darauf zu achten, keine allzu ausschweifenden Sünden zu begehen.

Bereits Gesunde fühlen sich gezwungen, die selbst gesetzten Vorgaben zu erfüllen, ja zu übertreffen und ihren Alltag zu optimieren. Noch stärker lastet der Druck jedoch auf Kranken, die besonders auf ihre Ernährung zu achten haben, wie das beispielsweise bei Menschen mit der Darmerkrankung Colitis ulcerosa der Fall ist.

«Dann wirst du bekloppt, weil du von Nutella träumst», heißt ein Fachbeitrag, den Wolfgang Himmel und seine Mitarbeiter verfasst haben.[41] Sie stellen darin die Erfahrungen der Betroffenen in den Mittelpunkt, denn auch die meisten Ärzte wissen nicht, wie es sich anfühlt, mit einer Krankheit zu leben, welche Hoffnungen und Ängste den Alltag der Betroffenen bestimmen.

«Patienten mit Colitis ulcerosa brauchen viele Jahre, um herauszufinden, was sie vertragen und was nicht», sagt Himmel. «Deswegen ist das Thema richtige Ernährung für sie so dominant.» Leider gibt es bei dieser Krankheit keine allgemeingültigen Empfehlungen für den Speiseplan, sondern vor allem große individuelle Unterschiede. Was der eine problemlos toleriert, löst beim anderen heftigen blutigen Durchfall aus. Für die Patienten bleibt daher das Gefühl, dass ihr Körper ein unberechenbares Problem darstelle. «Sie denken: Ich bin derjenige, der falsch ist», hat Himmel beobachtet. In der Folge stellen sie sich und ihre Persönlichkeit in Frage.

Manche Kranke berichten, dass sie immer wieder von Torten oder Pommes frites träumen – und sich dafür hassen, den Gelüsten nicht widerstehen zu können. Sie diskreditieren sich selbst und haben das Gefühl, sich rechtfertigen zu müssen, wenn die Krankheit voranschreitet oder bestimmte Messergebnisse nicht ausfallen wie gewünscht. «Statt Lust, Geselligkeit oder Entspannung erleben die Betroffenen eine fundamentale Ungewissheit», schreiben die Wissenschaftler. «Frustrierend für viele Befragte war die Erfahrung, sich streng an Diätvorschriften gehalten zu haben und dennoch unter starkem Durchfall, Blutungen oder neuen Schüben zu leiden. Für viele war Essen kein angenehmes Erlebnis, sondern zu einer qualvollen Angelegenheit geworden.»

Entlastung von Ärzten oder Diätassistenten kam selten: «Wichtig wäre in diesem Zusammenhang der Hinweis, dass eine ‹richtige› Ernährung nicht unbedingt den Krankheitsverlauf positiv beeinflusst, wie umgekehrt eine gelegentlich ‹falsche› Ernährung den Krankheitsverlauf nicht wesentlich verändert», so die Autoren. Es ist schlicht unklar, was und warum das eine Essen Patienten keine Probleme bereitet, ein anderes hingegen schon. Stattdessen gab es Selbstvorwürfe und Verzweiflung.

Parallel zu dieser mentalen Selbstgeißelung halten sich etliche Patienten an eine andere Strategie: Wenn sie über die Stränge schlagen, verniedlichen sie ihr Verhalten. «Nur ein Löffelchen Mayo» hätten sie genommen, «lediglich eine Kleinigkeit gegessen». Die Sprache soll das vermeintliche Vergehen bagatellisieren. Schuldbewusst und zerknirscht halten sich die Patienten schon bei der kleinsten Verfehlung für große Sünder.

«Man muss sich diese Einschränkungen im Alltag vorstellen», sagt Himmel. «Alles, was wir gerne machen und wobei wir Spaß haben, kann nicht mehr offen und lustvoll ausgelebt und beschrieben werden, sondern wird mit einem Vokabular abgeschirmt, das zeigen soll, wie diszipliniert die Patienten sind.» Im Bestreben, alles richtig zu machen, kreisen viele Patienten ausschließlich um ihre Krankheit und den optimalen Umgang damit. Da dieser nie ganz gelingen kann, machen sie sich Vorwürfe: Sie tun sich emotionale Gewalt an.

Manche Patienten geben irgendwann den täglichen Kampf gegen ihre Krankheit auf – zu groß sind die Hürden, die angestrebten Grenzwerte scheinen unerreichbar, Rückschläge stellen sich ein. Dann lassen sie jegliche Zurückhaltung fahren: Viele Ärzte kennen Diabetiker, denen alles egal zu sein scheint, die ihren Blutzucker entgleisen lassen und als Notfall in die Klinik eingeliefert werden müssen. Vielleicht ist das ihre Form der Selbstbestrafung, weil sie die hochgesteckten medizinischen Ziele nicht erreichen konnten. Nach dem Motto: Du hast dich schlecht ernährt und falsch gelebt, deswegen ist es nur folgerichtig, dass es dir auch schlechtgeht. Krankheit und Schuld werden hier untrennbar miteinander verbunden.

Was Diabetes- und Colitis-ulcerosa-Patienten im Extremen erleben, passiert im Kleinen auch Gesunden: Kann man beispielsweise im Kollegenkreis dazu stehen, dass man jeden Abend Wein trinkt, ohne tadelnde Blicke zu ernten: Verhältst du dich nicht unverantwortlich? Daher halten sich viele lieber an die Devise, sich zu verstellen, um auch unter den vermeintlich Lasterlosen das Bild desjenigen zu wahren, der allzeit maßvoll und diszipliniert lebt.

Immer mehr Menschen haben den Anspruch, in möglichst vielen Bereichen Herr über das eigene Leben und damit auch über etwaiges Leiden zu werden: vernünftig essen, vernünftig trinken, sich vernünftig bewegen – und bei Bedarf die Anweisungen des Arztes artig befolgen. Dann klappt schon alles. Im Umkehrschluss bedeutet das aber: Wer dafür sorgen kann, dass er gesund lebt, ist auch selbst schuld, wenn er mal krank wird, so die auf den ersten Blick folgerichtige, aber eben doch grundfalsche Logik. Denn Krankheit hat vor allem mit Schicksal, Pech in der genetischen Lotterie und anderen Zufällen zu tun und kann nur teilweise durch eine tadellose Lebensführung beeinflusst werden. Auch Menschen, die nach herrschender Lehre gesund leben, sich ausgewogen ernähren und viel Sport treiben, können Krebs oder multiple Sklerose bekommen, an Alzheimer leiden oder von Morbus Parkinson in ihrer Beweglichkeit stark eingeschränkt werden.

Und außerdem: Was für eine Anmaßung ist es, das eigene Leben komplett im Griff haben zu wollen? Es ist ein gesamtgesellschaftliches Phänomen, dass immer mehr Menschen sich umfänglich für ihre Gesundheit verantwortlich fühlen. Die Ursache für Befindlichkeitsstörungen aller Art und erst recht für ausbleibende Heilung schreiben sich die Menschen dann zwangsläufig selbst zu. Sie machen sich Vorwürfe, halten sich für schwach und fehlerhaft.

Dies ist die Kehrseite der psychosomatischen Deutung von Krankheit und der populären Methode des Empowerments, die Patienten im guten Sinne ermächtigen will, den Umgang mit ihrem Leiden aktiv zu beeinflussen und den weiteren Krankheitsverlauf nicht nur passiv hinzunehmen: Wenn der Umgang mit Krankheit so wesentlich für den Fortgang ist, erscheint es nur schlüssig, sich verantwortlich zu fühlen, wenn es einem nicht gutgeht.

«Den Menschen wird seit Jahren vermittelt, mit Bewegung, Ernährung und Stressregulation wirksame Hebel zu haben, mit denen sie ihr Befinden selbst beeinflussen können», sagt der Soziologe Ulrich Bröckling von der Universität Freiburg, der die vielfältigen Optimierungsstrategien des Menschen erforscht. «Da ist es naheliegend, auch im Negativen die Verantwortung zunächst vor allem bei sich zu suchen, nach dem Motto: Nicht genug angestrengt, nicht gelassen genug gewesen, nicht genug vom Richtigen gegessen.» Als Fazit bleibt: Du bist nicht genug!

Wenn es um Gesundheit geht, kommt schnell die Frage nach der Selbst- oder Fremdzuschreibung von Verantwortung auf: Es ist ja kaum noch vermittelbar, dass eine Krankheit oder Behinderung nur als eine Laune der Natur, als Pech oder schlicht als Zufall auftritt – und nicht als Folge eines falschen Lebenswandels wahrgenommen wird. «Es bedeutet sicher einen Kontrollgewinn, wenn das Befinden und alle möglichen Krankheiten einseitig auf das eigene Verhalten zurückgeführt werden», sagt Sozialpsychologe Frey. «Statt in der Krankheitsdeutung vielschichtige Faktoren zu berücksichtigen oder schlicht Pech zu konstatieren, kann man seinen Zustand besser erklären, beeinflussen und sogar vorhersagen, wenn man nur seine Lebensführung als gültiges Kriterium zulässt.» Monokausale Erklärungen sind eben einfach und bequem.

Mit dem Erstarken dieser Form der medizinischen Selbstkontrolle geht ein Verlust der ärztlichen Autorität einher. Wie soll einem der Doktor überhaupt noch helfen, wenn man durch die «richtige» Lebensführung so viel selbst steuern kann? Zusätzlich drängen technische Helferlein darauf, vermeintlich spielerisch in sich hineinzuhorchen und an sich herumzuoptimieren. Lifelogging-Armbänder, Pulsuhren, Blutdruckmesser und andere Insignien des «Quantified Self» sind niedrigschwellige Angebote, die allesamt der Selbstverbesserung dienen. «Sie erinnern uns permanent an die eigene Unzulänglichkeit, auch wenn gerade kein Arztbesuch ansteht», sagt Soziologe Bröckling. Mit der technischen Aufrüstung ist die Selbstüberwachung näher an den Körper gerückt – «eine in Software übersetzte innere Stimme, die das schlechte Gewissen zum Dauerzustand macht», so Bröckling.

Eine Folge dieser Entwicklung: Der Mensch empfindet ein Gefühl des Wohlbefindens als äußerst fragil. Es kann mir doch nicht einfach gutgehen! Schließlich ist das Risiko, nicht die nötige Anzahl von Schritten zu erreichen, die Kalorienzufuhr zu überschreiten, das Falsche zu essen oder seine Ziele anderweitig zu verfehlen, ständig im Bewusstsein. Schon kleinste Abweichungen werden als Fehlverhalten verurteilt, für das man sich heimlich schämt. Und das ist alles andere als gesund.

Nebenbei verschwindet auf diese Weise unmerklich die klare Unterscheidung zwischen krank und gesund; die Grenzen verschwimmen, alles wird zum Kontinuum. Der körperliche Zustand kennt nur noch graduelle Abstufungen eines allzeit prekären Befindens – umfassende Gesundheit wird dann zum weit entfernten Fixstern, den man sowieso nie erreichen wird. Ab und an mal nachsichtig mit sich zu sein, haben viele Menschen verlernt, besonders wenn es um Fragen der Gesundheit geht.

Die Wahrheit, auch wenn sie weh tut

Das Mädchen war zwölf, als es an Leukämie erkrankte. Die Ärzte und Pflegekräfte in der Klinik mochten das Kind, weil es immer so nett und fröhlich war. Nachdem es ein paar Tage zu Hause verbringen durfte, kam es ganz verändert ins Krankenhaus zurück. Es wirkte in sich gekehrt, apathisch und verstummt. Der Stationsarzt war besorgt, nahm das Kind mit in sein Zimmer und fragte: «Weißt du eigentlich, was du hast?» Das Mädchen antwortete: «Ja, Krebs. Akute Leukämie.» Es hatte die Begriffe zu Hause nachgeschlagen, nachdem es auf dem Weg zum Röntgen den Zettel gesehen hatte, auf dem die Diagnose stand. «Dann hast du auch gelesen, dass du sterben musst?», fragte der Arzt weiter. «Ja», antwortete das Mädchen ruhig.

Es folgte ein langes Gespräch, in dem der Arzt dem Mädchen erklärte, dass die Krankheit zwar häufig tödlich verläuft, es aber auch neue Behandlungsmöglichkeiten mit einer Chance auf Heilung gibt. Immer wieder versuchte das Kind herauszufinden, ob der Arzt ihm etwas vormachte, um es zu beruhigen. Schließlich versprach der Doktor seiner jungen Patientin, dass er auch dann offen reden würde, wenn es mit der Therapie nicht klappen sollte. Schon bald veränderte sich das Verhalten des Mädchens, und es öffnete sich wieder.

«Ich habe mir geschworen, ich verschweige nie wieder etwas. Von diesem Moment an habe ich alle meine Patienten aufgeklärt», erinnert sich Dietrich Niethammer, langjähriger Chef der Universitätskinderklinik in Tübingen, an seine Zeit als junger Arzt. «Mir wurde klar, dass diese Lügerei schrecklich ist. Ich wollte es anders machen und nicht mehr um den heißen Brei herumreden.» Seit dieser Episode, die sich Anfang der Siebziger an der Unikinderklinik in Ulm abgespielt hatte, wurde der Umgang mit kranken Kindern zu Niethammers Lebensthema.[42]

Besonders wichtig ist es, in den Gesprächen authentisch zu bleiben und die Kranken ernst zu nehmen. Gerade Kinder haben ein untrügliches Gespür dafür, ob man sich wirklich auf sie einlässt oder dies nur vorgibt. Wenn sie merken, dass ihre Ängste und Vorstellungen beim anderen ankommen, dann sprechen sie mit ihm auch über den Tod und das Sterben. Wird ihnen hingegen wider den eigenen Wunsch die Wahrheit verschwiegen, ist das eine besonders intensive und übergriffige Form emotionaler Gewalt.

Bis in die 1970er Jahre war es üblich, Kindern – und manchmal auch Erwachsenen – nicht viel über ihre Prognose zu verraten, erst recht nicht, wenn sie schlecht ausfiel. Kindern wurde unterstellt, dass sie nicht über den Tod nachdächten – folglich müsse man sich als Arzt oder Pflegekraft auch nicht damit auseinandersetzen, wie man ein Kind auf das Ende vorbereitet, so die vorherrschende Meinung. Auch wollte man sie schonen, sie keinen negativen Gefühlen aussetzen.

Der Schmerz der Verzweiflung
Auch wenn Eltern offen mit ihren Kindern über die schwere Krankheit reden, gelingt die Kommunikation nicht immer auf Anhieb. So wie bei dem siebenjährigen Mädchen, das meist fröhlich war, obwohl es an einem Neuroblastom – einem Hirntumor – litt. Eines Tages wurde es mit dramatischen Schmerzen in die Klinik eingeliefert, die nicht durch die Krankheit zu erklären waren. Dort stellte sich heraus, dass der gläubige Vater dem Mädchen gesagt hatte, es sei Gottes Wille, wenn sie bald sterben müsse. Die Siebenjährige hatte den Eindruck, ihr Vater habe sich längst mit ihrem Tod abgefunden. Ein paar Tage später ging es ihr wieder etwas besser. Sie hatte ihren Vater angeschrien, dass es ihm wohl egal sei, wenn sie sterben würde. Er brach zusammen, beide

weinten, und da spürte sie, dass es ihm keineswegs gleichgültig war. Die Schmerzen verschwanden bald vollständig. Offenbar waren sie entstanden, weil die Anspannung im Verhältnis zu ihrem Vater für das Mädchen unerträglich wurde. «Eltern brauchen Anleitung und Hilfe», sagt Niethammer. «Die Angst, ein Kind zu verlieren, ist schrecklich.»

Die Themen Tod und Sterben wurden in der Medizin lange unterdrückt. Noch immer machen viele Ärzte einen Bogen darum, Kindern gegenüber ist die Scheu besonders ausgeprägt. Offenbar wirkten Sigmund Freuds Sätze aus der «Traumdeutung» nach, wonach das Kind angeblich «nichts weiß von den Gräueln der Verwesung, vom Frieren im kalten Grab, vom Schrecken des endlosen Nichts». Freud zufolge hätten Kinder keine Todesfurcht, sondern würden den Tod als «einfaches Fortsein» auffassen. Deshalb lohne es gar nicht, sich mit ihnen darüber auszutauschen.

Wenn kranken Kindern die Wahrheit verschwiegen wurde, diente dies aber wohl eher dem Selbstschutz von Eltern und Medizinern. Bis heute kommt es vor, dass Ärzte gebeten werden, ihren jungen Patienten die düstere Prognose zu verschweigen oder sie zu beschönigen, wie Kinderärzte aus Seattle gezeigt haben.[43] «Es ist verständlich, dass Eltern ihre Kinder beschützen und vor schwierigen Gesprächen bewahren wollen», sagt Abby Rosenberg, die Hauptautorin des Artikels. «Aber wenn sie sich darauf einlassen, können die Bedürfnisse der Kinder erfüllt und ihre Ängste gelindert werden. Auf diese Weise wird das Kind viel besser geschützt.»

Dietrich Niethammer vertritt zwar die Auffassung, dass Ärzte Kinder nicht gegen den Willen ihrer Eltern aufklären sollten, letztlich sei es ihm aber fast immer gelungen, die Eltern – manchmal mit Hilfe anderer Eltern – zu überzeugen, dass es für das Kind das Beste sei, wenn es um seine Krankheit weiß. «Es ist wichtig, nicht nur die kranken Kinder, sondern auch die Geschwister zu informieren. Die sind schließlich Teil der Familie und bekommen mit, dass da etwas los ist, was alle beschäftigt», sagt Niethammer. Kranke Kinder ahnen außerdem meist, wie es um sie steht. Eine 14-jährige Krebspatientin hatte die Eltern ihrer Bettnachbarin besucht, nachdem diese gestorben war. «Die glauben immer noch, dass ihre Tochter nicht wusste, dass sie sterben muss», erzählte sie ihrem Arzt. «Dabei haben wir vorher nächtelang darüber geredet.»

Allerdings sind auch viele Ärzte überfordert und fühlen sich alleingelassen, wenn Patienten schwer krank sind und der Tod unausweichlich ist. Sie haben Angst vor der Auseinandersetzung oder empfinden es als persönliche Niederlage, wenn sie nichts mehr bewegen können. Manche erlahmen dann in ihrem Eifer und ihrer Zuwendung, dabei ist es gerade für die unheilbar Kranken wichtig, dass sie Beistand bekommen und ihre Vorstellungen vom verbleibenden Leben, so gut es geht, erfüllt werden. Wie viele Mediziner tatsächlich die Zeit und die Empathie aufbringen, die Patienten nicht nur aufzuklären, sondern sich immer wieder auf sie einzulassen und in einem kontinuierlichen Prozess zu begleiten, ist ungewiss.

Was im Arzt-Patient-Gespräch wichtig ist
Für jeden Menschen ist es eine Zurückweisung und manchmal eine tief empfundene Kränkung, nicht wahrgenommen und im Gespräch entweder ignoriert oder überfahren zu werden. In der Medizin ist es besonders wichtig, dass Ärzte immer wieder Momente der Zuwendung und Wahrhaftigkeit schaffen, in denen sie ganz bei ihren Patienten und deren Sorgen sind. Nur so können sie erfahren, was den Kranken

wichtig ist, wovor sie sich fürchten und wonach sie sich trotz aller Einschränkungen und Beschwerden sehnen. Die Nähe und die Wärme, die in solchen Gesprächen entstehen können, spenden weitaus mehr Zuversicht als das falsche Verschweigen einer ungünstigen Prognose oder einer unerwartet aufgetretenen Komplikation.

Ärzte scheuen sich trotzdem oft davor, diese heiklen Themen anzusprechen. «Die Medizin hat Schwierigkeiten mit dem Lebensende, wobei erschwerend hinzukommt, dass der Tod aus der Perspektive der Medizin immer – und mit wachsenden Therapieerfolgen in zunehmendem Maße – ein Eingeständnis ihrer Niederlage ist», sagt der Medizinethiker Cornelius Borck von der Universität Lübeck. «Das gilt gerade bei Krebspatienten, die ja in der Regel zunächst aggressiv behandelt werden. Da kann man sich schon fragen, wer hier wen vor welcher schlechten Nachricht schützen will.»

Die Kinderärzte um Abby Rosenberg zeigen, wie Ärzte Kinder darauf vorbereiten können, dass es schlecht um sie steht. «Wir sollten über deine Krankheit reden – wie viel willst du darüber wissen?», wäre ein möglicher Einstieg. «Gibt es etwas, worüber ich zuerst mit deinen Eltern reden sollte?», könnte das Gespräch weitergehen. Zudem ist es wichtig, wie auch Niethammer betont, Kindern früh zu vermitteln, dass man immer ehrlich zu ihnen sein wird. Schreitet die Krankheit fort, lautet ein Satz vielleicht: «Erinnerst du dich daran, dass ich dir immer geradeheraus sagen wollte, wie es um dich steht? Ich fürchte, ich habe eine schlechte Nachricht.»

Zwar gehört es zum Recht eines jeden Patienten, über die Prognose angemessen informiert zu werden. «Der Umgang mit schlechten Prognosen war aber lange von einem falsch verstandenen Paternalismus seitens der Medizin und der Mediziner geprägt», sagt Medizinethiker Borck. «Da hat sich inzwischen viel getan, die Zeiten, als ein Todgeweihter auf keinen Fall von seinem Zustand wissen durfte und Angehörige instruiert wurden, wie sie sein bevorstehendes Ende möglichst fürsorglich geheim zu halten hatten, sind vorbei.»

Jeder Patient sollte die Chance haben, mit dem eigenen Lebensende nach seinen eigenen Wünschen und Ängsten umzugehen. Verschweigen führt aber dazu, dass die eigenen Pläne nicht mehr angepasst werden können. «Im Prinzip gilt das auch für Kinder und Heranwachsende, zumal wenn sie sich erkennbar ähnliche Gedanken machen und es doch nicht darum geht, Sterben im Modus des Ärztewissens zu verstehen, sondern im Rahmen der eigenen Lebensvorstellungen», sagt Borck. «Warum soll das nicht schon im Kindesalter möglich sein? Kinder haben vielleicht sogar noch größeren Anspruch darauf, auf ihre Weise angemessen informiert zu werden, weil ihnen noch viel mehr von ihrem Leben genommen wird.»

Das heißt allerdings nicht, dass alle Patienten unbedingt und sofort mit ihrer schlechten Prognose überfallen werden sollen. Vielmehr muss es in der therapeutischen Beziehung darum gehen, Zeit und Gelegenheit zu schaffen, über Lebensperspektiven nachzudenken. «In jedem Lebensalter ist es wichtig, dass man Menschen hat, mit denen man über seine Ängste reden kann», sagt Niethammer. Gerade schlechte Nachrichten benötigen Abstand, sie müssen wiederholt, reflektiert und sackengelassen werden. Ärzte sollten sich zudem bewusst sein, dass Prognosen Wahrscheinlichkeitsaussagen sind und der konkrete Patient entgegen aller Erwartung eine Ausnahme bilden kann.

Nicht immer gelingt die Kommunikation zwischen Arzt und Patient, wenn eine unerfreuliche Diagnose ausgesprochen werden muss. Die meisten Ärzte sind dafür nicht ausgebildet. Sie wissen nicht, wie viel Empathie und Ehrlichkeit sie aufbringen und sich wie den Patienten zutrauen können. Manche Ärzte wirken aus Selbstschutz unbeteiligt, bei anderen könnte man auf die Idee kommen, dass sie dem Schicksal ihrer Patienten indifferent begegnen – mit der «kalten Gleichgültigkeit der Gesunden», wie es ein Angehöriger genannt hat.

Peter Tautfest, der ehemalige USA-Korrespondent der «taz», hat beschrieben, wie er in der Gautinger Lungenklinik nahe München behandelt wurde. «Was Sie in der Brust haben, ist ein Tumor, der ist bösartig, und der hat leider schon gestreut», sagte der Stationsarzt zu ihm, als er Tautfest mit der Diagnose konfrontierte.[44]

Tautfest hat diesen Moment als besonders brutal empfunden: «Dr. K. gehört zu der neuen Generation von Ärzten, die es gelernt hat, Patienten die Wahrheit nicht zu verschweigen. Er spricht leidenschaftslos, direkt, schonungslos und ohne Umschweife. Ja beinahe ein bisschen schnodderig. Rückblickend kommt es mir vor, als hätte er wie von einem großen Spaß gesprochen, wie von einem jener unvermeidlichen Unglücke, die Menschen nun mal widerfahren und über die man gemeinsam scherzen können soll oder können muss. Nicht zu diesem Ton jedoch passen Klagen oder Bedauern. Er hätte auch sagen können: Ich will heute Nachmittag noch Squash spielen gehen und mir die Laune von Ihnen nicht verderben lassen.»

Die Wut im Urteil des Kranken beschreibt das Verhalten des Arztes womöglich besonders hart. Die unverblümte Darstellung zeigt aber auch, wie verloren sich Patienten fühlen, wenn der Arzt ihnen ohne Anteilnahme begegnet. Während es für Patienten um Leben und Tod geht, spult der Mediziner sein Programm herunter. Bloß nicht mit zu viel Gefühl und Leid behelligt werden!

Es ist eine schmerzhafte Erkenntnis für die Kranken, nicht

mehr zur Welt der Gesunden zu gehören und dies immer wieder zu spüren. «Das Leid des Hinfallenden, / sie sehen es nicht gern, / die Aufrechtgehenden. / ‹Ich bin hingefallen, / kann mir vielleicht jemand aufhelfen?› / ‹Um dabei selbst auf die Nase zu fallen? / Nichts da. Wir ziehen weiter›», schreibt der 2006 an Darmkrebs gestorbene Robert Gernhardt in einem seiner «K-Gedichte», in denen er seinen Krebs thematisierte. An anderer Stelle schreibt er über die unterschiedliche Rolle von Operateur und Patient: «Einer war der Schneidende. / Einer bleibt der Leidende.»

Negativerwartungen in der Heilkunde – die Macht der schlechten Gedanken

> *Zerstör mir meine rosa Brille*
> *Und meine Gartenzwergidylle!*
> *Ich bitte dich, komm, sei so gut,*
> *Mach meine heile Welt kaputt!*
> **(Reinhard Mey: «Annabelle»)**

Ein böses Wort, eine abfällige Bemerkung – das kann im Alltag schon viel kaputt machen. Wenn es um Leib und Leben geht und die eigene Gesundheit auf dem Spiel steht, kommt solchen Worten jedoch eine ungleich größere Bedeutung zu. Der skeptische Blick des Arztes, die abschätzige Beurteilung der Prognose, und schon ist die Zuversicht dahin und das Seelenheil der Patienten bedroht. Ähnlich entmutigend kann sich die eigene Erwartungshaltung ausüben. So haben Neurowissenschaftler aus Hamburg untersucht, welche Faktoren das Ausmaß des Noceboeffekts beeinflussen.[45] Darunter verstehen Forscher den Umstand, dass Nebenwirkungen oder andere unangenehme Folgen auftreten, wenn jemand nur stark genug von der Schädlichkeit eines Produkts oder Verhaltens überzeugt ist und fest mit Beschwerden rechnet. Die negative Erwartung bestimmt das Leid.

Versuche haben gezeigt, dass Freiwillige, die Mobiltelefone für gesundheitsschädlich halten, auch Kopfschmerzen, Ohrensausen und Schwindel bekommen, wenn sie eine Handyattrappe am Ohr haben. Und immer wieder klagen Patienten in Studien über Nebenwirkungen und brechen die Behandlung ab, obwohl sie in der Placebogruppe sind und nur Zuckerpillen erhalten haben: Die Forscher um Alexandra Tinnermann hatten 49 Freiwilligen eine Salbe gegen Juckreiz angeboten, die tatsächlich jedoch keinerlei Wirkstoff enthielt. Den Probanden wurde außerdem versichert, dass die Salbe zwar helfen, aber leider eben auch die Schmerzempfindlichkeit erhöhen könnte. Einem Teil der Patienten sagte man, dass sie einen ziemlich teuren Balsam bekämen, der sich zudem in einer hochwertigen Verpackung befand. Die anderen Teilnehmer wurden mit dem vermeintlichen Billigprodukt aus der schlichten Tube behandelt. Wer die «kostspielige» Salbe erhielt, klagte später stärker über schmerzhafte Hitzereize. Der Noceboeffekt wurde mit der Zeit immer ausgeprägter.

«Teure Behandlungen verstärken die Erwartungshaltung, und das gilt in beide Richtungen», schreiben die Autoren. Der mögliche Nutzen einer Behandlung oder Untersuchung wird also ebenso überschätzt wie der mögliche Schaden. Produkten mit höherem Preis werden offenbar stärkere Wirkungen zugetraut – und damit auch heftigere Nebenwirkungen. Die Forscher konnten zudem zeigen, wo im Gehirn die Erwartungshaltung die Schmerzwahrnehmung aktiviert und welche Signalwege dabei besonders in Gebrauch sind.

Für die praktische Medizin und den Umgang mit Patienten sind die Erkenntnisse aus der Placebo- und Noceboforschung von großer Bedeutung. So ist bekannt, dass bei freiwilligen Studienteilnehmern die Beschwerden zunehmen, sobald man ihnen sagt, dass die Medikamentengabe nun beendet würde – auch wenn sie zuvor nur ein Scheinmedikament und keinen realen Wirkstoff bekommen haben.

Die zerstörerische Macht der Medizin
Wer einen Arzt wegen Schmerzen oder anderer Beschwerden aufsucht, erhofft sich Linderung, Trost, Heilung. Wer keine Beschwerden hat, will die Versicherung, dass so bald keine auftauchen werden. Der Wunsch nach diesem beruhigenden Gefühl treibt viele Menschen zum Arzt und veranlasst sie zu Bluttests, Check-ups und Früherkennungsuntersuchungen. Die Sehnsucht nach Sicherheit ist mittlerweile eine häufige Motivation für den Arztbesuch geworden.
Statt Sicherheit bietet die Medizin aber vor allem Verunsicherung. Die technischen Methoden der Untersuchung und Diagnostik werden immer ausgefeilter, sodass schon kleine Abweichungen und Normvarianten entdeckt werden, die nicht krankhaft sind, die Ärzte aber irritieren und bei Patienten ein mulmiges Gefühl auslösen. Immerhin ist da ein Befund, der zwar nichts zu bedeuten hat, aber dennoch weitere Untersuchungen und Kontrollen nach sich zieht.
Eigentlich ist sich der Arzt sicher, dass nichts dahintersteckt, wenn dieser Blutwert ein bisschen auffällig ist, jene Aufhellung im Kernspin auftritt oder die Organstruktur im CT verändert zu sein scheint – aber «zur Sicherheit» will er das Ganze in wenigen Wochen nochmals kontrollieren. Der Arzt hält das für reine Routine, der Patient fühlt sich nur noch gesund auf Probe, denn schließlich «ist da ja was». Und hat der Doktor etwa nicht gesagt, dass «wir das mal im Auge behalten»?

> Statt zu beruhigen, verunsichert dieser diagnostische Aktivismus nur. «Abklären» nennt sich das Vorgehen in der Medizinersprache, wenn einem unklaren Befund nachgegangen wird – was aber oftmals nur weitere Verwirrung stiftet. Das liegt nicht daran, dass die Menschen besonders ängstlich geworden sind, sondern vielmehr an der dynamischen Entwicklung der Medizin.

«Der Noceboeffekt hat Einfluss auf die Nebenwirkungen, den Heilungsverlauf und darauf, ob Patienten ihre Medikamente überhaupt einnehmen», sagt Luana Colloca von der University of Maryland.[46] «Deshalb sollte die Kommunikation mit den Patienten ausgewogen und gezielt darauf zugeschnitten sein, welche negativen Erfahrungen die Kranken bereits hatten und was sie von der Behandlung erwarten.» Die Erklärungen zu eventuellen Nebenwirkungen sollten ebenso sorgfältig wie behutsam erfolgen – und Informationen über die Kosten der Therapie möglichst unterbleiben, was in unserem zunehmend ökonomisch geprägten Gesundheitswesen allerdings schwierig werden wird.

Es ist ein Dilemma. In jüngster Zeit haben Studien gezeigt, dass etliche chirurgische oder endoskopische Eingriffe allenfalls einen begrenzten oder gar keinen Nutzen haben. «Das ist symbolische Chirurgie», sagt Hartwig Bauer, ehemaliger Generalsekretär der Deutschen Gesellschaft für Chirurgie. «Wir schneiden manchmal nur, weil wir daran glauben wollen und die Patienten überzeugt sind, dass der Eingriff ihnen hilft.» Der Chirurg bezeichnet diesen Effekt als «logischen Placebo» und fordert ein Umdenken der Ärzte. «Es klingt ja oft zunächst einleuchtend», so der Arzt. «Da ist es ein schmerzhafter Lernprozess, einzusehen, dass manche Operation doch nicht hilft.»

Die Information und Aufklärung von Patienten ist zweischneidig – und dieses Dilemma hat viel mit manchen Phänomenen der emotionalen Gewalt zu tun. Viele Kranke setzen schließlich ihre letzte Hoffnung in einen Eingriff und versprechen sich davon, endlich Erleichterung zu finden. Soll man sie enttäuschen, indem man ihnen die Nutzlosigkeit des Eingriffs vor Augen hält und die dezente Wirkung allein auf den Placeboeffekt reduziert?

Worauf es ankommt
- *Die Kommunikation zwischen Arzt und Patient ist sehr anfällig für Missverständnisse, weil Kranke oft verängstigt und befangen sind und deshalb besonders auf die Worte des Doktors achten. Jeder Mediziner sollte sich bewusst sein: Unbedachte Äußerungen und nebenbei vorgebrachte Vermutungen werden so zu emotionaler Gewalt.*
- *Die Aufklärung bei schweren Leiden sollte offen und aufrichtig erfolgen. Den Patienten dürfen unangenehme Wahrheiten nicht vorenthalten werden. Sinnvoll ist es, wenn der Arzt sich im Verlauf der Krankengeschichte erkundigt, wie viele Informationen der Patient wünscht.*
- *Kranke haben oft das Gefühl, versagt zu haben, wenn sie Therapieziele nicht erreichen. Sie lehnen sich und ihren Körper ab und werfen sich nicht nur vor, falsch zu leben, sondern halten sich selbst für falsch. Dieser Trend betrifft zunehmend auch Menschen ohne Beschwerden, die sich dem Zwang zur Gesundheit unterwerfen und Ernährung, Schlaf, körperliche Aktivitäten und ihren gesamten Lebenswandel permanent kontrollieren.*
- *Die Erwartungshaltung der Patienten spielt eine wichtige Rolle für den weiteren Verlauf einer Krankheit. Ob die Hoffnung auf Heilung oder wenigstens Genesung überwiegt oder Verzweiflung und Resignation vorherrschen, kann der Arzt stark beeinflussen und damit über Wohl und Wehe der Patienten mitentscheiden. Emotionale Gewalt, auch wenn sie unbeabsichtigt ist, trifft in solchen Situationen besonders hart.*

AM RANDE DER GESELLSCHAFT: AUSGRENZUNG UND MISSACHTUNG

Gemobbt, ängstlich, krank –
psychische Folgen der Ablehnung

Niemand will im Schullandheim das Zimmer mit ihm teilen, er bleibt allein und unsicher stehen, als die anderen sich aufteilen. Schließlich muss der Lehrer eingreifen und den Übriggebliebenen ein paar Mitschülern zuordnen. Vom gemeinsamen Spiel wird er ausgeschlossen, und sobald er sich einer Gruppe nähert, werden die anderen plötzlich still oder machen abfällige Bemerkungen. Gemobbt zu werden, ist besonders für Kinder grausam, obwohl Zurückweisung durch die Gruppe natürlich in jedem Alter schmerzt. Ausgegrenzt zu werden, ist aber nicht nur akut belastend für die Seele, es kann auch dauerhaft psychisch und körperlich krank machen.

Psychologen aus Großbritannien zeigten, welch verheerende Auswirkungen es haben kann, im Kindesalter gemobbt zu werden.[47] Wissenschaftler vom University College London haben mehr als elftausend Zwillingskinder im Alter zwischen elf und sechzehn Jahren untersucht und ihren körperlichen wie psychischen Zustand erfasst. Dabei zeigte sich, dass Kinder, die im Alter von elf Jahren gemobbt werden, in der Folge häufiger an diversen Ängsten, überschießender Impulsivität, Depressionen und Aufmerksamkeitsmangel leiden und es zudem mehr Probleme in der Erziehung gab.

«Wir wissen aus früheren Studien, dass gemobbte Kinder öfter an psychischen Störungen leiden, über die Kausalität war hingegen nur wenig bekannt», sagt Jean-Baptiste Pingault, der die Arbeitsgruppe leitet. «Es kann schließlich auch sein, dass manche Kinder von vornherein empfindlicher sind und schlechter mit derartigen Belastungen fertigwerden.» Indem die Forscher sowohl eineiige Zwillinge mit identischen Genanlagen als auch zweieiige Zwillinge in ihre Analyse aufnahmen, versuchten sie, den Einfluss der Vererbung wie auch jenen von Umweltfaktoren und Erziehung genauer zu bestimmen.

Umwelt, Gene und die Erfahrung mit Konflikten und Feindseligkeit in der eigenen Familie beeinflussen stark, ob Kinder überhaupt anfällig für Mobbing sind oder es gegebenenfalls problemlos verkraften. Es liegt also nicht allein am ausgrenzenden und abwertenden Verhalten der anderen, wenn Mobbingopfer erhebliche psychische Störungen davontragen. «Darin liegt immerhin eine hoffnungsvolle Botschaft, denn es kommt auch darauf an, die psychischen Widerstandskräfte zu stärken», sagt Pingault. «Mobbing bedeutet zwar in den meisten Fällen Leid, aber mit der Zeit kann der negative Einfluss auf die Psyche nachlassen, und die Kinder erholen sich mittelfristig von den schlechten Erfahrungen.»

Neben bereits vorhandenen Programmen, die Mobbing verhindern und das Bewusstsein für die Gefahren schärfen sollen, sei es daher auch wichtig, frühzeitig zu erkennen, welche Kinder besonders verletzlich sind. Denn schließlich fühlen sich manche Kinder in größeren Gruppen unwohl, auch ohne dass sie gemobbt werden. Sie meiden soziale Kontakte und gelten schnell als eigenbrötlerisch. Diese Kinder sind es, die anfällig für späteres Mobbing sind. Ihre Resilienz müsse gezielt gestärkt werden, so die Autoren. Auf diese Weise könne verhindert werden, dass sie, sollten sie tatsächlich Opfer werden, lange unter den Folgen zu leiden hätten. Wer labil und womöglich in verschiedenen Bereichen anfällig ist, braucht besonderen Schutz, fordern die Psychiater Judy Silberg und Kenneth Kendler.[48] Immerhin sei es tröstlich, dass sich die gesundheitlichen Schäden für Körper und Seele nach einigen Jahren meist wieder abschwächen.

So zeigte sich in der aktuellen Studie beispielsweise, dass Kinder, die mit elf Jahren gemobbt wurden, zwei Jahre später zwar weiterhin mehr über Ängste klagten als ihre unbehelligten Altersgenossen, andere seelische Einschränkungen sich aber zwischenzeitlich abgeschwächt hatten. Fünf Jahre nach dem Mobbing waren die meisten psychischen Beeinträchtigungen wieder verschwunden, allerdings neigten die Gemobbten auch als Sechzehnjährige noch dazu, paranoide Gedanken zu entwickeln und sich ablenken zu lassen.

Ohne Verbindung

Die dreizehnjährige Carolin trug stets die von der Mutter gestrickten Pullover und Westen. Für die Mode der Gleichaltrigen in ihrer Klasse interessierte sie sich nicht. In den Pausen setzte sie sich in eine Ecke und las. Sie war eine gute Schülerin und immer hilfsbereit, wenn sie gefragt wurde. Ein Handy besaß sie als Einzige in der Klasse nicht, deshalb wusste sie auch nicht, was die anderen auf WhatsApp, Snapchat und Instagram austauschten.
Eigentlich störte sie ihre Mitschüler nicht weiter, trotzdem fing eines der Mädchen aus ihrer Klasse plötzlich an, hässliche Dinge über sie zu verbreiten. Im Klassenchat schrieb es

> davon, wie ungepflegt Carolin angeblich sei – und etliche andere Gemeinheiten mehr. Carolin bekam über Wochen nichts davon mit, dass die verbreiteten Unwahrheiten immer fieser wurden – bis das Mobbing per Handy aufflog. Die Klasse musste sich zwar entschuldigen, und die Initiatorinnen des Chats wurden bestraft. Die Dreizehnjährige wechselte trotzdem bald die Schule, weil sie sich nicht mehr vorstellen konnte, mit diesen Mitschülern Tag für Tag das Klassenzimmer zu teilen.

Nach Schätzungen der Weltgesundheitsorganisation (WHO) sind weltweit dreißig Prozent aller Kinder schon mal gemobbt oder anderweitig feindselig von anderen Kindern behandelt worden. Viele stecken das gut weg. Bei anderen Kindern hingegen kommt es zu Gewalttaten und Suiziden, weiterhin haben sie vermehrt Probleme in der Schule, leiden eher unter psychosomatischen Beschwerden und haben ein geringeres Selbstwertgefühl. Mobbing nicht zuzulassen ist wichtig – ebenso wichtig ist es, jene zu erkennen, die besonders empfänglich dafür sind, kein dickes Fell haben und deshalb vermehrter Hilfe bedürfen.

«Den kriegt ihr noch» – Mobbing in der Schule und im Verein

Tipp, tapp, tipp, tapp, tipp – eines der beiden Kinder auf dem Schulhof hat gewonnen, beim nächsten Schritt überragt seine Schuhspitze die des anderen. Deshalb darf es anfangen, sich andere Mitschüler für seine Fußballmannschaft auszuwählen. Jeder kennt dieses Spiel: Es geht der Reihe nach. Klar, die Schnellsten und Besten, manchmal auch die Beliebtesten werden zuerst aufgerufen und gleichmäßig auf die beiden Teams verteilt. Anfangs ist das noch weitgehend harmlos.

Aber irgendwann wird die Lage unangenehm und verletzend – zumindest für jene, die immer noch nicht ausgewählt worden sind. Dann bleibt linkisch stehend nur noch jener seltsame Haufen übrig, den offenbar keiner in seiner Mannschaft haben will, der Unsportliche, der mit der Brille und der Dicke. «Ihr bekommt noch die beiden Luschen», heißt es dann manchmal wenig charmant von einem der Mannschaftsführer. Oder auch: «Der Dicke ist bei euch.»

Es fängt schon früh an, dass Menschen, die unsportlich sind oder erhebliches Übergewicht aufweisen, gehänselt werden. Bereits in der Schule ist es üblich, die Übergewichtigen zu ärgern, sie mit ihrem Leibesumfang aufzuziehen und immer wieder auszugrenzen. Sie werden angerempelt, geschlagen, die Klassenkameraden machen sich über sie lustig. Beim Sport fällt es besonders auf, aber auch, wenn Kinder für sich allein ohne Aufsicht spielen, in der Pause oder in der Freizeit.

Keine Lust auf Völkerball

«Warum schwabbeln bei euch Mädchen beim Laufen eigentlich so die Oberschenkel?», fragt ein Junge in die Runde, als eines der Mädchen beim Völkerball abgeworfen wird. Im Turnunterricht lässt er diese Gemeinheit fallen, als die Schüler das gefürchtete Ballspiel in gemischten Gruppen aufführen müssen. Karen Duve beschreibt in ihrem Roman «Dies ist kein Liebeslied» die Szene und schildert, wie es Mädchen ergehen kann, die diese Abwertung immer wieder erleben: «Natürlich verliert man nicht schlagartig sein Selbstwertgefühl, bloß weil ein Junge die Beschaffenheit des weiblichen Bindegewebes in Frage stellt. Man verliert das

Vertrauen in sein Aussehen und in seinen Wert nicht von einem Tag auf den anderen. Man verliert es über eine lange Zeitspanne hinweg, Stück für Stück», schreibt Duve.

Solche Beispiele für musternde Blicke und die daraus resultierende körperliche Entwertung kennen vermutlich viele Frauen, aber auch etliche Männer. Gerade während der Pubertät, wenn die Gliedmaßen ungelenkig verrutschen, Arme und Beine wie bei einer Holzpuppe schlackern und nichts richtig zusammenpassen will, müssen sich Mädchen wie Jungs erst mal an ihren sich ständig verändernden Körper gewöhnen.

Sie kennen sich selbst ja kaum richtig – wie sollen sie da vertraut und selbstbewusst mit sich und ihrem Körper umgehen? Das gelingt anfangs nur selten, und deshalb treffen die Kränkungen durch Mitschüler in dieser Phase auf vorübergehend sehr verletzliche Seelen. Zwar ist nicht jede Bemerkung bösartig gemeint, kann aber trotzdem dauerhaft im Gedächtnis verankert werden.

In Karen Duves Roman trägt die Lehrerin übrigens zusätzlich dazu bei, dass die Mädchen die Demütigung nicht so bald vergessen werden. Sie beschämt die Schülerinnen ein weiteres Mal, indem sie zu den nächsten Unterrichtsstunden eine Waage mitbringt, auf die sich die Schüler stellen sollen. Dann lässt sie verschiedene Matheaufgaben lösen, darunter: «Wie hoch ist das Durchschnittsgewicht der fünf schwersten Mädchen?»

Das obige Beispiel der Lehrerin, die zur weiteren Ausgrenzung beiträgt, scheint besonders perfide zu sein. Aber auch gut gemeinte Programme in Schulen, mit denen Kinder zum Abnehmen animiert werden sollen, haben nicht immer den erwünschten Effekt. So zeigte sich, dass Schüler besonders gehänselt und marginalisiert wurden, wenn die Klasse an einem solchen Projekt teilgenommen hatte. Oft steckt hinter diesen Programmen die Devise: Erziehen und demütigen. Den Übergewichtigen wird schnell unterstellt, dass es ihnen nur an Disziplin und Leistungsbereitschaft mangelt, sonst würden sie bestimmt anders aussehen. Ihnen fehlt die Bereitschaft, sich zusammenzureißen – und das gilt nicht nur als ästhetisch fragwürdig, sondern auch als moralisch verwerflich.

Aber nicht nur für die Kinder, die wissen, dass sie beim Schulsport regelmäßig unter den Letzten sind, die aufgerufen werden, bedeutet diese Form der Auslese eine große Schmach. Auch viele der durchschnittlich guten Spieler stehen in banger Erwartung mit den anderen herum und hoffen, nicht erst kurz vor Schluss erlöst zu werden. Komme ich vielleicht schon als Zweiter oder Dritter dran? Oder muss ich mit dem schlechten Rest fast bis zuletzt warten?

Es ist ein seltsames Ritual der Abgrenzung. Eben noch stand man in der Traube zusammen mit den anderen, aber plötzlich wird man nur mehr auf seine sportlichen Fähigkeiten hin gemustert und muss sich der Frage stellen, ob man für die Mannschaft eher eine Hilfe oder vielleicht doch eine Belastung ist – und bekommt die Antwort dann sogleich geliefert. Die Gewöhnung an Hierarchien, Ranglisten, an oben und unten fängt schon früh an.

Wer ganz oben in der Nahrungskette steht, immer unter den Ersten ist oder gar zu denen gehört, die regelmäßig «wählen» dürfen, kennt dieses nagende Gefühl der Zurücksetzung womöglich gar nicht. Für die anderen bleibt oft die quälende Erinnerung daran, wie sie sich zwar hoffnungsfroh nach vorne drängten, sich anboten als eifrige Mitspieler und zum Sieg beitragen wollten – und wie sie dann erst viel später aufgerufen wurden und so eine frühe Niederlage erleben mussten.

Fat Shaming und die Benachteiligung von Dicken

Es ist keine schöne Vorstellung für Patienten und entspricht auch nicht den Idealen des hippokratischen Eides, den übrigens sowieso kein Arzt mehr schwört: Auch Doktoren pflegen ihre Vorurteile und Vorlieben und behandeln nicht alle Menschen gleich. Manche Patienten finden sie schlicht sympathischer. Es menschelt eben auch in der Arztpraxis. Bei weniger angenehmen Kranken stellen Ärzte schnell die Überweisung an einen missliebigen Kollegen aus oder versuchen auf andere Weise, sie rasch aus der Praxis oder Klinik zu komplimentieren. Nicht immer bewahrt der Arzt die professionelle Distanz, die eigentlich nötig wäre – und das wird zum Nachteil für manche Patienten.

Dicke Patienten beispielsweise sind bei vielen Ärzten nicht besonders beliebt. Chirurgen fürchten die abdominelle «Fettschürze», die den Zugang zu den Bauchorganen erschwert. Internisten verbinden mit Übergewicht und Fettleibigkeit diverse drohende Krankheiten wie Diabetes und Gefäßverkalkung und unterstellen fülligen Patienten oftmals mangelnde Disziplin, nicht nur ihre Figur, sondern auch ihr Leben in den Griff zu bekommen. Psychologen aus den USA diskutieren deshalb schon seit einigen Jahren, welche Folgen die offene oder unterschwellige Diskriminierung von Dicken hat. Die psychischen, aber auch die körperlichen Folgen dieser Benachteiligung können erheblich sein.

Unter dem Schlagwort «Fat Shaming» findet sich ein beeindruckendes Arsenal an Eigenschaften, die Dicken und manchmal sogar jenen, die lediglich keinen durchtrainierten Körper vorzuweisen haben, ungerechtfertigt zugeschrieben werden: Faul seien sie und bequem, langsam und irgendwie auch leicht verwahrlost sowie von einer strengen Duftnote umweht. Außerdem fehle ihnen jegliche Motivation. Dick, diabetisch, doof – so lautet die zynische Umschreibung für Menschen, denen ihre Krankheit und ihr Äußeres zum Vorwurf gemacht werden.

«In der Medizin kann respektloses Verhalten gegenüber Menschen mit Übergewicht die Patienten beschämen – auch wenn sie durch entsprechende Bemerkungen vielleicht angeregt werden sollen, ihren Lebensstil zu verändern, und es womöglich sogar gut gemeint ist», sagt die Psychologin Joan Chrisler vom Connecticut College. «Für die Kranken ist das jedoch purer Stress und kann dazu führen, dass sie zu spät oder gar keine ärztliche Hilfe in Anspruch nehmen.»

Aber auch wenn Übergewichtige rechtzeitig zum Arzt gehen, bekommen sie nicht immer eine adäquate Behandlung und oftmals nicht die gleiche Therapie wie Normalgewichtige. So werden Fettleibige häufig aus medizinischen Studien ausgeschlossen; die Forschungsergebnisse – beispielsweise zur richtigen Dosierung eines Medikaments – lassen sich dann nicht passend auf sie anwenden. In jüngster Zeit haben Untersuchungen gezeigt, welche nachteiligen Folgen das haben kann: So fallen die Verordnungen für Antibiotika, aber auch für eine Chemotherapie zur Behandlung von Krebs bei Übergewichtigen oftmals zu niedrig aus, sodass keine ausreichend wirksame Dosis für eine erfolgversprechende Behandlung erreicht werden kann.

Diskriminierung pfundweise
Dicke werden nicht nur in der Medizin benachteiligt. Im Freundeskreis werden Witze über Dicke gemacht, die gar nicht böse gemeint sind – die der Betreffende aber trotzdem nicht unbedingt lustig finden muss. Auch im Berufsleben sind Menschen mit Übergewicht etlichen Anfeindungen und Benachteiligungen ausgesetzt. Sie bekommen schwerer einen Job und werden für weniger kompetent gehalten.

Nehmen wir folgende Situation: Zwei Bewerber haben die identische Ausbildung, gleich gute Noten und sind auf dem Papier ähnlich gut für die ausgeschriebene Stelle geeignet. Einer der beiden ist gertenschlank und durchtrainiert, als Hobby nennt er Triathlon. Der andere wiegt bei 1,82 Metern Körpergröße 130 Kilogramm und berichtet, gerne Serien zu schauen. Wer wird wohl genommen?
Aus etlichen Untersuchungen ist bekannt, dass schlanke Bewerber dicken vorgezogen werden. Wer in einem Land, in dem es Nahrung im Übermaß gibt, trotzdem schlank und rank bleibt, verkörpert buchstäblich Tugenden wie Askese, Disziplin und Leistungsbereitschaft. Dicken wird hingegen unterstellt, dass sie faul und undiszipliniert seien. Der Umgang mit ihrem Körper wird auf ihre Arbeit und Leistungsbereitschaft übertragen, obwohl angesichts der bisherigen Zeugnisse keinerlei Gründe zu dieser Annahme bestehen. Im Gegenteil: Vielleicht ist der Hobbytriathlet durch das aufwendige Training so gefordert – und anschließend so erschöpft –, dass er viel weniger Energie für den Job aufbringen kann als der Kollege, der sich vor dem Fernseher ausruht.

Auch im Umgang mit Übergewichtigen in der ärztlichen Praxis gibt es erstaunliche Unterschiede zu Normalgewichtigen. «Forschungen zeigen, dass dicken Patienten oftmals nur zur Gewichtsabnahme geraten wird, während bei Normalgewichtigen viel schneller CT-Aufnahmen, Bluttests oder eine Physiotherapie angeordnet werden», so Chrisler. «Wenn aufgrund des unterschiedlichen Gewichts unterschiedliche Untersuchungen und Therapien bei gleichen Symptomen empfohlen werden, ist das unethisch und kann sogar ein Behandlungsfehler sein.»

Es besteht die Gefahr, dass die Krankheiten von übergewichtigen Patienten nicht ernst genommen werden. Schnell werden die Beschwerden auf ihren Körperumfang geschoben, weitere Untersuchungen unterbleiben, und die eigentliche Ursache für die Probleme wird nicht entdeckt. Kürzlich ergab die Analyse von 300 Obduktionen, dass bei fettleibigen Menschen 1,65-mal häufiger Krankheiten übersehen wurden als bei Normalgewichtigen. Darunter waren auch schwere Leiden wie Lungenkrebs, chronisch entzündliche Darmerkrankungen oder Herzleiden bis hin zum Infarkt.

Dicke haben zumeist ein feines Gespür dafür entwickelt, wenn ihr Gewicht auch in der Medizin auf Missbilligung stößt – sie erleben diese Situation ja nicht nur in Arztpraxen und Kliniken. Sie kennen die abschätzigen Blicke und die abwertende Behandlung aus vielen Situationen. «Diese Haltung zeigt sich womöglich in Form von sogenannten Mikroaggressionen, etwa wenn die Ärzte oder das Pflegepersonal zögern, einen dicken Patienten anzufassen oder tadelnd den Kopf schütteln, wenn sie das hohe Gewicht in der Patientenakte notieren», sagt Chrisler. «Mit der Zeit ist das sehr belastend und verstärkt das Gefühl der Stigmatisierung.»

Der medizinisch verengte Blick auf das Gewicht sieht Fettleibigkeit oft eindimensional als Krankheit an und den baldigen Gewichtsverlust als die einzige Therapie, gibt die Psychologin Maureen McHugh zu bedenken. Dabei weisen Chrisler wie McHugh darauf hin, dass es keine Forschungsdaten gibt, die seriös belegen, welches Gewicht tatsächlich zu hoch ist und definitiv als ungesund zu gelten hat. Umfangreiche Analysen legen nahe, dass ein bisschen rund gesund ist – und leichtes Übergewicht in Idealgewicht umbenannt werden sollte. Zudem geraten mit dieser verengten Sicht andere Faktoren aus dem Blickfeld, die krank machen können, etwa der Einfluss von Genen, Ernährungstradition, Stress und Armut. Die einseitige Fixierung auf das Gewicht führe dazu, dass Übergewicht mittlerweile auch der häufigste Grund für Mobbing in der Schule ist.

«Natürlich hat Übergewicht etwas damit zu tun, dass zu viel Nahrung aufgenommen wird – jedenfalls mehr, als man verbraucht», sagt der Endokrinologe Felix Beuschlein vom Universitätsspital Zürich. «Aber auch bei vermehrtem Appetit und einem verspäteten Sättigungsgefühl spielen die Gene eine Rolle. Schließlich weiß niemand genau zu sagen, zu welchem Anteil die Erbanlagen daran beteiligt sind, wenn manche Menschen ständig mehr essen als andere.» Ihr Essverhalten und das daraus resultierende Übergewicht allein auf mangelnde Disziplin und fehlenden Willen zu schieben, greife jedenfalls entschieden zu kurz, so der Hormonexperte.

Dicke aufgrund ihres Gewichts immer wieder zu beschämen, ist also auch aus medizinischen Gründen ungerecht. Zudem ist es kränkend und macht krank. «Die Stigmatisierung Fettleibiger bedroht ihre seelische Gesundheit massiv», sagt denn auch Psychologin McHugh. «Und das macht wiederum körperlich krank.»

In der medizinischen Ausbildung bleibt noch viel zu tun. Ärzte, Pflegekräfte und Psychologen sollten deshalb schon früh auf die Arbeit mit Übergewichtigen vorbereitet werden, und dabei müsse auf die Gefahr der offenen oder versteckten Diskriminierung hingewiesen werden. Wissenschaftler sind sich einig: Die Behandlung habe sich zuallererst auf die psychische wie auf die körperliche Gesundheit zu richten – und nicht auf das Gewicht.

«Ich will so gehn wie du, stehn wie du, schubidu»

Es gibt wahre Meister der Standfestigkeit. Sie kämpfen um ihren Platz im Mittelpunkt oder zumindest in dessen Nähe, und wenn sie ihn einmal erreicht haben, weichen sie keinen Zentimeter mehr zur Seite. Gerade in der Politik ist das immer wieder zu beobachten. In den Gesprächsrunden der Parteien und Kabinette, in den Ministerien und erst recht in Hintergrundgesprächen drängen solche Platzhirsche regelmäßig ins Zentrum. Sie stehen in der Mitte, direkt neben dem Chef oder ihm gegenüber. Das Kennzeichen dieser Rangkämpfe: Wer einmal die Poleposition erobert hat, rückt auch dann nicht zur Seite, wenn ein anderer sich dazugesellt. Schließlich könnte der ihnen ja den wohlgehüteten Platz im Kreis der Mächtigen streitig machen.

Nicht jeder geht dabei so plump und rüpelhaft vor wie Donald Trump, der beim G20-Treffen 2017 den montenegrinischen Premierminister einfach aus der ersten Reihe nach hinten schob, weil nur ihm, The Donald, der zentrale Platz in der Mitte gebührte und nicht diesem Menschen, dessen Namen er nicht aussprechen konnte und von dessen unbedeutendem Land er kaum je zuvor gehört hatte. Ist ja klar, der Präsident des mächtigsten Landes der Welt kann sich nicht in die zweite Reihe stellen und dafür dem Führer eines unbekannten Zwergstaates den Vortritt lassen.

Es erinnert an das Dominanzverhalten im Tierreich, wenn man dieses politische Ballett beobachtet und sich vergegenwärtigt, wie wichtig der richtige Platz und der angemessene Abstand zum Zentrum der Macht sind. Nach Wahlerfolgen wie auch nach bitteren Niederlagen sagt es oft viel über die Hackordnung in einer Partei aus, wer wie nah zum Vorsitzenden steht und wer bereits Abstand hält. Die Hierarchie drückt sich in den Stehplätzen aus.

Der Leitwolf steht dem Rudel vor, die Gorillahorde läuft dem Silberrücken nach.

Auch Horst Seehofer, dem langjährigen König von Bayern, gelang es immer wieder, seine fast zwei Meter Körpergröße permanent so ins Bild zu rücken, dass die anderen entweder hinter ihm verschwanden oder allein anhand des Größenunterschieds auch das Machtgefälle deutlich wurde. Besonders dreist hat er sich diese Technik zunutze gemacht, als er Angela Merkel auf dem CSU-Parteitag 2015 immerhin geschlagene zehn Minuten neben seinem Rednerpult warten ließ. Wie ein dummes Mädchen, das in der Schule in die Ecke gestellt wurde, musste sie seinen Ausführungen zur Flüchtlingskrise lauschen. Ungezogen sei das, peinlich und ohne Manieren, lauteten einhellig die Kommentare.

Aber auch wenn es nicht um solche allzu augenfälligen Versuche der öffentlichen Machtausübung geht, ist Seehofer um seine Position bedacht. Bei Treffen der Unionsgranden stellt er sich nicht nach hinten oder neben ähnlich hochgewachsene Kollegen, wie es jeder Fotograf arrangieren würde, sondern baut sich meist direkt neben Angela Merkel auf, um die mehr als dreißig Zentimeter Größenunterschied und damit wenigstens seine körperliche Dominanz deutlich zu machen.

Ein ernüchterndes Beispiel hat der Spiegel-Journalist Dirk Kurbjuweit in seinem Porträt des CDU-Politikers Philipp Mißfelder aufgeführt. Offenbar schien der Nachwuchspolitiker, der 2015 mit nur 35 Jahren gestorben ist, sein politisches Glück und die Hoffnung auf eine weitere Parteikarriere größtenteils davon abhängig zu machen, wie nahe er Angela Merkel kam. Stand er ganz in ihrer Nähe und nicht in der dritten Reihe, ja blickte sie ihn gar gelegentlich an, dann war es ein gelungener Tag für ihn. Kurbjuweit schreibt: «Mißfelders Kalkül geht jetzt so: Wenn sie ihn freudig begrüßt, steigt sein Ansehen in der CDU. Wenn sie wieder an ihm vorbeirauscht, ist er blamiert.»

Es erinnert an altbekannte Rituale, die jeder kennt: abseitszustehen, nicht in die Gruppe oder Clique aufgenommen zu werden. Die anderen ziehen die Schultern hoch, damit niemand in ihren Kreis der Eingeweihten eindringen kann. Je nach Charakter und Feingefühl ist dieses Dominanzverhalten in vermeintlich harmlosen Situationen zu beobachten – während der Stehparty, auf dem Pausenhof, im Theaterfoyer, mit Kollegen bei der Weihnachtsfeier, beim öffentlichen Empfang.

Wenn der Bischof Rot sieht
Karl Lehmann (1936–2018), Bischof von Mainz, amtierte gut zwei Jahrzehnte lang als Vorsitzender der Deutschen Bischofskonferenz, von 1987 bis 2008. In Rom war der vergleichsweise liberale Kirchenmann jedoch einigermaßen unbeliebt; vielleicht zeigte er sich zu aufgeschlossen für Veränderungen. Das hat man ihn ziemlich lange spüren lassen, denn er wurde fast anderthalb Jahrzehnte bei jeder Kardinalserhebung ostentativ übergangen.
Als «Chef» der deutschen Bischöfe hätte er eigentlich den – nach dem Papst – höchsten Rang in der katholischen Hierarchie einnehmen müssen. In der katholischen Kirche, die Liturgie, Symbolik und opulente Zeichensprache gleichsam erfunden, zumindest aber über viele Jahrhunderte entscheidend geprägt hat, wurde diese bewusste Demütigung auch optisch deutlich. Wenn die deutschen Bischöfe feierlich einzogen, dann prunkten die Bischöfe von Köln, München und Berlin im feierlichen Kardinalsrot, während ihr Vorsitzender der Deutschen Bischofskonferenz im vergleichsweise ärmlichen Violett des «einfachen» Bischofs gehen musste. Erst 2001, nach vierzehn Jahren geduldigen Wartens, wurde Karl Lehmann zum Kardinal erhoben.

Auch in alltäglichen Momenten geht es mitunter darum, sich breitzumachen und zu zeigen, wo man hingehört und dass vermeintliche oder tatsächliche Emporkömmlinge nicht so leicht durchgelassen werden. «Die kalte Schulter zeigen», «Der kann mir mal den Buckel runterrutschen», «Der muss sich erst mal hinten anstellen» sind die sprachlichen Bilder für diese körperliche Abgrenzung, die schnell zur Ausgrenzung führt. Die Übergänge sind fließend. Von der natürlichen Choreographie des Zusammenstehens, dem Sichbehaupten unter Gleichgestellten bis hin zur demütigenden Zurückweisung ist es – buchstäblich – oft nur ein ganz kleiner Schritt.

Beschämungsfallen –
Castings, Talentshows und schamlose Jurys

Manche Menschen erinnern sich noch lange an jene Erlebnisse, die sie besonders gekränkt haben. Diese Demütigungen tauchen dann immer wieder im Gedächtnis auf, auch wenn die Erniedrigungen und Gemeinheiten teilweise schon sehr weit zurückliegen. Oftmals geht es dabei um Entwertungen und ungerechte Beurteilungen, die in der Kindheit und Jugend besonders vernichtend wirken können. Zu den frühen Jahren des Lernens und der Ausbildung gehört es leider auch, dass ständig Zeugnisse, Tests und Bewertungen anstehen. Nicht nur Schulnoten werden verteilt, auch diverse andere Prüfungen sind nötig, der Frei-, Fahrten-, Jugendschwimmer, die Bundesjugendspiele und der Führerschein wollen bewältigt werden. Doch eines Tages hat man sie in der Hand, die Abschlusszeugnisse, Meisterbriefe, und Diplome, und die Prüferei hat ein Ende. Irgendwann ist es schließlich auch mal gut – und man muss nicht mehr unruhig auf Fluren auf und ab gehen, darauf wartend, mit feuchten Handflächen und pochendem Herzen endlich vor die Prüfungskommission treten und das auswendig Gelernte aufsagen zu dürfen.

Seit einigen Jahren tun sich allerdings immer mehr Menschen einen zusätzlichen Bewertungsterror an und setzen sich den zumeist negativen Urteilen ihrer Mitmenschen freiwillig aus – oder sie werden ihm ausgesetzt. Beide Varianten gibt es. Zur freiwilligen Variante gehört die öffentlich zelebrierte Folter in Castingshows und Vormach-Wettbewerben aller Art.

Mit dem Versprechen, es ohne den mühsamen Weg einer langjährigen Ausbildung oder des harten Trainings ganz schnell nach ganz oben zu schaffen, wenn nur das verborgene Talent endlich entdeckt wird und zur Entfaltung kommen kann, unterziehen sich hauptsächlich Jugendliche und junge Erwachsene dem Urteil einer zumeist ebenso selbstgefälligen wie abschätzigen Jury. Der Traum dahinter: über Nacht berühmt und zum Star zu werden. Die Kandidaten, die zuvor oftmals mit Lust und großer Begeisterung gesungen, getanzt, ihr Äußeres präpariert oder anderen Vorlieben gefrönt haben, werden nun daraufhin bewertet, wie markttauglich sie sind. Unbarmherzig werden Fehler und Schwächen aufgedeckt, und nebenbei passiert es, dass die Darbietung, die den Kandidaten einst mit Stolz erfüllte, als allenfalls mittelmäßig oder grottenschlecht abgekanzelt wird.

Diese Art von Shows lebt geradezu von den Juroren, die den Teilnehmern möglichst unverblümt und mit einer besonders gehässigen oder herablassenden Beurteilung die Grenzen ihres Talents aufzeigen. Der Voyeurismus der Zuschauer, der Reiz, dabei zu sein, wenn jemand fertiggemacht und emotional erniedrigt wird, ist einer der Gründe für die hohen Einschaltquoten dieser Sendungen. Junge Menschen, deren seelischer wie körperlicher Entwicklung erkennbar noch einige Reifegrade fehlen, müssen sich dann anhören, dass sie zu dick oder zu unförmig seien, sich nicht bewegen können, schlecht singen oder tanzen wie ein

Trampeltier. Manchmal ist der Unterschied zwischen der Selbsteinschätzung der Kandidaten und der Außenwahrnehmung, zwischen Anspruch und Wirklichkeit, tatsächlich überraschend groß, das rechtfertigt es jedoch noch lange nicht, mit erbarmungsloser Direktheit offenzulegen, dass der Weg vom Hobbysänger zum Popstar weit sein kann und der Gesang noch verbesserungsfähig ist.

Die Demütigung durch die Jury ist ein wesentliches Element solcher Veranstaltungen. Deren vernichtendes Urteil wird von den meisten Teilnehmern klaglos hingenommen; in den besonders gruseligen Momenten dieser Shows bedanken sich die Kandidaten sogar noch artig dafür, wertvolle Tipps vom Profi bekommen zu haben. Schließlich wird der Anspruch vermittelt, den jungen Aspiranten auf ihrem Karriereweg weiterhelfen zu wollen. Dass es darum kaum geht, sondern vielmehr um den Machtmissbrauch der Jury und die Schadenfreude der Zuschauer, ist offensichtlich, wird aber gern beschönigt oder verschwiegen.

Ihre Meinung ist uns wichtig!

Eine andere und noch weitaus häufigere Variante des Bewertungsterrors folgt ebenfalls einer kapitalistischen Verwertungslogik. Ihr setzt sich allerdings niemand aus freien Stücken aus, die Opfer werden vielmehr dazu genötigt, sich der Bewertungshysterie zu beugen. Man kann mittlerweile in keinem Hotel mehr übernachten, keine öffentliche Toilette aufsuchen, keinen Zug buchen und in keinem Restaurant mehr essen gehen, ohne anschließend nach seinem Urteil gefragt zu werden. «Waren Sie mit unserem Service zufrieden? Was können wir noch verbessern? Ihre Meinung ist uns wichtig. Bitte nehmen Sie sich einen kurzen Moment für Ihre Bewertung.»

Nach diversen Kriterien und in etlichen Kategorien sollen Sterne von eins bis fünf oder Plus- und Minuspunkte vergeben werden – und hinterher wissen die Putzfrau im Hotel, der Professor an der Hochschule und der Arzt in der Praxis ganz genau, wie schlecht sie ihren Job machen und dass dringender Nachholbedarf besteht.

Manche der Bewertungsportale sind mit dem ursprünglich gutgemeinten Ansatz entstanden, gerade in Dienstleistungswüsten wie der deutschen den Service ein klein wenig freundlicher zu gestalten. Den Kunden und Konsumenten, die sich häufig ohnmächtig fühlten angesichts mieser, aber überteuerter Angebote, sollten endlich ein wenig Macht und Mitsprache gegeben werden. Doch aus den Foren der Kundenbeteiligung sind längst Plattformen der Denunziation und Pöbelei geworden, in denen wüste Beschimpfungen eher der Normalfall denn die Ausnahme sind. Die Rache der Studenten, Patienten und Konsumenten kennt manchmal keine Grenzen, zumal die Beschwerden und Beschimpfungen zumeist auch anonym möglich sind und deshalb umso heftiger und vernichtender ausfallen. Der Absender kann ja nicht belangt werden, er hat nichts zu befürchten, wenn er seinem mitunter ungerechten Urteil freien Lauf lässt: Endlich nicht mehr machtlos ausgeliefert sein!

Als «Beschämungsfallen», denen es wieder und wieder zu entkommen gelte, bezeichnet der Züricher Psychiater Daniel Hell denn auch die ständige Gelegenheit zur Evaluation und Bewertung, die andauernde Aufforderung, Noten zu verteilen, sein Urteil abzugeben und Kritik zu üben, sei es nun in der Gastronomie, bei Urlaubsreisen oder in Verkehrsmitteln. Der Slogan «Ihre Meinung ist uns wichtig!» klingt zwar gut, weil er den Konsumenten in den Vordergrund stellt, er verdeckt aber nur notdürftig, dass es weniger um etwaige Kundenbedürfnisse geht, sondern vielmehr darauf ankommt, Mitarbeiter zu drangsalieren und zu disziplinieren. Schließlich hat nicht der Chef selbst die Performance der Untergebenen bemängelt, sondern der Kunde – und der ist König.

Seht her, eure Leistung ist nicht ausreichend, das geht gar nicht. So schlecht ist die Bewertung diesmal ausgefallen. Da muss künftig deutlich mehr kommen – oder es wird Konsequenzen haben: Dann gibt es von allem weniger, weniger Lob, weniger Gehalt, weniger Anerkennung. Oder mehr Arbeit und weitere Verpflichtungen. Es ist die kapitalistische Logik des «Überwachens und Strafens», wie der französische Philosoph Michel Foucault es im Titel eines seiner Bücher ausgedrückt hat. Bewertungsportale funktionieren ganz ähnlich wie die von ihm beschriebenen Gefängnisse, die nach dem Modell eines Panoptikums gestaltet sind. In ihnen sind die Insassen durch kreisförmig um den Wachturm ausgerichtete Zellen und bis zum Boden reichende Gitter jederzeit sichtbar und permanent unter Kontrolle, weshalb sie sich im vorauseilenden Gehorsam selbst disziplinieren. Die Angst vor schlechten Bewertungen bewirkt das Gleiche.

Die Flüchtigkeit und Beiläufigkeit, mit der die Umfragen und Evaluationsbögen oftmals ausgefüllt werden, stehen im eigenartigen Kontrast zu den gravierenden Folgen, die für die Opfer aus der Notenvergabe erwachsen können. Gleichsam nebenbei wird ein Zeugnis ausgestellt, das es fortan permanent ermöglicht, Mitarbeiter abzuurteilen, für ihre ungenügende Leistung zu tadeln und zu beschämen.

«Scham zeigt aber auch an, wie abhängig ein Mensch in seiner Selbstachtung von seinen Mitmenschen ist», schreibt Psychiater Hell.[49] «Es hilft nichts, sich längerfristig abzukapseln, um dadurch dem Schamgefühl auszuweichen. Denn der Mensch kann dem Blick der anderen nicht einfach entrinnen. Er hat ihn verinnerlicht und schämt sich vor sich selbst. Die beschämende Situation stellt er sich immer wieder vor.» Auch wer das Urteil der anderen über sich nicht hören oder lesen muss, kann sich ihm nur schwer entziehen. Deshalb sei es im persönlichen Umfeld wenig sinnvoll, Schamgefühle zu verdrängen, indem man sich von einem Rauschzustand in den nächsten trinkt, raucht oder schluckt, so Psychiater Hell. Das behindere nur die eigene seelische Weiterentwicklung, von den psychischen wie körperlichen Störungen ganz zu schweigen.

In der Öffentlichkeit und im Kampf um Kunden hat die neue Beschämungskultur schon zu erstaunlichen Auswüchsen geführt. Längst gibt es Firmen, die positive Bewertungen bei diversen Portalen im Paket anbieten und für mehrere hundert Euro verkaufen. Ob für Hotels, Gasthäuser oder Arztpraxen – gegen eine stolze Summe finden sich plötzlich nur noch fünf Sterne, Superior-Bewertungen und Einser-Noten in den einschlägigen Portalen.

Das beweist, was kritische Kunden immer schon geahnt haben: Auf keines dieser Urteile ist Verlass. Die Machtlosen und Unterdrückten fühlen sich mit vernichtenden Kritiken und bösartigen Aburteilungen endlich stark. Und die auf diese Weise Gekränkten und Entwerteten reagieren mit gekauftem Lob und falschen Anpreisungen.

Worauf es ankommt
- Ausgrenzung, Diskriminierung und Mobbing gibt es in vielen Bereichen. In der Schule und im beruflichen Umfeld wirken sie besonders verheerend, weil man diesen Bezugsgruppen nicht sofort entfliehen kann und meist länger auf ein verträgliches Miteinander angewiesen ist. Die Möglichkeit, andere mit Fotos bloßzustellen oder sonstige Gemeinheiten im Netz über sie zu verbreiten, verstärkt die Gefahr noch.
- Menschen mit Übergewicht werden diskriminiert, besonders beim Sport und in der Schule. Aber auch im Beruf haben Bewerber darunter zu leiden, dass ihnen schnell Bequemlichkeit und mangelnde Leistungsbereitschaft unterstellt werden. Ihre Chancen sind daher geringer, wenn es um neue Stellen oder Karriereschritte geht.
- In Castingshows und Wettbewerben setzen sich Menschen freiwillig dem Bewertungsterror aus. Voyeurismus ist ein entscheidender Grund für den Erfolg dieser Sendungen, Erniedrigungen und Kränkungen werden einkalkuliert.
- Bewertungen, Abstimmungen über Service und Dienstleistungen sind «Beschämungsfallen», denen nur schwer zu entrinnen ist – von der Putzfrau bis zum Arzt und Professor wird nahezu alles und jeder benotet. Die Folge ist das Gefühl permanenter Überwachung. Und oftmals folgt die Strafe, der Tadel oder die Gehaltskürzung umgehend.

GEFÜHLE ALS KAPITAL

*Wenn Überforderung und
Unsicherheit krank machen*

Vom Einzelnen wird in einer beschleunigten Welt ein hohes Maß an Anpassungsfähigkeit gefordert, und dabei fürchten manche, den Anschluss zu verlieren», sagt Matthias Rose, Chef der Psychosomatik an der Berliner Charité. Zudem würden viele Arbeitnehmer, degradiert zu «Humankapital», kaum noch «ihren Anteil am Erfolg der Betriebe spüren» und vermehrt kränkende und krank machende Gefühle der Entwertung erleben. In den vergangenen Jahren hat die Psychosomatik immer detaillierter aufgeklärt, welche biologischen Mechanismen dazu beitragen können, dass und wie berufliche Belastungen und Krisen zu chronischen Krankheiten führen.

Der englische Sozialepidemiologe Richard Wilkinson hat zahlreiche Belege dafür gesammelt, wie sich große Unterschiede im Einkommen und in der Bildung auf die Gesundheit und das Befinden der Bevölkerung auswirken. Gerechte Staaten weisen nicht nur günstigere Daten für Lebenserwartung, Krankheitslast und Lebensqualität auf, sondern haben auch weniger Kriminaldelikte, weniger Schulabbrecher und eine geringere Drogenabhängigkeit zu verzeichnen.

Wie sehr Verdichtung und Verunsicherung am Arbeitsplatz den Menschen zu schaffen machen, hat der Schweizer Medizinsoziologe Johannes Siegrist seit nunmehr zwanzig Jahren immer wieder nachgewiesen. Fehlende Anerkennung, geringer Rückhalt durch die Vorgesetzten und zunehmende Belastungen fänden sich mittlerweile auf nahezu allen Ebenen des Berufslebens, nicht nur in prekären Beschäftigungsverhältnissen.

Auch Manager und andere gehobene Führungskräfte können sich ihrer Position längst nicht mehr sicher sein. Diese «statusbezogene Verunsicherung» habe gesundheitliche Folgen, die über vermehrte Gewichtszunahme und erhöhten Alkoholkonsum hinausgehen. Es ist ein Teufelskreis: Mangelnde Anerkennung fördert Rückenschmerzen; chronische Unzufriedenheit und Überlastung begünstigen Infarkt und Schlaganfall; permanenter Stress befeuert Entzündungen. Weil einem diese Zusammenhänge zwischen Arbeitsunsicherheit, Stress und Krankheit mittlerweile nur allzu bekannt vorkommen, erinnert Medizinsoziologe Siegrist daran, wie vergleichsweise neu diese Erkenntnisse doch seien. Gegen Ende der 1990er Jahre wurden die ersten epidemiologischen Befunde zum erhöhten Risiko von Infarkt und Depression bei beruflicher Unzufriedenheit publiziert. Damals habe es unter Kardiologen noch einen Aufschrei gegeben nach dem Motto: Welche Anmaßung, diese «weichen Psychofaktoren» sollen krank machen?

Der Philosoph Dieter Thomä fächert anschaulich auf, wie zerrissen sich das Individuum in der modernen Gesellschaft mittlerweile fühlen müsse. «Durch die Köpfe in die Seelen» würden zwei gesellschaftliche Imperative den Einzelnen hin und her taumeln lassen – ständig im Wechselbad der Gefühle zwischen Macht und Ohnmacht: Einerseits werde der geplagten Kreatur permanent vermittelt, dass bestimmte Entscheidungen «alternativlos» seien, es nun mal so gemacht werden müsse und die Sachzwänge keine andere Wahl ließen. Nicht erst auf Angela Merkel, sondern bereits auf Maggie Thatcher gehe diese Doktrin zurück. «Das entmächtigte Individuum fühlt sich eingezwängt in immer kleineren Handlungsspielräumen», so Thomä. «Und das macht krank.»

Andererseits wird allenthalben der unkonventionelle Kreative gefordert, der originelle Querdenker, der jeder Routine misstraut, sich im Gewohnten schnell langweilt, der anders denkt und anders handelt. «Think different», «Do what you can't» – nicht nur in der Werbung wird der Aufruf zum Ausbruch aus geordneten Bahnen zur paradox anmutenden Zwangsaufforderung, ähnlich dem Diktum «Sei spontan». Doch wie soll das nur gehen, ohne den Verstand oder wenigstens das seelische Gleichgewicht zu verlieren: sich fügen und das Unabänderliche akzeptieren, sich aber zugleich ins Zeug legen, um die Verhältnisse und sich selbst zu verändern? Glücklich jene, die die Zerreißprobe zwischen solch widersprüchlichen Signalen bestehen und psychisch stabil wie auch körperlich gesund bleiben.

«Das Individuum arbeitet sich an diesen beiden immer stärker auseinanderstrebenden Prinzipien ab, erschöpft sich, und dann droht ein seelischer Ermüdungsbruch», sagt Thomä. «Es ist eine vertrackte Situation mit einer Mischung aus Opfer- und Anspruchshaltung.» Weil die Forderungen immer gegensätzlicher und zugleich obsessiver werden, entpuppt sich der so bequem erscheinende Mittelweg als eine Errungenschaft, die nur noch schwer zu erreichen ist. Die Balance wird immer komplizierter.

Auswege für die gebeutelte Kreatur gibt es erfreulicherweise trotzdem. Sich eingebettet zu fühlen in «Verhältnissen der Verlässlichkeit» und trotzdem eigene Handlungsmacht und Handlungswirksamkeit zu spüren, würde die Menschen nicht nur zufriedener, sondern auch deutlich gesünder sein lassen, ist nicht nur Thomä überzeugt.

Für Ärzte stellt sich damit die umfassende Aufgabe – gegen den technikdominierten Trend –, den Menschen nicht nur auf seine Einzelfunktionen zu reduzieren, sondern ihn in seinem gesamten Umfeld wahrzunehmen. Thomas Fuchs von der Universität Heidelberg illustriert diese Herausforderung an einem ebenso simplen wie überzeugenden Beispiel. So werden der freundliche Blick oder die angstgeweiteten Augen eines Menschen nicht mehr erkannt, wenn allein die Netzhaut, die Nervenleitungen im Sehnerv oder die Signalübertragung in Zellen des Sehzentrums im Okzipitallappen in den Fokus rücken.

«Die Dimension des Lebendigen lässt sich aus der Studie der Detailprozesse nicht mehr rekonstruieren», so Fuchs. Um Lebendes zu erforschen, muss man sich am Leben beteiligen, fordert er – dieses Vorgehen sei jedem Hirnscan überlegen. Erst dann könnten Krankheiten als das erkannt werden, was sie immer auch sind: Krankheiten der Interaktion von Menschen. Der Beziehungsaspekt droht in der Medizin jedoch zunehmend verlorenzugehen.

Nur folgerichtig, dass bei dieser geweiteten Perspektive auf den Menschen, sein Erleben und sein Befinden auch Schriftstellerinnen wie Siri Hustvedt wichtige Aspekte zur gegenwärtigen Lebenswirklichkeit beizutragen haben. Die kultur- wie neurowissenschaftlich inspirierte Autorin beklagt schon länger den abstrakt-isolierenden, technisierten und damit zunehmend beziehungslos gewordenen Blick auf den Körper. Sie erinnert sich, wie sie sich einst als therapieresistente Migränepatientin mehr und mehr der von Ärzten wie Pflegekräften vorgetragenen Erwartung ausgesetzt sah, sich doch bitte schön krankheitsgerecht zu verhalten, was ihr jedoch nicht gelang. «Das mechanistische Denken und seine Metaphern dominieren die Medizin», so Hustvedt. «Dabei kann kein Mensch und erst recht kein Patient unabhängig von seiner Umwelt gesehen werden – selbst das Gen ist nichts ohne seine Umgebung.»

Ärzte wie Arbeitgeber, Politiker wie Wissenschaftler hätten also genügend Anlass, das umzusetzen, was psychosomatisch orientierte Mediziner und Sozialwissenschaftler längst als gesund und produktiv erkannt haben. Dazu gehört es, freiere und doch zugleich verlässlichere Arbeitsmodelle zu ermöglichen und Gerechtigkeit und gesellschaftliche Teilhabe zu verwirklichen.

Damit zusammen hängt allerdings auch der Aufruf an den Einzelnen, sich nicht in seiner Opferrolle einzurichten, sondern die erlernte Hilflosigkeit abzulegen. Vor allem geht es darum, die eigene Selbstwirksamkeit auszuloten und mit ihr in Beziehung zu bleiben. Ganz neu ist diese Erkenntnis nicht, allerdings ist sie inzwischen ziemlich verblasst. «Niemand ist eine Insel», hat der englische Dichter John Donne schon 1623 erkannt. Er schrieb diese Zeilen, als er krank war.

Leben im Widerspruch – authentisch bleiben, immer nur lächeln

Natürlich entleert sich niemand einfach so auf dem Flur. Menschen haben gelernt, ihre körperlichen Ausscheidungen ebenso zu kontrollieren wie ihre Impulse. Zumindest weitgehend. Dazu gehört es auch, allzu heftige Gefühlsaufwallungen zu unterdrücken und nicht immer und überall loszuheulen, auch wenn einem manchmal danach ist. In den meisten Situationen gilt es als unangebracht, seinen Emotionen freien Lauf zu lassen.

Gleichzeitig jedoch wird erwartet, dass Menschen echt und authentisch sind und sich so geben, wie sie «wirklich» sind. Sportler sollen ihre Gefühle nicht nur zeigen, sondern auch bereitwillig darüber reden. Politiker sollen nicht nur Sprechautomaten sein, sondern menschlich rüberkommen. Diese Gratwanderung ist schwierig – und geht manchmal gehörig schief. Die traditionelle

Zweiteilung zwischen Kopf und Herz, Verstand und Gefühl, gelingt längst nicht immer. Das bekommt den meisten Menschen nicht gut.

> **Knapp daneben – wenn Politiker authentisch sein wollen**
> Martin Schulz, unglücklicher Kanzlerkandidat und Parteivorsitzender der SPD im Jahre 2017, hatte sich zu einer Nahaufnahme durch den Spiegel-Journalisten Markus Feldenkirchen bereiterklärt. Der Journalist wollte den Politiker über längere Zeit begleiten, um ihn so zu zeigen, wie er wirklich ist. Als der Artikel kurz nach der für Schulz und die SPD desaströs verlaufenen Bundestagswahl erschien, hat Schulz viel Spott und Häme aushalten müssen, Feldenkirchen bekam Journalistenpreise. Dabei hat Schulz genau das getan, was öffentlich immer eingefordert wird: sich menschlich zu zeigen. Allzu menschlich sollen unsere Politiker dann wohl doch nicht sein.
> Eine ganz ähnliche Erfahrung machte Angela Merkel, als sie im Jahr 2015 einem weinenden Flüchtlingsmädchen begegnete und es trösten wollte: Vermutlich hat auch sie versucht, authentisch zu sein, in dem Wissen, dass alles andere unangebracht wäre und ihr nur als gefühllos ausgelegt werden würde. Sie hat dann allerdings recht unbeholfen gewirkt. Der Versuch, sich «echt» zu zeigen, ist ziemlich nach hinten losgegangen.

Es gibt zahlreiche Berufe, in denen geradezu erwartet wird, lediglich bestimmte, erwünschte Gefühle zu zeigen – und die anderen zu unterdrücken. Stewardessen müssen beispielsweise immer freundlich und verbindlich sein und ihren Ärger und ihre Wut über betrunkene oder unverschämte Passagiere für sich behalten. Und sie sollen, bitte schön, weiterlächeln, auch wenn ihnen überhaupt nicht danach zumute ist. Krankenschwestern und Altenpfleger können und sollen während der Arbeit nicht zeigen, wenn sie Ekel oder Abscheu empfinden oder schlicht überfordert sind von den Tätigkeiten, die ihnen täglich abverlangt werden. Sie haben weiter zu funktionieren und möglichst einfühlsam auf die vielen Kranken und Bedürftigen einzugehen, auch wenn sie gerade kaum dazu in der Lage sind.

Ähnliches gilt für Lehrer, Kindergärtnerinnen und in vielen anderen Bereichen des Berufslebens, in denen es zur Dienstleistung gehört, bestimmte Gefühle zu zeigen und andere zuverlässig zu unterdrücken.[50] Zumeist wird es gerade von Frauen erwartet, im Beruf die Contenance zu wahren und auch dann noch freundlich zu bleiben, wenn sie innerlich brodeln. Allerdings geht es nicht immer nur um Freundlichkeit. Auch Gerichtsvollzieher, Personalchefs und Vorgesetzte, die Kündigungen aussprechen, müssen betont sachlich und möglichst wenig emotional vorgehen. Sie dürfen es sich keineswegs anmerken lassen, wenn ihnen ein Fall nahegeht und sie Mitleid oder Bedauern verspüren.

Mittlerweile sind Schätzungen zufolge mindestens 30 Prozent aller berufstätigen Männer und bis zu 50 Prozent der Frauen in Branchen tätig, in denen sie das eigene Gefühlsleben unterdrücken oder zumindest kanalisieren sollen. «Gefühlsakrobatik» hat die Soziologin Elisabeth Beck-Gernsheim diese fortwährende Verstellung genannt, die für viele Menschen zur selbstverständlichen Maskerade geworden ist. Ständig müssen sie zwischen ihrem beruflichen und privaten Empfinden hin- und herwechseln, das «Gefühlsmanagement» kostet im Alltag viel Energie.

Per Mertesacker und die Gefühle der Kicker
Sofort nach dem Spiel, schweißnass und außer Atem, sollen Fußballer Rede und Antwort stehen. Wie sie das Spiel erlebt haben, was das für ein Gefühl ist, jetzt nach dem Sieg gegen den zuvor übermächtig erscheinenden Gegner. Meist stammeln die Kicker dann Worte wie «Wahnsinn» oder dass ihnen gerade die Worte fehlen – was nur allzu verständlich ist. Nicht etwa, weil sie es mit der Sprache nicht so hätten (obwohl das für einige Sportler bestimmt zutrifft). Vielmehr ist die Frage übergriffig, und die meisten Menschen befremdet es, vor einem Millionenpublikum ihr Innerstes nach außen zu kehren und Auskunft über ihre Gefühle zu geben.
Wenn es ein Fußballer doch einmal tut, ist die Irritation groß. Der 104-malige Nationalspieler Per Mertesacker hat im März 2018 offenbart, wie groß der Druck für ihn während seiner Profikarriere war, dass er vor jedem Spieltag Durchfall bekam und ihn beim Anpfiff ein heftiger Würgereiz packte. Seine schonungslose Darstellung zeigte die Schattenseiten des Milliardengeschäfts Fußball – aber diese Art von Gefühlen war in weiten Teilen der Fußballbranche nicht erwünscht. Zwar gab es einige andere Profis wie den spanischen Zauberfuß Andres Iniesta oder Mats Hummels vom FC Bayern, die sich ähnlich äußerten, aber manche Kommentatoren und Ex-Profis äußerten Unverständnis und sahen Mertesacker als schlechtes Vorbild für die Jugend an.

Ist es bereits eine Form von emotionaler Gewalt, wenn man ständig dazu aufgefordert wird, seine Innenwelt zu verbergen? Und wozu führt diese Spaltung zwischen dem, was man empfindet, und dem, was man zeigen darf und kann? Ist diese Entfremdung gegenüber den eigenen Gefühlen auf Dauer so etwas wie eine chronische Gewaltanwendung gegen das eigene Ich? Kann man überhaupt noch «echte» Emotionen zeigen, wenn man doch täglich aufpassen muss, bloß nicht zu viel von sich zu offenbaren?

Kein Wunder, dass aus der Jonglage mit den Gefühlen, die vielen Menschen tagtäglich abverlangt wird, zunehmend eingeübte Gefühlsstrategien werden. Emotionale Erpressung und Energievampire sind Begriffe, die zeigen, dass die Menschen auch im Privaten damit überfordert sind, wenn immer irgendeine Form der Anteilnahme von ihnen erwartet wird. Gehört es zur beruflichen Pflichterfüllung, bestimmte Regungen überdeutlich zu zeigen und andere zu unterdrücken, wird das echte Gefühl zur Rarität – die viele Menschen im Zweifel lieber für sich behalten.

Worauf es ankommt
- Unternehmen fordern den angepassten Pflichterfüller, der zuverlässig seine Aufgaben erledigt und keine grundsätzlichen Fragen stellt. Gleichzeitig ist der originelle Querdenker gefragt, der neue Konzepte entwickeln und kreative Lösungen finden soll. Der Handlungsspielraum zwischen den erwünschten Extremen wird immer kleiner – diese Zerreißprobe ist emotionale Gewalt und macht auf Dauer krank.
- Noch ist unklar, welche gesellschaftlichen Folgen es hat, wenn Menschen lange unterdrückt wurden und daraus psychische Blockaden entstanden sind. Gehört die geknechtete Seele dann zur Mehrheit, ist ein Trend zu Diskriminierung, Rassismus und Ausländerfeindlichkeit nicht zu übersehen.
- In zahlreichen Berufen wird verlangt, nur bestimmte Emotionen zuzulassen oder zu zeigen. Wenn diese Gefühlsakrobatik den Alltag dominiert, wird es für den Einzelnen schwierig, sich noch zwischen seinen «echten» und inszenierten Emotionen zurechtzufinden.
- Von Menschen, die in der Öffentlichkeit stehen, wird oft erwartet, dass sie «authentisch» sind und ihre Gefühle zeigen. Wenn sie es dann versuchen, ist es häufig auch nicht recht, weil das Publikum offenbar nur bestimmte Regungen von ihnen sehen will – und sie ansonsten mit Häme überzieht.

TÄTER UND OPFER

Jeder Mensch hat diverse emotionale Grundbedürfnisse: Er sucht Beruhigung, sehnt sich nach Geborgenheit, Schutz und Liebe, hegt also den Wunsch nach Nähe. Gleichzeitig brauchen Menschen Freiheit und Unabhängigkeit, denn sie sind neugierig und wollen autonom sein, haben also ein Bedürfnis nach Distanz.

Wenn es gut läuft während der frühkindlichen Bindungsphase, dann entwickeln sich Persönlichkeiten, die immer mal wieder Nähe zulassen, aber auch selbständig sein können. Wenn es schlecht läuft, belasten überbehütende Eltern das erwachende kindliche Interesse an der Welt, und statt selbstbewusster Persönlichkeiten ziehen sie ängstlich-klammernde Menschen heran. Abwesende Eltern sind selbstredend ebenfalls problematisch, ihre Kinder werden häufiger zu ichbezogenen, Hilfe abweisenden Menschen, die eine Neigung zur Depression haben – sie werden von Psychologen als «Beziehungsvermeider» bezeichnet.

Ständig strafende oder gar prügelnde Eltern bieten Kindern hingegen gar keinen Schutz, eher kann eine Traumatisierung durch die in diesem Fall zu große Nähe die Folge sein. Das führt dazu, dass diese Kinder schnell erregbar durch andere Menschen oder durch bedrohliche Erlebnisse sind – sie sind oft desorganisierte Persönlichkeiten, die im Leben nur schlecht zurechtkommen.

Der Leidensdruck nach versuchten seelischen Verletzungen ist individuell äußerst verschieden. Es gibt keinen zuverlässigen Gradmesser und keine «harten» wissenschaftlichen Kriterien dafür, wie stark sich welche Verletzung der Seele auswirkt. Deswegen ist es ebenso unangemessen wie übergriffig, das Leid der anderen mit einem «War doch nicht so schlimm» abqualifizieren zu wollen. Schmerzen sind subjektiv – das gilt für die körperlichen wie die seelischen.

Ein Risikofaktor – sowohl für das Opfer (bei wiederholter Traumatisierung wird jeder vermutlich irgendwann krank) als auch für eine Untergruppe der Täter – ist Gereiztheit. Wenn jemand schnell aus der Haut fährt, wie das bei vielen Tätern der Fall ist, kann dies gerade bei Männern ein Frühsymptom einer Depression sein und damit die Neigung zu emotionaler Gewalt verstärken. Je nach Ausmaß bestimmen die Härten des Alltags mit darüber, ob und wie man zum Opfer wird. Irgendwann ist die individuelle Grenze überschritten, der Betroffene spürt es an eigenen psychischen und oder körperlichen Reaktionen. Hier braucht es rasche Hilfe und Beratung, damit sich diese Symptome nicht verselbständigen und chronisch werden.

Es ist für jene, die emotionale Gewalt erdulden müssen, kein angenehmes Thema. Ärzte und Psychologen weisen jedoch immer wieder darauf hin, dass manche Persönlichkeitsmuster besonders anfällig machen, zum Opfer emotionaler Gewalt zu werden. Eine bestimmte Haltung kann dazu beitragen: Wer sich ständig gekränkt oder missachtet fühlt, sieht Schuld und Verantwortung meist beim anderen. Wenn Alltagsunannehmlichkeiten gehäuft auftreten oder zu besonderem Leidensdruck führen, dann liegt es nahe, dass die persönlichkeitseigene Neigung des Betroffenen mindestens so bedeutsam ist wie das Handeln der anderen.

Beispiel Mobbing: In der Mehrzahl der Fälle, in denen Leute sich darüber beklagen, gemobbt zu werden, ist der – von ihnen selbst geflissentlich übersehene – Eigenanteil am Zustandekommen der Probleme mit Sicherheit beträchtlich und manchmal gar so groß wie der Anteil der anderen. Als Eigenanteil kann man Neurotizismus und das Ausmaß des Narzissmus verstehen: Menschen mit ausgeprägtem Neurotizismus sind leicht reizbar, nervös und launisch. Häufig wirken sie unsicher und ängstlich, mit einem Hang zur Melancholie. Sie reagieren empfindlich auf Stress und Veränderungen. Je stärker diese Charaktermerkmale ausgeprägt sind, desto kränkbarer und leichter missachtet fühlt man sich. Auch das Ausmaß an Depressivität spielt eine Rolle: Je mehr jemand dazu neigt, desto schneller reagiert er enttäuscht auf andere.

Unterdrückte Aggressionen

Einen möglichen Mechanismus für das Entstehen von Hass und emotionaler Gewalt haben Kinderpsychiater und Psychologen früh beschrieben: Eltern reagieren zumeist überrascht, wenn sich die Wut ihrer Kinder plötzlich gegen sie richtet – schließlich meinen sie es doch nur gut und würden alles für ihre Kinder geben. Jedoch können Kinder schon im Alter von einem Jahr ihre Erzeuger hassen. «Es ist doch prima, dass ein Kind als Erstes seine Eltern hasst», sagt der 1928 geborene Henri Parens, Psychiater aus Philadelphia und Überlebender des Holocaust, und er meint es überhaupt nicht provokant. «Wer sonst würde sich liebevoll um jemanden kümmern, von dem er gehasst wird?»

Der frühe Hass kann Parens zufolge aber auch destruktives Verhalten und den Hang zur Diskriminierung im späteren Leben begünstigen. «Das Kind, das wütend auf die Mutter ist, wirft schließlich nicht etwas auf sie, sondern auf den, der neben ihr sitzt», so Parens. Natürlich gibt es auch Kinder, die ihre Eltern direkt angehen; allerdings zeigt sich dann bald, dass es eine vielversprechendere Strategie ist, sich Schwächere zu suchen – oder jene, die sich zumindest nicht wehren. Menschen lernen schnell, ihren Ärger nicht auf denjenigen zu richten, der ihn ausgelöst hat, sondern sich leichtere Opfer zu suchen – ein Umstand, der sich in zahlreichen Konflikten zeige. Wut und Hass werden schnell umgelenkt, Sündenböcke gesucht. Es ist ein wiederkehrendes Muster in der Geschichte: Nur selten trifft es die Auslöser der Wut, meistens müssen stattdessen die Schwächsten und Wehrlosesten unschuldig leiden.

Die Parallelen zur heutigen Entwicklung in Europa mit immer mehr radikalen Parteien sind offensichtlich: Wer sich unterdrückt und übersehen fühlt und nicht auf der Sonnenseite der Gesellschaft steht, sondern zu den Verlierern zählt, der richtet seine Aggressionen gegen ein abstraktes Feindbild – *die* Ausländer, *die* Juden –, das mit den eigenen Problemen in keinerlei direktem Zusammenhang stehen muss. Diese leichteren Opfer werden dann für die eigene Misere verantwortlich gemacht. Das ist weder rational noch logisch nachvollziehbar, wie der Umstand zeigt, dass die Ausländerfeindlichkeit in Sachsen und anderen ostdeutschen Bundesländern am größten ist, obwohl dort am wenigsten Migranten leben. Leider funktioniert dieser psychologische Mechanismus bestens, wie zahlreiche andere Beispiele für Diskriminierung und Unterdrückung zeigen.

Destruktivität und Vorurteile sind allerdings nicht angeboren. Zu Aggression und Zerstörungswut sei zwar jeder Mensch potenziell in de Lage, aktiviert werden diese Eigenschaften jedoch durch seelische Verletzungen, durch fortwährende Kränkungen und Erniedrigungen. «Kinder zu beschämen oder gar zu demütigen, ist ungeheuer schmerzhaft für sie», sagt Parens. «Dadurch werden sie aggressiv und wütend.» Je näher der Täter dem Kind steht, desto verheerender die Wirkung.

Aggressionen sind in gewissem Maße natürlich, werden aber vorschnell als etwas Negatives angesehen – und nicht als Herausforderung. Konstruktiv damit umzugehen und sie zuzulassen, ohne zerstörerisch zu wirken, das würde den Umgang miteinander wahrscheinlich erleichtern. Viele Menschen haben das Gefühl, sie müssten immer «gut» sein, gerade in helfenden Berufen. Warum eigentlich? Kein Wunder, dass die versteckten Aggressionen manchmal rausmüssen. Jeder, der im medizinischen oder therapeutischen Bereich arbeitet, kennt die Kollegen, die in einem unkontrollierten Moment etwa davon schwärmen, wie wunderbar es doch ist, mit seinem schnellen Auto auf der Autobahn die anderen wegzuscheuchen. Wenn dies die einzige versteckte Aggression ist, die sich manchmal unkontrolliert Bahn bricht, läuft es noch recht glimpflich ab.

Psychologie und Psychoanalyse haben sich in den letzten Jahrzehnten immer weniger um gesamtgesellschaftliche Phänomene gekümmert, nur vereinzelt wird dies in der Aufarbeitung von Kriegstraumata erwähnt. Dabei wäre es ein vielversprechender Ansatz, die Gruppe als Möglichkeit zu sehen, soziale Kälte und Unverbundenheit zu «heilen» und auf diese Weise präventiv Gewalt zu verhindern. Schon Sigmund Freud prägte den Begriff der «Gefühlserben». Manche Angehörigen der nachfolgenden Generationen tragen die Verschlossenheit und Traurigkeit in sich, die ihre Eltern ihnen mitgegeben haben.

Die Rache der Verstoßenen
Was der Einzelne im Kleinen erlebt, schlägt oft auch auf gesellschaftlicher Ebene zurück. Ein Beispiel dafür findet sich im Roman «Das Geisterhaus» (1982) von Isabel Allende, der später auch verfilmt wurde: Ein Handlungsstrang besteht darin, dass der Gutsherr eine Landarbeiterin vergewaltigt und dabei ein uneheliches Kind mit ihr zeugt. Später will dieser Sohn von seinem Vater anerkannt werden, erscheint unangemeldet bei dem Patron und pocht auf seine Rechte. Immer wieder taucht er auf, immer wieder wird er brüsk von seinem Erzeuger zurückgewiesen. Nach dem Militärputsch 1973 macht er schnell Karriere, wird zum Folterknecht der Militärjunta, als diese gewaltsam die Macht ergreift. Er rächt sich später an seinem Vater und dessen ehelicher Tochter, indem er sie über Tage und Wochen misshandeln und erniedrigen lässt.

Eine Frage von Nähe und Distanz

Die Opfer von emotionaler Gewalt sind oft in ihrem Bedürfnis nach Nähe und Distanz aus dem Gleichgewicht gebracht. Aus dem Wunsch nach Nähe wird dann ängstliches Anklammern, aus dem Wunsch nach Distanz Bindungsunfähigkeit. Die meisten Menschen möchten unabhängig und neugierig sein und neue Welten entdecken dürfen – aber gleichzeitig das gute Gefühl haben, auch wieder zu Hause willkommen geheißen zu werden und gut aufgehoben zu sein. Im Berufsleben setzt sich dieses Sowohl-als-auch fort: Fühlt sich ein Mitarbeiter in seinem Unternehmen willkommen und unterstützt, ist sein Bedürfnis nach Nähe befriedigt. Darf er sich frei entwickeln, Ideen einbringen und eigenverantwortlich arbeiten, erhält er genügend Distanz. «Auch in der Patient-Arzt-Beziehung kann der Knackpunkt für eine erfolgreiche Behandlung liegen», sagt Marcus Schiltenwolf, psychosomatisch arbeitender Orthopäde am Uniklinikum Heidelberg. «Patienten mit viel Schutzbedürfnis brauchen Unterstützung und genügend Rückversicherung. Patienten mit starken Abgrenzungsbedürfnissen – also Patienten, die Nähe nicht so gut ertragen – brauchen hingegen Ärzte, die ihnen nicht zu nahe kommen und ihnen das Gefühl vermitteln, dass sie mit ihren Gesundheitsstörungen selbst gut klarkommen werden.»

Die Art unserer Beziehungsgestaltung baut auf zahlreichen prägenden Urerfahrungen mit Geborgenheit und Ablösung auf. Sie bestimmen unser späteres Gefühl, in einer Beziehung das zu bekommen, was wir uns wünschen. Stellt sich dieses Gefühl nicht ein, kann das zu den unvermeidlichen Härten des Alltags zählen – so würde man es vermutlich rational bewerten. Oder aber wir fühlen uns gemobbt, ausgegrenzt, bevormundet und nicht geliebt.

Ob emotionale Gewalt behandelt werden sollte, ist einzig davon abhängig, wie groß der Leidensdruck und die Beeinträchtigungen im Alltag sind. «Emotionale Gewalt wird medizinisch insbesondere dann wichtig, wenn sie frühkindliche Gewalterfahrungen aktualisiert», sagt Marcus Schiltenwolf. Wenn Symptome nicht nur vorübergehend auftauchen, also über den Daumen gepeilt länger als drei Monate andauern, halten Therapeuten ärztliche Hilfe für sinnvoll und dringend geboten.

Beispiele gibt es viele. Da ist etwa ein leitender Manager, der wiederholt von seinem Chef vor versammelter Mannschaft kritisiert wird. Oder die Sekretärin, die von ihrem Chef mit Arbeit überhäuft und dann angegriffen wird, weil sie sie nicht mehr bewältigen kann. Nicht nur über Tage, sondern über Monate. Ein anderer Fall ist der Ingenieur, der unvereinbare und manchmal schlicht nicht zu schaffende Zielvorgaben erhält. Bei reduziertem

Personal und über die Erschöpfungsgrenze hinaus soll er arbeiten, bis er nach Jahren der Schlafstörungen einen Herzinfarkt erleidet.

Alarm – Anzeichen für drohende emotionale Gewalt

Es gibt verschiedene Anzeichen, wann emotionale Gewalt so heftig wird, dass therapeutische Hilfe sinnvoll sein kann. «Emotionale Gewalt wird klinisch dann relevant, wenn man in den gelben oder roten Bereich gelangt, sowohl beim Sender als auch beim Empfänger», sagt der Münchner Sozialpsychologe Dieter Frey. «Verhält sich beispielsweise der Sender vollkommen unkontrolliert, impulsiv und unberechenbar in seiner Wortwahl, seiner Gestik oder im Ton, ist das ein Alarmzeichen: Das zeigt sich unter anderem daran, dass jeder mit Zivilcourage sofort einschreiten würde.»

Beim Opfer bestimmt der Leidensdruck. Werden psychische Probleme wie Selbstwert-, Gesichts- oder Identitätsverlust immer gravierender und kommen körperliche Probleme hinzu wie etwa funktionelle Störungen, Herz-Kreislauf-Probleme, Essstörungen oder Schlafstörungen, sind das weitere Signale. «Im Arbeitskontext kann dies auch mit Burnout oder innerer Kündigung verbunden sein», sagt Frey. «Der Empfänger emotionaler Gewalt kann sich erschöpft, erniedrigt und krank fühlen.»

Wer emotional gewalttätig wird
Kleine Gemeinheiten und Sticheleien passieren schnell. Dann wird ein Witz auf Kosten anderer gemacht, eine Schwäche ausgenutzt oder Ärger schlicht auf den Nächstbesten umgelenkt. Wenige Menschen machen das aus Bösartigkeit – und viele spüren, wenn sie eine Grenze überschritten haben, und es tut ihnen hinterher leid.

Andere hingegen bemerken es nicht, wenn sie ihre Mitmenschen verletzen. Sie sind so ichbezogen und ignorant, dass es ihnen sogar Spaß macht, ihre momentane Überlegenheit auszukosten. Doch auch wer solch psychopathische Neigungen aufweist, kann es lernen, mitfühlender zu werden. Wie ein kleines Kind sollte man ihn zum Perspektivwechsel auffordern: «Kannst du dir eigentlich vorstellen, wie er sich jetzt fühlt?» oder «Stell dir vor, du wärst an seiner Stelle» sind hilfreiche Sätze.

Außerdem gibt es noch die Choleriker, die in ihrer aufbrausenden Wut andere kränken und niedermachen. Sie sind psychisch instabil und schlagen verbal um sich, können sich oft nicht anders helfen. Das muss man sich nicht bieten lassen, auch wenn akute Gegenwehr meist sinnlos ist, weil die Ausbrüche und Beschimpfungen dann oft nur noch heftiger ausfallen.

Manche Menschen sind allerdings auch sadistisch veranlagt. Sie weiden sich an den Seelenqualen und Nöten anderer und suchen diese noch zu verstärken. Ein schlechtes Gewissen plagt sie dabei nicht.

Wer sich «klein gemacht» fühlt, hat gleichzeitig den Eindruck, abhängig, machtlos, nutzlos und hilflos zu sein. Jegliche Gegenwehr scheint vergeblich. Oftmals gehen damit Selbstvorwürfe, Schuldgefühle und Selbstzweifel einher, zentrale soziale wie emotionale Bedürfnisse werden verletzt: Man verortet sich außerhalb der sozialen Einheit, insbesondere wenn man keine Hilfe erfährt, fühlt sich beherrscht und ohnmächtig.

Der Vergleich mit schweren Krankheiten drängt sich auf. Auch Krebspatienten haben häufig mit Kontroll- und Identitätsverlust zu kämpfen. Patienten, die durch ihr Wertesystem oder enge Bezugspersonen inneren Halt und Beistand finden, haben bessere Überlebenschancen. Dies gilt besonders, wenn sie trotz ihrer traumatischen Erfahrungen (und nichts anderes ist eine Krebserkrankung) ihr Selbstwertgefühl wahren können, eventuell sogar einen Sinn in ihrem Schicksal finden und spüren, dass sie sich und ihr Erleben noch kontrollieren können. Sie leiden etwas weniger unter der Krankheit, ihr Immunsystem ist stabiler, und sie leben länger. Ähnlich verhält es sich auch mit emotionaler Gewalt: Entscheidend ist, wie das Opfer mit diesen Ereignissen umgehen kann. Menschen, die seelischen Halt, ein stabiles Umfeld und umfangreiche psychische Ressourcen haben, können derartige Ereignisse besser abwehren.

Kränkung, Erniedrigung, Missachtung – ist das Gewalt?

Wieso denn ausgerechnet Gewalt? Der Begriff mag hart erscheinen. Jeder von uns bekommt gelegentlich einen Dämpfer ab, wird kritisiert und zurechtgewiesen. Das gehört zum Leben dazu, muss man es denn gleich dramatisieren? Ohne diese Erfahrungen geht es nicht, und wenn man sie gut bewältigt, reift man sogar daran. Werden sie hingegen mit dem Etikett «emotionale Gewalt» versehen, werden sich etliche Menschen darauf berufen und sagen: «Seht her, ich leide darunter, die anderen sind schuld – und ich bin nur das Opfer und kann nichts dafür und erst recht nichts dagegen tun.»

So lauten einige der Argumente in der Debatte, die über Fachgrenzen hinweg von Medizinern, Psychologen und Sozialwissenschaftlern geführt wird. «Die Eigenverantwortung kommt dabei viel zu kurz. Das verstellt den Blick auf all das, was man als Einzelner dagegen machen kann. Die Selbstwirksamkeit ist entscheidend», sagt ein Arzt.

Womöglich würden «emotionale Verhinderung» oder «emotionale Hemmung» das Thema besser treffen, schlägt eine Psychologin vor. Natürlich gebe es emotionale Gewaltausübung. Aber «Gewalt» sei ein schwieriger Begriff, beschreibe mindestens so sehr das Vermögen und die Möglichkeit wie die Handlung selbst – emotionale Gewalt über den anderen habe so gesehen jeder Partner in einer Liebesbeziehung, und zwar positive wie negative. Würden alle Alltagsunannehmlichkeiten wie Kränkungen und Gemeinheiten zu Formen emotionaler Gewalt erklärt, bestehe die Gefahr, diese zu trivialisieren. Ein böses Wort vom Lehrer oder ein Rüffel vom Chef seien nun mal nicht das Gleiche wie chronische Erniedrigung oder andauernde Vernachlässigung.

Zum Thema emotionale Gewalt gehöre deshalb auch eine konsequent biographisch-entwicklungsbezogene Perspektive, so der Einwand. Erst in diesem Zusammenhang werde verständlich, wie groß der Eigenanteil an den Kränkungen und Ausgrenzungen sei. «Manchmal passen das kränkende Verhalten der anderen und die individuelle Empfänglichkeit dafür zusammen wie Schlüssel und Schloss», sagt Psychosomatik-Chefarzt Peter Henningsen.

Emotionale Gewalt beinhaltet allerdings auch eine gesellschaftlich-historische Dimension, die teils über Generationen gewachsen ist. Rohe Erziehungsmuster, «Abhärtung» von Kindern und ein barscher Umgang in bestimmten Berufssparten werden unverdrossen weitergetragen.

Lieblosigkeit als Erziehungsprinzip
Der Film «Das weiße Band» (2009) von Michael Haneke hat der Herzenskälte und erzieherischen Strenge, die in Deutschland bis weit ins 20. Jahrhundert hinein noch üblich war – und bis heute manch traurige Fortsetzung findet –, ein cineastisches Denkmal gesetzt. Der Film ist zwar fiktional,

> so weit von der Wirklichkeit aber womöglich doch nicht entfernt. Während er das Drehbuch schrieb, las Haneke nach eigenen Angaben «Tonnen von Büchern über die Erziehung und das Landleben im 19. Jahrhundert», um die Erkenntnisse später im Film zu verwenden. Auch der Titel des Films leitet sich daraus ab. Im 19. Jahrhundert war das weiße Band ein Zeichen der Strafe, das dazu diente, den Einzelnen auszugrenzen und zu demütigen, weil es für alle anderen sichtbar war.

Insofern kann emotionale Gewalt nicht nur als individuell-psychologische Diagnose oder gar als banale Alltagserscheinung betrachtet werden, sondern spiegelt womöglich eine gefährliche gesellschaftliche Unfähigkeit wider, in Beziehung zu sich selbst und zu anderen zu treten. «In einer deutschen Familie gehört es sich nun mal nicht, sich laut anzuschreien und um einen Konflikt zu ringen», sagt Psychosomatik-Chefarzt Joram Ronel. «Es wird eher die Tür zugemacht. Die aktuellen Befunde im Hinblick auf gesundheitliche Spätfolgen von solchen frühen Kindheitserfahrungen und anderen Kränkungen passen dazu.»

«Je eher die zu erklärenden Phänomene typische Alltagsangelegenheiten sind, umso seltener gibt es dazu gute psychologische Begriffsbestimmungen und theoretische Bezugssysteme», sagt Andreas Maercker, Psychologe an der Universität Zürich. «Sticheleien und Gemeinheiten gehören ja zur sogenannten Metakommunikation: Man drückt dabei jenseits dessen, was man sagt, noch etwas anderes aus, in dem Fall etwas Negatives und Abwertendes.»

Emotionale Gewalt – Luxusproblem oder Gefahr für die seelische Stabilität?

Ob emotionale Gewalt ein «Luxusproblem» wohlhabender Gesellschaften ist oder tatsächlich eine zunehmende Gefahr für die seelische Stabilität von immer mehr Menschen, ist auch unter Psychologen, Psychiatern und Ärzten für Psychosomatik umstritten. «In keiner Weise halte ich emotionale Gewalt für ein Luxusproblem», sagt Marcus Schiltenwolf von der Uniklinik Heidelberg, der als Orthopäde und Schmerztherapeut oft mit Patienten zu tun hat, denen seelisches Leid starke körperliche Probleme bereitet. «Wir benötigen gerade in modernen Gesellschaften stressresiliente Persönlichkeiten, die sowohl teamfähig als auch kreativ sind und eigenverantwortlich handeln können. Emotionale Gewalt kann diese Fähigkeiten massiv bedrohen.» Würden Menschen immer wieder gekränkt und emotional erniedrigt, könnten sie an den Ansprüchen des modernen Lebens scheitern, die Stress, Multitasking und Anpassungsdruck auslösen, so der Heidelberger Arzt.

Der Sozialpsychologe Dieter Frey betont jedoch, dass «in früheren Gesellschaften die Unterscheidung zwischen oben und unten noch stärker ausgeprägt war, es gab vielfältige Formen der Unterdrückung und Machtausübung. Wir leben heute zum Glück in einer Gesellschaft, in der die Menschenwürde im Grundgesetz verankert ist, und sind sensibler, wenn diese Prinzipien verletzt werden. Im Gegensatz zu früheren Gesellschaften ist auch die Empörung darüber größer, wenn Verletzungen der Menschenwürde passieren. Dies ist die positive Seite.»

Man könnte es aber auch kritischer sehen: Eine Wohlstandsgesellschaft, in der demokratische Verhältnisse herrschen, bietet trotzdem keinen ausreichenden Schutz vor unethischen, menschenverachtenden Verhaltensweisen – weder im privaten noch im beruflichen Bereich. Vermutlich kann man sogar sagen: Je stärker sich die Leistungs- und Konkurrenzgesellschaft ausprägt, desto größer wird die Gefahr, dass der Druck auf alle Beteiligten steigt. Dieser Leistungs-, Konkurrenz- und Überlebenskampf wird oftmals auf Kosten der Schwächeren ausgetragen. Insgesamt haben Wissenschaftler den Eindruck, dass es wohl nicht mehr Gemeinheiten als früher gibt, aber ihre Intensität zugenommen hat. Umso wichtiger ist es also, sich dagegen zu wehren.

«Emotionale Gewalt ist sicher kein Luxusproblem wohlhabender Gesellschaften und auch keine Härte des Alltags, sondern allgemein eine Gefahr für das Wohlbefinden, die seelische Stabilität und Entwicklung von Menschen», sagt Martin Härter vom Universitätsklinikum Hamburg-Eppendorf. «Die klinischen Belege dafür sind zahlreich. Es gibt einen Bezug zu chronischen depressiven Erkrankungen und schwerwiegenden Persönlichkeitsstörungen, aber auch Hinweise auf eine Kausalität etwa bei chronischen Schmerzsyndromen.»

Schweres Trauma – oder «nur» schwere Kränkung?

Wer Furchtbares erlebt hat, kann für lange Zeit traumatisiert sein und bleiben. Körperlicher oder sexueller Missbrauch, ein Unfall oder grausame Kriegs-, Flucht- und Vertreibungserfahrungen hinterlassen oft peinigende Bilder und tiefe Narben in der Seele. Entführt oder in Geiselhaft genommen zu werden, aber auch der einzige Überlebende eines Unglücks zu sein, all das sind schreckliche Erlebnisse, die manchmal nie verblassen. Die Erinnerung daran bleibt dauerhaft aktiviert.

Auch die Forschung hat hier erheblichen Aufholbedarf. Die psychischen Folgen eines schweren Traumas werden derzeit hauptsächlich unter der Diagnose «posttraumatische Belastungsstörung» (PTBS) untersucht. Dieses Krankheitsbild ist vor allem bekannt von US-Veteranen, die auch nach Jahrzehnten noch von den schrecklichen Bildern aus dem Vietnamkrieg verfolgt werden, aber auch von Soldaten der Bundeswehr nach ihren Kriegseinsätzen im ehemaligen Jugoslawien, in Afrika oder Afghanistan. Auch Entführungs- und Unfallopfer sowie Menschen, die sexuell und körperlich missbraucht worden sind, berichten davon, dass sie den Schrecken und ihre fürchterlichen Erinnerungen nicht mehr loswerden.

«Emotionale Gewalt, wenn man sie denn sinnvoll zusammenfassen kann, ist kein etabliertes wissenschaftliches Konstrukt», sagt Andreas Maercker, Professor für Psychologie an der Universität Zürich. «Eine Verbindung zu den bekannten Traumafolge-Störungen wird dabei nicht immer hergestellt.» Aus medizinischer und psychologischer Sicht ist noch nicht endgültig erforscht, warum und wie schwerwiegend sich manche Kränkungen und psychischen Verletzungen auf das Seelenheil und das körperliche Befinden auswirken, andere weniger.

Das liegt auch daran, dass Kränkungen und emotionale Erniedrigungen nicht in allen Regionen der Welt als ähnlich gravierend angesehen werden, dazu sind die Lebensbedingungen rund um den Globus viel zu unterschiedlich. Wer kurz vor dem Verhungern ist und nicht weiß, wie er sich oder seine Familie am nächsten Tag ernähren soll, hat andere Sorgen als die Partnerin, die ihn immer wieder piesackt, den ruppigen Chef oder den ständig stichelnden Mitarbeiter.

«Kollegen aus anderen Kulturen, die dem etablierten Konzept von Trauma und PTBS gegenüber absolut aufgeschlossen sind, denken, dass wir Westler aus Europa und Nordamerika da manchmal etwas zum Thema machen, was von ihnen allenfalls als ein kleines Problem, vielleicht sogar als eine Menschheitskonstante angesehen wird», hat Maercker im Gespräch mit Psychologen aus anderen Weltgegenden immer wieder erfahren.

Es ist nur allzu verständlich: Wer ständig um sein Leben fürchten muss und von Krieg, Bürgerkriegen, Stammesunruhen, Unterdrückung, Folter oder Vertreibung bedroht ist, dem würden manche Sorgen der Menschen aus friedensverwöhnten Regionen tatsächlich wie «First World Problems» erscheinen, irgendwie läppisch. Was ist schon ein bisschen Stress am Arbeitsplatz gegen die existenzielle Angst vor marodierenden Mörderbanden, die ganze Landstriche verwüsten, brandschatzen und die Bevölkerung massakrieren?

Ein Blick auf die heftig und häufig gebeutelten Weltgegenden, in denen es den Menschen weitaus schlechter geht als uns, macht deutlich, dass es viele Gründe gibt, für die vergleichsweise günstigen Lebensumstände in Mitteleuropa dankbar zu sein und mit dem eigenen Schicksal nicht zu hadern. Es ist ein origineller Gedanke, wenn der Psychiater Manfred Lütz auf die fortwährende Klage des modernen Menschen, permanent unter Druck zu stehen und ständig via E-Mail und Smartphone erreichbar zu sein, lapidar entgegnet: «Im Dreißigjährigen Krieg waren die Leute rund um die Uhr für die Schweden erreichbar. Das war viel unangenehmer.»[51]

Sind das also alles nur Problemchen einer überreizten und überempfindlichen Gesellschaft? Womöglich gehört es schlicht dazu, immer wieder seelischen Belastungen, psychischem Druck und unangenehmen Situationen ausgesetzt zu sein. «Das Leben ist eben kein Ponyhof», wie es flapsig heißt. Dieser Illusion sollte man sich gar nicht erst hingeben. «Weitergedacht heißt das: Ein menschliches Zusammenleben ist ohne kurzzeitige Episoden emotionaler Gewalt vielleicht gar nicht denkbar», sagt Psychologe Maercker.

Allerdings ist individuelles psychisches Leid mit keiner wissenschaftlichen Methode zuverlässig messbar, und Leidensdruck hängt nicht davon ab, als wie heftig *andere* die Kränkung und Erschütterung empfinden. Schmerz ist immer subjektiv, egal ob es sich um seelischen oder körperlichen handelt. Das macht dieses Thema ja gerade so schwierig: Viele Beispiele emotionaler Gewalt, die bei den Betroffenen dauerhafte Folgen hinterlassen haben, werden von Außenstehenden als Bagatellen und nicht weiter der Rede wert wahrgenommen. Sie vergessen einen Vorfall womöglich gar oder schmunzeln darüber, obwohl er bei anderen noch Jahre später schmerzhafte Erinnerungen wachruft.

Für das Opfer ist das Ereignis jedoch von einschneidender Wucht und gerät zur *doppelten* Kränkung, wenn jemand oberflächlich darüber hinweggeht: Erst wird das Opfer erniedrigt und emotional verletzt – und dann werden auch noch die entstandenen Wunden verhöhnt oder zumindest verharmlost. «Stell dich nicht so an, war doch nicht so schlimm», lauten die Beschwichtigungen dann gerne. Dieses Urteil steht jedoch keinem Außenstehenden zu.

Wenn das Trauma zur Belastungsstörung wird

Wie häufig eine posttraumatische Belastungsstörung in ihrer schweren Form vorliegt, hat eine repräsentative Befragung unter der Leitung des Züricher Psychopathologen Andreas Maercker erbracht. Nahezu 2500 Erwachsene aus allen Altersgruppen an über 250 Orten in Deutschland wurden zu traumatischen Erlebnissen befragt, dazu zählten Krieg, Vergewaltigung, sexueller Missbrauch in der Kindheit, schlimme Unfälle, Gewalthandlungen, Naturkatastrophen, Entführung oder andere furchtbare Erlebnisse. Demnach leiden etwas mehr als ein halbes Prozent der Bevölkerung in Deutschland unter einer «komplexen» posttraumatischen Belastungsstörung. An der «klassischen» sind etwa 1,5 Prozent der Bevölkerung erkrankt.[52] Beide äußern sich vor allem darin, dass die Erinnerungen an traumatische Erlebnisse durch Bilder, Gerüche und Geräusche wieder lebendig werden und oft wiederkehren. Bei der komplexen PTBS sind zusätzlich Veränderungen der Persönlichkeit zu beobachten, die Betroffenen haben Schwierigkeiten, stabile zwischenmenschliche Beziehungen einzugehen. So hegen sie insbesondere ein tiefsitzendes Misstrauen gegenüber anderen, sind unfähig zur Intimität und ihr Selbstwert ist stark reduziert.

«Wir fanden die komplexe Form am häufigsten bei Personen, die sexuellen Missbrauch in ihrer Kindheit oder fortgesetzte sexuelle Übergriffe als Jugendliche oder Erwachsene erleiden mussten», sagt Andreas Maercker. Die schon länger bekannte klassische PTBS betrifft demgegenüber am häufigsten Menschen, die schwere Unfälle erlitten hatten oder zu direkten Zeugen eines traumatischen Geschehens geworden waren.

Diese Studienergebnisse aus dem Jahr 2018 decken sich weitgehend mit vergleichbaren Befunden in Mitteleuropa, wo die komplexe PTBS offenbar hauptsächlich durch sexualisierte Gewalterlebnisse wie Kindesmissbrauch verursacht wird. «In anderen Weltregionen, wo es die komplexe PTBS schätzungsweise häufiger gibt, wird sie zusätzlich durch anhaltende Kriegserlebnisse, Verfolgung, Geiselhaft und Folter ausgelöst», sagt der Arzt und Psychologe.

Von Flüchtlingen, Kindersoldaten aus Afrika, aber auch von Bürgerkriegsopfern etwa aus Syrien, Somalia, Afghanistan oder dem südlichen Sudan sind ähnliche Symptome wie von Missbrauchsopfern in Europa bekannt, auch wenn die Ursachen auf anderen Kontinenten hauptsächlich in Unterdrückung und einem Alltag zu suchen sind, der von Unsicherheit und ständiger Angst geprägt ist. Für diese Weltgegenden gibt es aber weitaus weniger genaue Angaben, sondern überwiegend Schätzungen.

«Die neue Diagnose einer komplexen PTBS als Abtrennung von der bisher bekannten Form wurde notwendig, weil unterschiedliche Therapiestrategien gefragt sind», sagt Maercker. Während es für die oft auch nur als «Psychotrauma» bekannte PTBS mittlerweile gute Therapiemöglichkeiten gibt, mit denen innerhalb mehrerer Wochen oder Monate das Leid der Betroffenen gelindert werden kann, existieren derzeit erst wenige erfolgversprechende Therapien für die komplexe Variante – und es muss noch weiter nach ihnen geforscht werden.

Maercker hatte der Weltgesundheitsorganisation (WHO) im Jahr 2013 gemeinsam mit einer internationalen Arbeitsgruppe vorgeschlagen, die zusätzliche Diagnose einer komplexen PTBS in ihren Krankheitskatalog aufzunehmen. Es hat etwas gedauert, aber im Frühjahr 2018 ist die WHO dieser Empfehlung gefolgt. Das ist nicht nur von akademischem Interesse: Weltweit richten sich Ärzte wie Therapeuten nach der Klassifikation von Krankheiten in entsprechenden Listen und Katalogen. Erst wenn ein psychisches Leiden darin aufgenommen worden ist, wird die Therapie auch anerkannt und entsprechend vergütet.

Worauf es ankommt

- *Zu emotionaler Gewalt gehören immer zwei Seiten: Täter und Opfer. Es ist hilfreich herauszufinden, wie sehr auch das Opfer dazu beiträgt, dass aus Gemeinheiten große Kränkungen werden.*
- *Die Übergänge von Gemeinheiten und Kränkungen zu emotionaler Gewalt sind fließend. Viele Faktoren tragen dazu bei, dass die auslösende Handlung verstärkt wirkt – oder nach und nach verblasst.*
- *Zum emotionalen Gewalttäter wird nicht automatisch, wer gelegentlich stichelt oder kleine Gemeinheiten austeilt. Die Absicht, zu verletzen, und eine vorwiegend destruktive Beziehung zu anderen spielen eine entscheidende Rolle. Auch Choleriker sind nicht zwangsläufig emotional gewalttätig, sondern oft nur unkontrolliert und psychisch instabil.*
- *Obwohl die Wahrnehmung von Bedrohungen und Gefahren rund um den Globus unterschiedlich ausfällt, ist emotionale Gewalt keineswegs nur ein «Luxusproblem» westlicher Gesellschaften. Wer Krieg, Gewalt und Flucht erlebt, ist deshalb noch lange nicht unempfindlich für Lieblosigkeit und Ignoranz.*

WAS HILFT – UND WIE
MAN SICH WEHREN KANN

Kränkung ist nicht gleich Kränkung, und nicht jede Erniedrigung wirkt sich als emotionale Gewalt aus. Es gibt etliche Strategien der Gegenwehr, die verhindern, dass die Seele Narben davonträgt. Einige Fragen drängen sich besonders auf: Was kann einem psychischen Aggressor kurzfristig entgegengesetzt werden, und wie schützt man sich mittelfristig vor den Folgen emotionaler Gewalt?

«Auch in guten Zeiten sollte die Möglichkeit in Erwägung gezogen werden, dass wieder schlechtere kommen können oder gar eine Krise», sagt Marcus Schiltenwolf vom Universitätsklinikum Heidelberg. «Im akuten Fällen gilt es zu prüfen, was früher geholfen hat. Wenn man selbst nicht weiterkommt, ist es keineswegs peinlich, Hilfe in Anspruch zu nehmen.» Dann müsse man allerdings auch bereit sein, den Blickwinkel zu ändern. «Schließlich ändert sich das Leben ständig, wir müssen also mitschwimmen», sagt Schiltenwolf. «Das ist insbesondere beim Älterwerden wichtig.»

Offenbar gibt es Menschen, die sich schnell als Opfer fühlen, sei es am Arbeitsplatz oder in der Beziehung. Sie haben etwas an sich, was andere Menschen provozieren kann, sie merken es aber nicht. Diese «projektive Identifizierung» beschreibt einen Mechanismus, dem zufolge man sich unbewusst so verhält, dass andere einen – etwa nach einem Jobwechsel oder in der neuen Partnerschaft – gerade so behandeln, wie man es insgeheim befürchtet hat und doch unbedingt vermeiden wollte.

Hier können Gruppentherapien oder eine multimodale Therapie in tagesklinischen oder stationären Einrichtungen helfen, auch nonverbal mit Hilfe von Kunst, Musik oder in Form von Körpertherapien. Mitpatienten erkennen solche unbewussten Verhaltensweisen der Betroffenen oft, diese sollten sie mit Hilfe der Therapeuten thematisieren, um sich selbst schrittweise besser zu verstehen und so substanziell etwas ändern zu können. Das funktioniert nicht immer, aber oft, und es ist klinisch wichtig. Konflikte entstehen fast immer «im Zwischen», selten ist nur einer schuld.

Immer wieder in der Opferrolle
Die siebenundvierzigjährige Sabine hat immer wieder die gleichen Probleme, wenn sie eine neue Arbeitsstelle antritt. Sie kommt zunächst gut mit den Kollegen klar, bringt Kuchen mit und hat immer Zeit für einen kurzen Plausch. Sie ist zurückhaltend, besteht zum Beispiel nicht auf ihre Urlaubswünsche, sollten diese mit den Plänen der anderen kollidieren. Bei der Teambesprechung bringen dann alle Kollegen ihre Wunschtermine vor, und sie nimmt mit dem Vorlieb, was übrig bleibt. Im Stillen ist sie enttäuscht, fühlt sich zurückgesetzt und missachtet, teilt dies aber wiederum niemandem mit. Trotzdem merkt man ihr die Unzufriedenheit an. Nach und nach reagieren die anderen gleichgültig oder sogar aggressiv auf die Passivität der

neuen Kollegin, die sich scheinbar bereitwillig in die Opferrolle begibt. Sabine leidet selbst unter dieser sich wiederholenden Konstellation, begehrt aber trotzdem nicht dagegen auf. Auch wenn es niemandem bewusst sein dürfte, so ist es doch sehr wahrscheinlich, dass sich im Team folgende Einstellung festgesetzt hat: «Auf Sabine muss man keine große Rücksicht nehmen, sie ist eh immer mit allem unzufrieden.»

Was sich lieben und was sich verändern lässt

Grundsätzlich ist viel dran an der bewährten Regel: Love it, change it, or leave it. Also etwas lieben, verändern oder verlassen. «Sich zu wehren, ist in der Regel besser, als still und stumm alles auszuhalten», sagt Harald Gündel vom Universitätsklinikum Ulm. «Das macht auf Dauer körperlich oder seelisch krank – vermutlich auch über unterdrückte und dann nicht selten unbewusste Aggressionen, die auch biologisch negative Wirkungen haben. Es ist in jedem Fall besser, Beratung bei einem Profi zu suchen und mit ihm zusammen zu einem Ergebnis zu kommen, wie der beste Lösungsweg aussehen könnte.»

«Love it»: «Man muss unterscheiden zwischen veränderbaren und nicht zu verändernden Umständen», sagt Sozialpsychologe Dieter Frey. «Kann ich im Moment wirklich etwas anders machen, und bin ich derjenige, der die Entscheidung in der Hand hat?» Schließlich fühlt man sich oft gefangen in seiner Partnerschaft, in der Familie, in der Firma, weil es keine Alternative zu geben scheint. Wäre Arbeitslosigkeit wirklich besser als der jetzige Job, auch wenn er oft stressig ist, und hätte man auf der neuen Stelle nicht vielleicht wieder mit verkrusteten Strukturen oder unfreundlichen Kollegen zu tun? Wäre ein Singleleben wirklich angenehmer als die Streitigkeiten mit dem Partner und in der Familie? Solche Fragen stellt sich vermutlich jeder Mensch ab und an – und tut sich mit den Antworten schwer.

Für all die Zögerlichen und Unentschlossenen gibt es keinen einfachen, allgemeingültigen Rat. Zu erkennen, was «normale» Belastungen sind und was tatsächlich zum Job- oder Beziehungsterror ausartet, ist vermutlich meist nur über das Bauchgefühl möglich. In der Regel spürt man es, wenn persönliche Grenzen der Beleidigung oder Diffamierung überschritten sind und man nicht gewillt ist, bestimmte Verhaltensweisen der Kollegen, Vorgesetzten oder des Partners länger hinzunehmen – erst recht dann nicht, wenn sie immer wieder vorkommen. Dass es Phasen der Unsicherheit gibt, lässt sich wohl dennoch nicht vermeiden. Wie heißt es noch so schön? «Gib mir die Gelassenheit, Dinge hinzunehmen, die ich nicht ändern kann, den Mut, Dinge zu ändern, die ich ändern kann, und die Weisheit, das eine vom anderen zu unterscheiden.»

Manchmal kann es durchaus sinnvoll sein, die Dinge so zu akzeptieren, wie sie nun mal sind. Denn: Ein Leben ganz ohne Probleme gibt es ohnehin nicht. Also arrangiert man sich lieber mit der schwierigen Schwiegermutter oder dem überpeniblen Chef. Man muss sie ja nicht gleich lieben, aber sich irgendwie mit ihnen abfinden. Dazu gehört auch, sich ein dickes Fell zuzulegen und nicht alles persönlich zu nehmen.

«Change it»: Ein löblicher Vorsatz, wenn ein Zustand fortdauernd belastend ist. «Hier hilft es, sich Verbündete zu suchen, die einen darin bestärken, sich bestimmte Dinge nicht gefallen zu lassen. Hoffentlich hat jeder in seinem Umfeld Menschen, die die Probleme sehen und sich zuständig fühlen», sagt Frey. «Leider schauen viele einfach weg. Die Aufgabe besteht jedoch darin, Zivilcourage zu zeigen, einzugreifen, sich mit dem Opfer zu solidarisieren und es zu schützen.» Zivilcourage beinhaltet auch, den

Täter zu isolieren und zu entlarven, sodass sein Verhalten andere nicht länger verletzen kann. Wie schwierig es sein kann, einen emotionalen Gewalttäter zur Räson zu bringen, und dass es dennoch möglich ist, darauf wird noch zurückzukommen sein.

Auch wenn sich eine Situation nicht sofort grundlegend verändern lässt, gilt es, die verzwickte Lage nicht vorschnell als gegeben zu betrachten. Man sollte aktiv werden und etwa gegen einen zänkischen Mitarbeiter den Chef einbinden oder im Streit mit dem Partner einen Paartherapeuten aufsuchen. Auch hier ist es wichtig, Verbündete zu haben, mit deren Hilfe sich der schwierige Zustand zumindest etwas erträglicher gestalten lässt. Zentral ist außerdem der Selbstschutz: Betroffene sollten sich immer wieder vergegenwärtigen, dass Kränkungen und Gemeinheiten mehr über den Absender als über den Empfänger aussagen. Das Gegenüber ist keine objektive Instanz, sondern ein in seinen Eigenheiten und Begrenzungen gefangener Täter. Diese Sichtweise hilft, mögliche Kränkungen oder Beleidigungen nicht persönlich zu nehmen.

Aus Forschungen zur Zivilcourage ist bekannt, wie wichtig es ist, das Opfer zu schützen sowie den Täter als solchen zu benennen. «Wir brauchen im Alltag mehr kleine Helden, die sich gegen kleine Gemeinheiten wehren», sagt Dieter Frey. «In Bezug auf die großen Gemeinheiten steht mit immerhin achtzig Prozent die große Mehrheit der Deutschen für eine offene Gesellschaft und verurteilt diskriminierendes, ausgrenzendes Verhalten strikt.» Trotzdem könnten auch diese achtzig Prozent im privaten sowie im beruflichen Bereich noch mehr Farbe bekennen und auch dort mehr Lob, Anerkennung und Respekt zeigen – quasi als Gegenkultur zur allgegenwärtigen Ruppigkeit und Kleinmacherei.

«Kleingeist macht klein – nur Großherz lässt groß werden», so Frey. «Grundsätzlich sind das Menschenbild und die Haltung gegenüber unseren Mitmenschen entscheidend. Treten wir für die Würde jedes Einzelnen ein, sehen wir das Positive in ihm und behandeln ihn mit Respekt, Wertschätzung und Toleranz, findet emotionale Gewalt keinen Raum.»

«Leave it»: Davon träumen viele frustrierte Ehepartner und Angestellte. Mit einem Knall die Beziehung oder das Arbeitsverhältnis verlassen. Dem Chef endlich mal zeigen, dass man es sich nicht mehr gefallen lässt, auf diese Weise behandelt zu werden. Leider ist diese Möglichkeit nicht jedem Menschen gegeben, und es ist ja auch leichter gesagt als getan: Viele Frauen bleiben bei ihren narzisstischen Männern, da die Alternative, das Alleinsein, noch schlechter erscheint oder sie Angst vor der Reaktion auf die Trennung haben. Trotzdem ist es wichtig, offensichtlich zerstörerisches Verhalten nicht zu akzeptieren und sich zu schützen. Das kann bedeuten, das Konfliktfeld zu räumen, ohne sich ganz aus der Beziehung zurückzuziehen. Wenn er sie beispielsweise immer wieder vor Bekannten niedermacht und sich auf ihre Kosten profiliert, kann sie beim nächsten Mal einfach aufstehen, sich freundlich von den anderen verabschieden und gehen. Das ist (noch) nicht gleichbedeutend mit einer Trennung, aber ein deutliches Signal, dass sie sich sein unverschämtes Verhalten nicht länger bieten lassen will.

Emotionale Gewalttäter erkennen – und ins Leere laufen lassen

Emotionale Gewalt kann von vielen verschiedenen Persönlichkeitstypen ausgehen. Narzissten und neurotisch geprägte Menschen sind häufig darunter, manchmal auch Choleriker. Abgeleitet ist letzterer Begriff vom altgriechischen Begriff für «Galle» – die dem Choleriker besonders oft und besonders giftig hochzukommen scheint. Er ist verletzend und macht andere nieder. Er schimpft, beleidigt, schreit und ist uneinsichtig.

Kennzeichen für emotionale Gewalttäter
- Leicht erregbar, oft auch wegen Lappalien
- Hat sich nie richtig unter Kontrolle. Hält sein Verhalten für normal, denn er hat es nicht anders gelernt
- Dominanzstreben, übersteigerte Impulsivität und starkes Hierarchiedenken
- Teilweise absolut dynamisch, motiviert und leistungsstark
- Geringe Frustrationstoleranz
- Oft unberechenbar. Kleinigkeiten wie ein zu lautes Radio oder ein falsch aufgefasstes Wort können einen Wutanfall auslösen
- Der emotionale Gewalttäter hält immer sich selbst für persönlich angegriffen und deutet das Geschehen entsprechend um. Er glaubt, er wäre im Krieg
- Sein Verhalten ist für Außenstehende nicht nachvollziehbar, völlig übertrieben, ungerecht und beängstigend

Doch auch Choleriker unterscheiden sich voneinander. Bei manchen von ihnen wird diese Gemütslage zu einem chronischen Zustand, bei anderen wird sie gelegentlich abgelöst von Euphorie oder Freude. Die positiven und negativen Emotionen können sich oft und spontan abwechseln. Die berühmten Kleinigkeiten sind es, die einen Wetterumschwung auslösen: Eine falsche Geste, und schon bricht der Choleriker in Wut aus und beleidigt andere. Für das Umfeld ist das eine große Belastung, vor allem wenn der Choleriker ein Vorgesetzter, Lehrer, Professor, Elternteil oder Partner ist.

Choleriker neigen dazu, ihr Gegenüber kleinzumachen. Das Zusammenleben mit ihnen kann deshalb äußerst zerstörerisch sein: Zu Beginn begehrt man vielleicht noch auf, doch irgendwann resigniert man oder übernimmt gar den abschätzigen Blick des anderen. Es klingt lapidar, aber eine Trennung ist oft die einzige Lösung, zumindest solange der Choleriker keine Anstalten macht, sich helfen zu lassen.

Der Umgang mit Menschen, die zu emotionaler Gewalt neigen, ist für jede Beziehung schwierig, ob privat oder beruflich, und für alle Beteiligten eine Belastung. Interessanterweise sind sich die Täter ihres Verhaltens oft nicht bewusst. Sofern sie uneinsichtig sind, sollte man sich fernhalten: Es darf nicht sein, dass andere einen krank machen.

Sich nicht alles gefallen lassen, nicht unterordnen

Emotionale Gewalttäter neigen nicht überall zur Gewalt. Sie können zu Hause liebevolle Ehemänner sein, in der Firma aber ein Schreckensregime ausüben – oder auch umgekehrt. Meistens fehlt es ihnen an Respekt und Wertschätzung für den Partner oder den Kollegen. Im Extremfall muss das Opfer emotionaler Gewalt klare Stoppsignale senden. Das beinhaltet beispielsweise die unmissverständliche Ankündigung, dass man nicht mehr für diese Firma arbeiten oder sich trennen werde, falls sich ein solcher Vorfall wiederholt. Wichtig: Man sollte nur das androhen, was man auch bereit ist umzusetzen. Sonst gerät man in Zukunft in eine schlechte Verhandlungsposition und gilt in seinen Drohgebärden als unglaubwürdig.

Was kann man konkret gegen Kollegen tun, die ausrasten, schreien, schimpfen, Gegenstände werfen und manchmal sogar physische Gewalt anwenden? Hinter solchen Explosionen steckt meistens ein Gefühl der Ohnmacht, das die Betroffenen um ihre Selbstbeherrschung bringt. Eine sinnvolle Spontanreaktion wäre es, dem Choleriker zu signalisieren, dass man ihn verstehen kann. Die Aufforderung «Beruhige dich» bringt wenig, wird oft gar als weitere Provokation verstanden. Besser wäre: «Ich verstehe, dass die Situation belastend ist», oder: «Ich kann mir vorstellen, warum du dich aufregst.» Solche Äußerungen haben nichts mit Kleinbeigeben zu tun, sie signalisieren vielmehr, dass man die Lage sachlich wahrnimmt.

Auch sich selbst sollte man in diesen Augenblicken beruhigen: «Gleich ist es vorbei, ich kann im Moment nichts ändern, ich bin nicht schuld», so in etwa lautet das Mantra. Damit wird man vom Unterlegenen zum Überlegenen. Wichtig ist, dass man als Betroffener einerseits Selbstbewusstsein zeigt und sich nicht als wehrloses Opfer sieht, andererseits aber dennoch erst einmal den Rückzug antritt, bis der Sturm abgezogen ist. «Wir können uns unterhalten, aber nicht jetzt», könnte eine Antwort dann lauten. Es hilft, in einer ruhigen Minute um ein vertrauliches Gespräch zu bitten, gegebenenfalls Konsequenzen zu ziehen und, wenn möglich, Verbündete hinzuzuholen.

Auf diese Weise die Flucht zu ergreifen, ist keineswegs feige. Es gehört viel menschliche Größe dazu, auf Beleidigungen und Gebrüll *nicht* zu reagieren. Wenn Choleriker oder andere emotionale Gewalttäter sich ausgetobt haben, kann ein freundliches, sachliches Gespräch für sie sogar peinlich sein, schließlich erwarten sie zumeist keine freundliche Reaktion. Dann gilt es klar zu sagen, dass man ein solches Verhalten nicht in Ordnung findet. Auf Unverschämtheiten sollte man nicht eingehen, aber der Konflikt muss auf den Tisch.

Umgang mit emotionaler Gewalt
- Umgang mit kränkenden Menschen vermeiden oder minimieren: Das ist nicht immer einfach und nicht immer möglich
- Gelassenheit: Wichtig ist es, Zusammenstöße zu vermeiden, denn das führt zur Eskalation. Insofern hilft es zunächst, in heiklen Momenten ruhig zu bleiben, oft zieht das Gewitter schnell vorbei. Den Löwen brüllen lassen, Signale der Friedfertigkeit senden und in der akuten Situation nicht weiter provozieren. Man muss nicht auf Konfrontationskurs gehen, um deutlich zu machen, dass man sich die Kränkungen nicht mehr bieten lässt
- Ein emotionales Urteil sagt über den Urteilenden mehr aus als über den Verurteilten. So kann ein Mensch, der andere kränkt und verletzt, auch als jemand verstanden werden, der sich nicht zu behaupten weiß. Auf keinen Fall sollte man als Empfänger seiner Tiraden die Opferhaltung einnehmen
- Man sollte herausfinden, in welchen Situationen emotionale Gewalttäter ausrasten, um sie zu vermeiden. In privaten Zusammenhängen kann man Zeichen vereinbaren, damit sie ihre Grenzen sehen
- Aktiv bleiben und die Kränkungsversuche nicht verharmlosen. Auch wenn es in akuten Situationen ratsam ist, den Rückzug anzutreten, sollte man Angriffe nicht hinnehmen. Gespräche helfen in Phasen, in denen alle Beteiligten ausgeglichen und ruhig sind

Wie sähe ein idealer Umgang miteinander aus? Offen, ehrlich, höflich, rücksichtsvoll und gleichberechtigt, würden die meisten wohl antworten. Mit emotionalen Gewalttätern ist das schwer möglich, denn sie verstecken Kränkungen in den beiläufigsten Äußerungen, regen sich über nahezu alles auf und werden ausfallend bis hin zur persönlichen Beleidigung. In Gesellschaft solcher Menschen wird man schnell persönlich in Mitleidenschaft gezogen. Man ärgert sich, bekommt schlechte Laune, ist verletzt.

Das Problem ist, dass emotionale Gewalttäter erst selbst Leidensdruck spüren müssen, um den Wunsch zu haben, sich therapeutisch helfen zu lassen. Das heißt, sie müssen ihre Wut kontrollieren wollen, um mit anderen Menschen wieder einen normalen Umgang pflegen zu können. Es geht dabei um verhaltenstherapeutische Ansätze, die Strategien der Achtsamkeit und Akzeptanz beinhalten. Macht man emotionalen Gewalttätern ihre jähzornigen Gefühle bewusst, bedeutet das auch, sie als Mensch zu akzeptieren, aber ihre unangenehmen und verletzenden Verhaltensweisen abzulehnen. Emotionale Gewalttäter müssen Selbstbeherrschung lernen, ihr Gegenüber Gelassenheit und Ruhe.

Achtsam gegenüber eigenen Gefühlen

Wenn man verletzt und gekränkt ist, hilft es, das eigene Leid zu sortieren und richtig wahrzunehmen. Leicht gesagt, doch viele Menschen haben nicht gelernt zu erkennen, warum es ihnen schlechtgeht und was ihnen fehlt. Sie sehen nicht, dass ein Großteil ihres Unbehagens durch die Verletzungen anderer bedingt ist. Sich selbst und ihre Gefühle verlieren sie oft aus dem Blick.

Achtsamkeit gegenüber den eigenen Gefühlen bedeutet beispielsweise, einen Moment innezuhalten und das verschüttete Selbst freizulegen. Wer das schafft und erfolgreich sogenanntes Selbstmitgefühl zeigt, verdrängt schmerzhafte Erkenntnisse zwar nicht, schützt sich aber davor, die Vorwürfe von außen unhinterfragt zu übernehmen. Stattdessen begehrt man dagegen auf.[53]

Wer sich von negativen Gefühlen überwältigen lässt und sich in seinen Problemen geradezu suhlt, betont hingegen sein Leid und entwertet zugleich sich selbst.[54] Als ob der emotionale Peiniger das nicht schon genug tun würde! Manche Opfer drehen sich gleichsam um sich selbst und sind kaum noch bereit zu positiven Sichtweisen. Eigene Schwächen werden überzeichnet, man nimmt sich als defizitär und fehlerhaft wahr. Rückschläge und Stagnation werden ausschließlich mit negativen Emotionen und Grübeleien in Verbindung gebracht.

Mit der Bereitschaft zu mehr Selbstmitgefühl steht hingegen nicht Selbstkritik, sondern Anerkennung und Wohlwollen gegenüber der eigenen Person im Vordergrund. Wie gut das für Leib und Seele ist, haben etliche Studien gezeigt: Menschen mit der Fähigkeit zu Selbstmitgefühl sind seltener ängstlich oder depressiv.[55]

Selbstmitgefühl steigert nicht nur die psychische Widerstandskraft des Menschen, es wirkt sich auch positiv auf diverse Organsysteme und das Wohlbefinden insgesamt aus, wie mehrere Untersuchungen gezeigt haben. Als man Testpersonen für eine Studie darin geschult hatte, mitfühlender zu sich zu sein, sank sogleich ihr Cortisolspiegel, und ihr Herz wechselte lebhafter die Frequenz.[56] Dies bedeutet, dass der Puls bei seelischen wie körperlichen Veränderungen sofort rascher oder langsamer schlägt und eine große Variabilität aufweist. Wenn sich das Herz schnell anpasst, spricht das für eine stimmige Reaktion des Organismus auf Gefühle. Reagiert das Herz nur mit Pulsschwankungen im engen Rahmen auf unterschiedliche Belastungen, könnte das auf eine eingeschränkte Herzfunktion deuten.[57]

Werden geringere Mengen des «Stresshormons» Cortisol freigesetzt, fällt auch die Stressreaktion nach Beleidigungen und Beschimpfungen geringer aus. Zwar steigen Herzschlag, Blutdruck und Atmung bei emotionalen Belastungen an; die Stressreaktion ebbt jedoch schnell wieder ab, sodass Adern, Nerven und Organsysteme nur kurz negativen Einflüssen ausgesetzt sind. Auch chronische Entzündungen, die besonders schädlich für den Körper sind, entstehen dann nicht so schnell. Depressive Gefühle und Angstattacken werden ebenfalls seltener, die Stressreaktion fällt allenfalls milde aus.[58]

Selbstmitgefühl beruht auf der Erkenntnis, dass es gut ist, so wie man ist – passt schon, wie die Bayern sagen, mit allen Macken und Fehlern. Um sich wertzuschätzen, muss man weder herausragend noch besser sein als andere. Und es sich erst recht nicht gefallen lassen, von anderen entwertet zu werden.

Selbstmitgefühl stellt sich oft schon ein, wenn man sich vornimmt, gütig mit sich umzugehen und sich selbst so zu behandeln wie seinen besten Freund. Also freundlich, umsichtig und verständnisvoll – und bei Bedarf natürlich auch verzeihend. Dann erkennt man schnell, wie liebenswürdig man um seiner selbst willen ist. Nicht weil man irgendetwas erreicht hätte, sondern weil man so ist, wie man ist.

Mitgefühl statt emotionaler Gewalt

Sie denken nur an sich selbst, für andere interessieren sie sich kaum – und auch nicht dafür, was diese von ihnen denken. Neurotische Menschen haben ein eindimensionales Verständnis von sich und der Welt. Was sich nicht unmittelbar in ihrem Kosmos abspielt, ist ihnen egal. Sie teilen aus, stecken aber schlecht ein, kränken und verletzen die Menschen in ihrem Umfeld, manchmal ohne es zu bemerken. Umso erstaunlicher sind die Erkenntnisse von Psychologen, wonach auch solche Menschen mitfühlend sein können – wenn sie Hilfestellung dabei bekommen.[59]

Wissenschaftler aus England haben Freiwillige untersucht, die zwar psychisch gesund und teilweise sogar recht erfolgreich waren – aber deutlich narzisstische Merkmale zeigten. In dem Versuch erzählte man den Narzissten zunächst vom Ende einer Beziehung. Doch egal, wie heftig die Partnerschaft zerbrach, die Probanden konnten kein Mitgefühl empfinden. Das änderte sich auch dann nicht, wenn man ihnen sagte, dass die Verlassenen depressiv wurden und stark unter der Trennung litten.

In einem weiteren Versuch sahen narzisstische Frauen ein Video, in dem eine Person von ihrem Partner geschlagen und gedemütigt wurde. Die Teilnehmerinnen sollten sich vorstellen, wie sich der Misshandelte fühlt – und empfanden daraufhin Mitgefühl. Narzisstinnen, die nicht aufgefordert wurden, sich in die Rolle des Opfers zu versetzen, ließ die Erniedrigung, die sie mitansehen mussten, auch weiterhin kalt.

Dazu passte auch die Beobachtung der Körperfunktionen. So blieb der Puls der Probandinnen konstant, auch wenn sie andere leiden sahen. Wer die Perspektive des Opfers einnahm, reagierte hingegen mit gesteigertem Herzschlag und erhöhter Atemfrequenz.

«Ermutigen wir Narzissten, die Situation aus der Sicht anderer zu betrachten, reagieren sie oft angemessen und sogar empathisch auf fremdes Leid», sagt Studienleiterin Erica Hepper. «Das ist nicht nur besser für die Menschen in ihrer Umgebung, sondern langfristig auch für ihr Wohlbefinden und ihre Beziehungen.» Auch für die Gesellschaft ist es von Vorteil, Psychopathen Mitgefühl beizubringen. Zwar sind viele Narzissten von sich überzeugt, aber sie stiften in ihrem Umfeld oft Ärger an, beleidigen und erniedrigen andere. Ausgeprägte Fälle tendieren sogar zu Gewalt.

Narzissten sind also durchaus fähig zu Mitgefühl, nur nicht immer dazu bereit. «Die Fähigkeit zum Mitgefühl ist nicht statisch», sagt Peter Henningsen. «Empathie ist auch eine Frage von Bereitschaft und Motivation.» Und die lässt sich bei jedem Menschen wecken, auch wenn der erste Eindruck ein ganz anderer ist.

Abhärtung durch Sticheleien?

Der Gedanke klang bereits an: Stärkt es vielleicht die psychischen Abwehrkräfte, immer mal wieder kleinen Gemeinheiten bis hin zu größeren Kränkungen ausgesetzt zu sein? Oder machen sie mehr kaputt, als man denkt? «Gemeinheiten an sich sind zu gar nichts gut! Sie verletzen und machen tendenziell krank», sagt Harald Gündel, Chef der Klinik für Psychosomatik am Universitätsklinikum Ulm. «Doch es wäre wohl naiv zu erwarten, dass Kränkungen im Leben überhaupt nicht vorkommen. Konflikte und Aggression gehören zum Wesen des Menschen. Entscheidend ist es daher zu lernen, möglichst konstruktiv damit umzugehen und sie für die Zukunft zu vermeiden.» Mit der Erfahrung im Rücken, einen Konflikt gut überstanden zu haben, kann man durchaus als gestärkte Persönlichkeit aus solchen Situationen hervorgehen. Grundsätzlich nämlich macht eine erfolgreiche Bewältigung von dosierten Stresserlebnissen eher resistent gegen spätere Widrigkeiten des Lebens als die vollkommene Abwesenheit von Belastungen.

«Alles, womit wir umgehen und was wir gut in unsere Persönlichkeit integrieren können, führt zur persönlichen Weiterentwicklung», sagt Marcus Schiltenwolf. «Krankheit und Kränkung sind nicht nur Krise, sondern auch Chance. Allerdings ist es eben sehr unterschiedlich, inwieweit Menschen sich in Ausnahmesituationen weiterentwickeln können.» Manche Leute, die unselbständig sind und sich nichts zutrauen, sind in der Krise schnell überfordert. Und wer keine Hilfe annehmen kann, mag zunächst noch sich selbst vertrauen, ist aber im weiteren Verlauf nicht in Lage, die Perspektive zu wechseln und einen anderen Blick auf die Situation zuzulassen.

«Schön wäre es ja, wenn die Impftheorie zutreffen würde», sagt Dieter Frey. «Ich werde mit kleinen Gemeinheiten geimpft und dadurch gegen größere Gemeinheiten immun. Die Forschung zeigt allerdings, dass solche Gemeinheiten den Selbstwert, die private und soziale Identität einer Person bedrohen können und es eben nicht jedem gelingt, gestärkt daraus hervorzugehen.« Andererseits muss man anerkennen, dass Menschen, die chronisch mit Erniedrigungen konfrontiert werden, wie beispielsweise Kleinwüchsige, Farbige oder Dicke, sich tatsächlich an bestimmte Gemeinheiten gewöhnt und gelernt haben, sie nicht mehr persönlich zu nehmen. Trotzdem wird niemand sie gern hören.

Die Schmerztablette gegen Kummer?

Der Partner hat jahrelang Affären gehabt und keinen Seitensprung ausgelassen, und nun fliegt der fortgesetzte Betrug plötzlich auf? Darauf erst mal eine Paracetamol, dann ist es vielleicht nicht ganz so schlimm. Im Büro starten die Kollegen die nächste Mobbing-Offensive, und eine Intrigantin setzt allerlei böse Gerüchte in die Welt? Wirklich nicht schön, lässt sich aber mit ein paar Ibuprofen womöglich besser ertragen.

Nein, es geht hier ausdrücklich nicht um Psychopharmaka. Vielmehr sollen Schmerzmittel als Therapie nicht nur gegen körperliche, sondern auch gegen seelische Schmerzen funktionieren. Paracetamol, Ibuprofen und Co. also gegen Liebeskummer, Einsamkeit und Gemeinheiten vom Chef? Klingt zunächst ungewöhnlich, doch immer mehr Forschungsergebnisse deuten darauf hin, dass die Medikamentenklassiker zur Linderung physischer Pein auch das psychische Leid verringern. Psychologen und Hirnforscher der University of California in Santa Barbara haben gezeigt, wie die populären Mittel auch Gedanken und Emotionen beeinflussen – und was daraus für den Umgang mit den frei verkäuflichen Präparaten folgen könnte.

Die Wissenschaftler um den Sozialpsychologen Kyle Ratner

haben eine Fülle von Befunden zusammengetragen. Zwar blieben noch etliche Fragen offen, weil diese Art von Forschung vergleichsweise jung sei, aber die Studien «hätten das Potenzial, unser Verständnis davon zu ändern, wie beliebte Schmerzmittel Millionen Menschen beeinflussen, die sie schlucken», so die Autoren. Politiker und Ärzteverbände müssten womöglich die freie Verfügbarkeit der Arzneimittel einschränken, sollten sie tatsächlich so starken Einfluss auf die Gefühlsverarbeitung und andere kognitive Prozesse haben.

Ein kurzer Rückblick: Im Jahr 2003 fanden Hirnforscher erste Hinweise darauf, dass körperliche und seelische Schmerzen in denselben Regionen des Gehirns verarbeitet werden.[60] «Soziale und physische Schmerzen überlappen sich», sagt Naomi Eisenberger von der University of California in Los Angeles. «Wer ausgegrenzt und einsam ist, reagiert oft schmerzempfindlicher.» Seitdem gibt es zahlreiche Erkenntnisse darüber, wie das seelische Befinden die Wahrnehmung physischer Schmerzreize moduliert.

Dass beispielsweise der Schmerz darüber, vom besten Freund verraten worden zu sein, mit der Metapher «in den Rücken fallen» umschrieben wird, sei kein sprachlicher Zufall, sondern untermauere die Nähe der Nervenverschaltungen für physische wie psychische Torturen im Gehirn, sagt Ratner. Die neuronale Nachbarschaft im limbischen System bringe zudem weitere Wechselwirkungen zwischen Körper und Psyche mit sich – und zwar in beide Richtungen.

2010 erschienen erste Studien, in denen Probanden regelmäßig Schmerzmittel wie Paracetamol verabreicht wurden, die sich daraufhin weniger verletzt und erschüttert von den Kränkungen des Alltags zeigten.[61] Weitere Analysen ergaben, dass die Medikamentenwirkung wiederum hauptsächlich die Inselregion, den Mandelkern und andere Hirnareale rund um das limbische System betraf, in denen emotionale Belastungen bevorzugt verarbeitet werden.

Dort dämpften Ibuprofen, Paracetamol und Co. die neuronale Aktivität am stärksten.

Doch nicht nur die Selbstwahrnehmung bei sozialer Zurückweisung und Kummer wurde mit Hilfe der Schmerzkiller unterdrückt, auch die Gefühle für andere fallen dann offenbar dürftiger aus. So führte die Einnahme von Paracetamol dazu, dass Probanden weniger empathisch reagierten, wenn andere Versuchsteilnehmer körperlichen Schmerzen ausgesetzt waren oder von einer Gruppe ausgeschlossen wurden. «Unter Analgetika reagieren Menschen weniger empfindlich auf das Leid anderer und fühlen sich weniger davon angesprochen», sagt Kyle Ratner. «Das scheint spezifisch auf die Schmerzmedikamente zurückzuführen zu sein, denn ansonsten war ihre Stimmung nicht verändert.»

Frei verkäufliche Schmerzmittel gelten als harmlos, auch wenn in jüngster Zeit immer wieder Berichte über schwere Nebenwirkungen an Herz, Leber und Magen bekannt wurden. Fast jeder hat sie zu Hause im Apothekerschrank, in Arztpraxen und Kliniken gehören sie zu den bekanntesten Medikamenten. Doch womöglich hat es weitreichende Folgen, wenn sie weiterhin millionenfach geschluckt werden. Schließlich gelten körperlicher wie seelischer Schmerz als Alarmsignale, denen evolutionär eine wichtige Bedeutung zukam. Schmerz zeigt an, dass entweder die Organfunktionen des Menschen oder seine sozialen Beziehungen akut bedroht sind. Wird er medikamentös unterdrückt, fehlen die entsprechenden Warnhinweise.

Dies kann sogar so weit führen, dass die Kräfte des Menschen zur Selbstbehauptung geschwächt werden. In einer Studie beschäftigten sich Menschen unter Paracetamoleinfluss weniger mit ihrer eigenen Endlichkeit und kümmerten sich weniger um soziale Kontakte oder Zukunftspläne. Ihnen wurde zunehmend alles egal. Betäuben Schmerzmittel die Seele vielleicht so sehr, dass die Behandlung von chronischen Rückenschmerzen, Rheuma oder

Kopfweh als Nebenwirkung empfindungslose Psychowracks zurücklässt, die für nichts mehr zu begeistern sind?
Dieses provokante Fazit wäre wohl übertrieben, das Forschungsfeld sei überdies noch jung, betonen die Autoren. «Dennoch sind die vielfältigen Befunde alarmierend», sagt Kyle Ratner. «Wer Schmerzmittel nimmt, will schließlich nur seine körperlichen Beschwerden loswerden und rechnet nicht mit umfassenden psychischen Auswirkungen.»
Politiker und Ärzteverbände sollten deshalb abwägen, ob zumindest der oft unbedachte Einsatz von Schmerzmitteln bei Schwangeren und Kindern künftig besser kontrolliert werden müsste. «Welche Langzeitfolgen hat es beispielsweise, wenn die Gefühlsverarbeitung während der frühen Hirnentwicklung immer wieder gedämpft wird?», fragen die Psychologen aus Santa Barbara. Oder begünstigen Analgetika wie Paracetamol gar ADHS, weil sie eben auch in die Impulskontrolle eingreifen können, wie vorläufige Studien nahelegen?
Natürlich ließen sich die neuen Erkenntnisse auch positiv nutzen. Paracetamol nach dem Zoff mit dem Partner, Ibuprofen nach der Standpauke vom Vorgesetzten – und die Welt sieht schon wieder viel erträglicher aus. «Diese Medikamente finden sich in jeder Arztpraxis und Klinik, sie gehören rund um die Welt in jedem Alter und jeder Klasse zum modernen Leben», sagt Ratner. «Wir sollten mehr darüber wissen, um die Gefahren, aber auch den möglichen sozialen Nutzen besser zu erkennen.»

Spray gegen das Trauma?

Wer Schlimmes erlebt hat, kommt oft lange nicht davon los. Immer wieder tauchen die grässlichen Bilder in der Erinnerung auf. Auch körperlich macht sich das bemerkbar: Über Jahre können

Unruhe, Angst, emotionale Taubheit und Vermeidungsverhalten die Folge sein und zu einer posttraumatischen Belastungsstörung beitragen.

Ärzte und Psychologen vom Klinikum der Technischen Universität München und des Max-Planck-Instituts für Psychiatrie haben gezeigt, dass das Hormon Oxytocin die Symptome solcher Patienten lindern und möglicherweise die Behandlung ergänzen kann.[62] Das Team um den Traumaforscher Martin Sack hatte traumatisierten Frauen im Alter von durchschnittlich 40 Jahren entweder Oxytocin per Nasenspray oder ein Scheinpräparat gegeben. Nach zweiwöchiger Behandlung ließen die typischen PTBS-Symptome nach, besonders die Angst und das Vermeidungsverhalten waren nicht mehr so stark ausgeprägt.

Zusätzlich erfassten die Forscher verschiedene Parameter der Herzaktion. Dabei zeigte sich, dass sich die Variabilität des Herzschlags erhöhte und auch andere Funktionen sich verbesserten. Diese Veränderungen sprechen dafür, dass die körpereigene Stressregulation effizienter wurde und dass die autonome Steuerung der kardialen Erregung nicht mehr so stark aktiviert ist.

«Wir zeigen erstmals, dass Oxytocin die Intensität der PTBS-Symptome bei Frauen vermindern kann», sagt Traumaexperte Martin Sack. «Das könnte eine neue Therapieoption sein in Ergänzung zur Psychotherapie.» Bisher galt Oxytocin populär vor allem als Kuschel- und Bindungshormon, das den Milcheinschuss nach der Geburt begünstigt und die Verbundenheit von Mutter und Kind stärkt. In zahlreichen Experimenten wurde gezeigt, dass Oxytocin per Nasenspray auch Treueschwüre festigt, das Vertrauen gegenüber anderen erhöht und Menschen dazu anregt, Fremden Geld zu leihen oder sich ihnen anderweitig anzuvertrauen.

«Das waren bisher allesamt spannende Erkenntnisse, aber wenn mit Oxytocin sogar die Beschwerden nach einer Traumatisierung gelindert werden können, ist das schon ein anderes Kaliber und sehr vielversprechend», sagt Peter Henningsen. «Es geht ja nicht darum, die Psychotherapie zu ersetzen, sondern sie eventuell um diese neue Behandlungsoption zu ergänzen.» Ein Hub aus der Spraydose gegen die Angst.

Bisher gestaltet sich die Behandlung einer PTBS zumeist ziemlich langwierig und schwierig. Verschiedene Medikamente wie Naloxon und diverse Antidepressiva werden mit wechselndem Erfolg ausprobiert, aber eine stabil wirksame medikamentöse Standardtherapie gibt es nicht. Patienten geht es meistens besser, wenn sie sich im Rahmen einer Psychotherapie mit der traumatisierenden Erfahrung auseinandersetzen und sich dabei geborgen fühlen – was viele Jahre dauern kann. Auch spezifische Traumatherapien wie EMDR können helfen. Die Abkürzung steht für das englische Wortungetüm «Eye movement desensitization and reprocessing». Man kann das übersetzen mit Desensibilisierung und Neuorientierung durch Augenbewegungen. Dabei wird versucht, mit Hilfe beruhigender Bewegungsmuster das Stressniveau während der Konfrontation mit dem Trauma zu senken.

Runter mit dem Stresspegel

Der Patientin war nichts Auffälliges anzumerken. Sie kam zur Anmeldung in die Arztpraxis, die Sprechstundenhilfe wollte die ihr Unbekannte gerade freundlich begrüßen. Plötzlich zog diese jedoch ein Messer hervor und stach auf die Assistentin ein. Die junge Frau kam erst wieder zu sich, als sie im Krankenhaus versorgt wurde.[63] Die äußerlichen Wunden waren bald verheilt, die seelischen saßen indes tiefer. Könnte sie jemals wieder ihren Beruf ausüben? Würde sie bei jedem neuen Patienten argwöhnisch werden? Sie wollte sich nicht damit abfinden, ihren Beruf aufzugeben, und suchte ärztliche Hilfe.

Martin Sack, Experte für Traumabehandlung in München, bewegt seine Hand vor dem Gesicht der Frau, während sie von ihren Erlebnissen in der Praxis erzählt. Der Arzt führt den erhobenen Zeigefinger zügig hin und her. Die Frau konzentriert sich auf den Finger, schildert detailliert den Überfall und ist noch deutlich aufgewühlt. Man merkt, wie angespannt sie ist. Die Gedanken an die Messerattacke lösen Unruhe in ihr aus. Sie ringt mit sich. In der zweiten Sitzung ist die junge Frau deutlich entspannter. Sie erzählt, ohne aufgeregt zu sein. Erst gegen Ende der Sitzung muss sie weinen, weil sie von der Erinnerung an die Attacke überwältigt wird.

Während der dritten Sitzung erinnert sie sich an weitere Details des Angriffs, die zunächst verschwunden waren. Sie ist selbst erstaunt, weil sie plötzlich wieder weiß, «wie es am Rücken plötzlich ganz warm wurde, als sie auf mich eingestochen hat». «Ganz eigenartig, im ersten Augenblick nicht so sehr Schmerz, sondern etwas Neuartiges.» Nach nur drei weiteren Sitzungen nahm sie ihren alten Beruf wieder auf.

Martin Sack hat die Behandlung der Patientin auf Video aufgenommen. Geholfen hat ihr die EMDR-Technik, die so simpel wie einleuchtend klingt.[64] Demnach hinterlassen furchtbare Erlebnisse wie der tätliche Angriff Spuren. Die Erinnerungen an die Tat sind im emotionalen Gehirn mit Gefühlen der Angst und Panik verknüpft. Der Körper reagiert deshalb mit Stress, wenn der Überfall vor dem inneren Auge wieder stattfindet. Die Alarmreaktion des Organismus läuft wie während der tatsächlichen Attacke selbst auf Hochtouren.

EMDR kann den Stresspegel senken, vermutlich weil die regelmäßigen Augenbewegungen beruhigende Signale an das Gehirn senden, während das Opfer gleichzeitig vom Tathergang erzählt.

Die sich befeuernde Wechselwirkung von furchtbarer Erinnerung und innerer Unruhe wird auf diese Weise gehemmt. Die Assoziationen zu der prägenden Erinnerung werden im Gehirn neu – und angenehmer – verknüpft.[65] «Man muss den Zugang zu dem traumatisierenden Erlebnis finden und es gezielt angehen», sagt Martin Sack. «Dann kann man dort einsteigen, wo die emotionale Belastung am größten ist.»

EMDR als Traumatherapie geht wesentlich auf Francine Shapiro zurück. Der Legende nach hat die kalifornische Therapeutin einer Freundin von ihrer aufwühlenden Trennung erzählt, als sie mit ihr durch einen Park ging. Am Rande ihres Gesichtsfeldes bewegten sich die Bäume im Wind, und sie merkte, wie sie sich während des Spaziergangs immer mehr beruhigte. Das brachte sie auf die Idee, diese Form der optischen Desensibilisierung auch bei Patienten auszuprobieren.

Zwar ist die Methode nicht allen Ärzten bekannt und gilt zum Teil sogar als umstritten. Bei Traumapatienten lassen sich jedoch erstaunliche Erfolge erzielen.[66] So zeigten sich Patienten mit schweren seelischen Traumata nach nur jeweils drei neunzigminütigen Sitzungen nach der EMDR-Methode ein Jahr später in deutlich verbessertem Zustand.

Ähnlich positiv kann sogenanntes Tapping auf Angst und Unruhe wirken, eine vergleichbare Methode. Sie hilft auch bei Kindern, so etwa bei einem Jungen, der sich vor Hunden fürchtete. In mehreren Sitzungen lernte das Kind, weniger angespannt zu reagieren, wenn Hunde seinen Weg kreuzten. Dazu klopfte der Therapeut rhythmisch im Wechsel mit seinen Händen auf die Oberschenkel des Jungen, während der von unschönen Zusammentreffen mit Hunden erzählte. Sein Stresspegel wurde verringert, obwohl die Erinnerung an die unliebsamen Tiere gerade in ihm hochkam.

Wenig später hatte der Junge deutlich weniger Angst. Er ist

zwar noch kein Hundefreund, aber zutrauliche Tiere streichelt er sogar gelegentlich. Den Hundehaltern, die sich mit ihren Tieren regelmäßig an seinem Schulweg trafen, konnte er schon bald gelassen begegnen. Ein, zwei Jahre zuvor hätte er einen Umweg genommen.

Tapping und EMDR können dabei helfen, die Unruhe zu mindern, die sich oft nach einschneidenden Erlebnissen einstellt. Auch für die Opfer emotionaler Gewalt wäre es ein erster Schritt, wenn die Erinnerung an Kränkung und Erniedrigung nicht auf ewig mit vermehrtem Stress und innerer Anspannung einherginge.

Was wichtig ist
- *Kränkungen muss man nicht einfach hinnehmen und sich gefallen lassen, man kann sich dagegen wehren. Auch Choleriker und Psychopathen kann man ins Leere laufen lassen, ohne sich unterzuordnen. Wer zudem mehr Selbstmitgefühl und Selbstachtung aufbringt, ist besser geschützt.*
- *Es hilft, sich nicht bereitwillig zum Opfer machen zu lassen. Damit aus Gemeinheiten und Kränkungen emotionale Gewalt wird, braucht es zwei Seiten. Dabei hat man es oft selbst in der Hand, die Attacken nicht so nah an sich heranzulassen, dass sie destruktiv wirken und bleibende Wunden schlagen.*
- *Seelische «Abhärtung» durch dauernde kleine Attacken auf die Psyche ist nicht wünschenswert, sondern ein permanentes Ärgernis. Zwar kann sich ein Gewöhnungseffekt einstellen, besser geschützt sind Menschen jedoch nicht, wenn sie ständig gepiesackt oder gar gedemütigt werden.*
- *Seelischer und körperlicher Schmerz überschneiden sich. Deshalb wirken Schmerzmittel auch gegen psychisches Leid. Zuwendung und Mitgefühl werden im Körper hormonell vermittelt; hier gibt es Forschungsansätze, wie emotionale Nähe – statt Gewalt – gefördert werden kann.*
- *Führen emotionale Gewalt und andere erschütternde Erfahrungen zu einer posttraumatischen Belastungsstörung, ist therapeutische Hilfe unumgänglich. Verschiedene Verfahren stehen zur Verfügung; besonders entlastend ist es, wenn die mit dem Trauma verbundene Stressreaktion gedämpft wird.*

SCHLUSSWORT
KÜMMERN, TEILEN, LIEBEN

Wie wichtig es ist, allen Menschen, aber besonders Kindern, mit «wohlwollenden Vorurteilen» zu begegnen, zeigt die neueste Forschung überdeutlich. Häme, Abwertung und Erniedrigung sind zu gar nichts gut. Emotionale Gewalt schadet. Psychoterror und der Versuch, Gefühle zu manipulieren, äußern sich mal als subtiler Druck, mal als massive Bedrohung. Sie machen das Leben schwer, sollen Schuldgefühle auslösen und ein schlechtes Gewissen bereiten.

Kränkungen müssen nicht, aber sie können krank machen und dauerhafte Schäden hinterlassen. Viele Betroffene haben es allerdings selbst in der Hand, sich zu wehren. Kein Erwachsener muss zulassen, dass sich die Gemeinheiten anderer in seiner Seele festsetzen. Dafür gibt es zahlreiche Techniken und Strategien. Die Vielfalt der eigenen Ressourcen, ein stärkendes, stabiles Umfeld und viele kräftigende Erlebnisse und Erfahrungen tragen dazu bei.

Zurückweisung, Erniedrigung und Vernachlässigung können aber nicht nur zu individuellen Beeinträchtigungen führen. Der Schmerz der Ablehnung löst manchmal größte Wut auf andere und oft auch Aggressionen gegenüber Fremden aus. Es kann sogar gravierende politische Folgen haben, wenn erhebliche Teile einer Gesellschaft gekränkt sind, sich vergessen und abgehängt fühlen. Nichts anderes haben die Wahlen in vielen Ländern und die Bildung immer extremistischerer Strömungen und Parteien in jüngster Zeit gezeigt.

Der Zusammenhang zwischen individuellem Leid, den Kränkungen innerhalb einer Gesellschaft und dem politischen Klima wurde bisher von der Forschung vernachlässigt. Dabei zeigt sich, wie das Verhalten größerer Gruppen gegenüber Fremden und Andersdenkenden zur Bildung radikaler Parteien oder zur Unterstützung rassistischer Führer weltweit führt und ständig neue Krisen hervorbringt. Der erste Keim für Hass und Ablehnung wird in zwischenmenschlichen Beziehungen und oft schon in allerfrühester Kindheit gelegt.

«Niemand hält es aus, ständig von bösartigen Bewertungen übersät zu werden», sagt der Bindungsexperte Karl Heinz Brisch. «Das macht krank. Oder wütend.» Dass frühe Bindungen und verlässliche Beziehungen in Deutschland und vielen anderen westlichen Ländern noch lange nicht als wesentliche Grundlage des Miteinanders anerkannt und vor allem geschützt werden, erlebte Brisch während einer Tagung in Neuseeland, an der auch einheimische Maori-Heiler teilnahmen.

Die Maori baten alle Kongressbesucher zu Beginn des Symposiums, drei Dinge zu benennen, die eine Gesellschaft ihren Kindern als Wichtigstes mitgeben sollte. Die westlichen Bindungsforscher diskutierten ewig und fanden auch nach mehreren Stunden am Ende keinen gemeinsamen Nenner, auf den sie sich hätten einigen können. Die Maori waren sich nach nur einer halben Minute über die wichtigsten Punkte der Agenda einig: Caring, Sharing, Loving – sich kümmern, teilen und lieben.

ANMERKUNGEN

1. Der Tagungsband dazu: Brisch KH (Hg.): Bindung und emotionale Gewalt. Stuttgart 2017
2. Cole SW: Social Regulation of Human Gene Expression: Mechanisms and Implications for Public Health. American Journal of Public Health 2013;103:84
3. Holt-Lunstad J: Why Social Relationships Are Important for Physical Health: A Systems Approach to Understanding and Modifying Risk and Protection. Annual Review of Psychology 2018;69:437
   Holt-Lunstad J, Smith TB, Layton JB: Social Relationships and Mortality Risk: A Meta-analytic Review. PLo-S Medicine 2010;7:e1000316
4. Gould F, Clarke J, Heim C, Harvey PD, Majer M, Nemeroff CB: The Effects of Child Abuse and Neglect on Cognitive Functioning in Adulthood. Journal of Psychiatric Research 2012;46:500
5. Stern R: Der Gaslight-Effekt. Wie sie versteckte emotionale Manipulationen erkennen und abwenden. München 2017
6. Weaver SA, Diorio J, Meaney MJ: Maternal Separation Leads to Persistent Reductions in Pain Sensitivity in Female Rats. Journal of Pain 2007;8:962
   Champagne FA, Meaney MJ: Transgenerational Effects of Social Environment on Variations in Maternal Care and Behavioral response to Novelty. Behavioral Neuroscience 2007;121:1353
7. Klengel T, Mehta D, Anacker C, Rex-Haffner M, Pruessner JC, Pariante CM, Pace TW, Mercer KB, Mayberg HS, Bradley B, Nemeroff CB, Holsboer F, Heim CM, Ressler KJ, Rein T, Binder EB: Allele-specific FKBP5 DNA demethylation mediates gene-childhood trauma interactions. Nature Neuroscience 2013;16:33
8. Watkins LE, Han S, Harpaz-Rotem I, Mota NP, Southwick SM, Krys-

tal JH, Gelernter J, Pietrzak RH: FKBP5 polymorphisms, childhood abuse, and PTSD symptoms: Results from the National Health and Resilience in Veterans Study. Psychoneuroendocrinology 2016;69:98

9 Mills KL, Goddings AL, Clasen LS, Giedd JN, Blakemore SJ: The Developmental Mismatch in Structural Brain Maturation During Adolescence. Developmental Neuroscience 2014;36:147

10 Giedd JN: The Amazing Teen Brain. Scientific American 2015;312:32
Keshavan MS, Giedd J, Lau JY, Lewis DA, Paus T: Changes in the adolescent brain and the pathophysiology of psychotic disorders. Lancet Psychiatry 2014;1:549

11 Hanson JL, Nacewicz BM, Sutterer MJ, Cayo AA, Schaefer SM, Rudolph KD, Shirtcliff EA, Pollak SD, Davidson RJ: Behavioral Problems After Early Life Stress: Contributions of the Hippocampus and Amygdala. Biological Psychiatry 2015;77:314

12 Tottenham N, Sheridan MA: A Review of Adversity, the Amygdala and the Hippocampus: a Consideration of Developmental Timing. Frontiers in Human Neuroscience 2010;3:68

13 Fuge P, Aust S, Fan Y, Weigand A, Gärtner M, Feeser M, Bajbouj M, Grimm S: Interaction of Early Life Stress and Corticotropin-releasing Hormone Receptor Gene: Effects on Working Memory. Biological Psychiatry 2014;76:888
Grimm S, Wirth K, Fan Y, Weigand A, Gärtner M, Feeser M, Dziobek I, Bajbouj M, Aust S: The interaction of corticotropin-releasing hormone receptor gene and early life stress on emotional empathy. Behavioural Brain Research 2017;329:180

14 Furman B: Es ist nie zu spät, eine glückliche Kindheit zu haben. Dortmund 2013

15 Doom JR, Mason SM, Suglia SF, Clark CJ: Pathways between childhood/adolescent adversity, adolescent socioeconomic status, and long-term cardiovascular disease risk in young adulthood. Social Science & Medicine 2017;188:166

16 Suglia SF, Koenen KC, Boynton-Jarrett R, Chan PS, Clark CJ, Danese A, Faith MS, Goldstein BI, Hayman LL, Isasi CR, Pratt CA, Slopen N, Sumner JA, Turer A, Turer CB, Zachariah JP: Childhood and Adolescent Adversity and Cardiometabolic Outcomes: A Scientific Statement From the American Heart Association. Circulation 2018;137:e15

17 Vidi V, Rajesh V, Singh PP, Mukherjee JT, Lago RM, Venesy DM, Waxman S, Pyne CT, Piemonte TC, Gossman DE, Nesto RW: Clinical characteristics of tako-tsubo cardiomyopathy. American Journal of Cardiology 2009;104:578
18 Regnante RA, Zuzek RW, Weinsier SB, Latif SR, Linsky RA, Ahmed HN, Sadiq I: Clinical characteristics and four-year outcomes of patients in the Rhode Island Takotsubo Cardiomyopathy Registry. American Journal of Cardiology 2009;103:1015
19 Ghadri JR, Sarcon A, Diekmann J, Bataiosu DR, Cammann VL, Jurisic S, Napp LC, Jaguszewski M, Scherff F, Brugger P, Jäncke L, Seifert B, Bax JJ, Ruschitzka F, Lüscher TF, Templin C; InterTAK Co-investigators: Happy heart syndrome: role of positive emotional stress in takotsubo syndrome. European Heart Journal 2016;37:2823
20 Tawakol A, Ishai A, Takx RA, Figueroa AL, Ali A, Kaiser Y, Truong QA, Solomon CJ, Calcagno C, Mani V, Tang CY, Mulder WJ, Murrough JW, Hoffmann U, Nahrendorf M, Shin LM, Fayad ZA, Pitman RK: Relation between resting amygdalar activity and cardiovascular events: a longitudinal and cohort study. Lancet 2017;389:834
21 Yusuf S, Hawken S, Ounpuu S, Dans T, Avezum A, Lanas F, McQueen M, Budaj A, Pais P, Varigos J, Lisheng L; INTERHEART Study Investigators: Effect of potentially modifiable risk factors associated with myocardial infarction in 52 countries (the INTERHEART study): case-control study. Lancet 2004;364:937
22 Bot I, Kuiper J: Stressed brain, stressed heart? Lancet 2017;389:770
23 In vielen Städten werden beispielsweise Kurse unter dem Begriff «Safe – sichere Ausbildung für Eltern» angeboten
24 Diamond J: Vermächtnis: Was wir von traditionellen Gesellschaften lernen können. Frankfurt a. M. 2012
25 Katz LF, Gottman JM: Buffering children from marital conflict and dissolution. Journal of Clinical Child Psychology 1997;26:157
26 Eluvathingal TJ, Chugani HT, Behen ME, Juhász C, Muzik O, Maqbool M, Chugani DC, Makki M: Abnormal brain connectivity in children after early severe socioemotional deprivation: a diffusion tensor imaging study. Pediatrics 2006;117:2093.
Chugani HT, Behen ME, Muzik O, Juhász C, Nagy F, Chugani DC: Local Brain Functional Activity Following Early Deprivation: A Study

of Postinstitutionalized Romanian Orphans. Neuroimage 2001; 14:1290

27 Sheridan MA, Fox NA, Zeanah CH, McLaughlin KA, Nelson CA 3rd: Variation in neural development as a result of exposure to institutionalization early in childhood. Proceedings of the National Academy of Sciences of the USA 2012;109:12927

28 Shirtcliff EA, Coe CL, Pollak SD: Early childhood stress is associated with elevated antibody levels to herpes simplex virus type 1. Proceedings of the National Academy of Sciences 2009;106:2963

29 Radesky JS, Kistin C, Eisenberg S, Gross J, Block G, Zuckerman B, Silverstein M: Parent Perspectives on Their Mobile Technology Use: The Excitement and Exhaustion of Parenting While Connected. Journal of Developmental & Behavioral Pediatrics 2016;37:694

30 Radesky JS, Eisenberg S, Kistin CJ, Gross J, Block G, Zuckerman B, Silverstein M: Overstimulated Consumers or Next Generation Learners? Parent Tensions About Child Mobile Technology Use. Annals of Family Medicine 2016;14:503

31 Opondo C, Redshaw M, Savage-McGlynn E, Quigley MA: Father involvement in early child-rearing and behavioural outcomes in their preadolescent children: evidence from the ALSPAC UK birth cohort. BMJ Open 2016;6:e012034

32 King KA, Vidourek RA, Merianos AL: Authoritarian parenting and youth depression: Results from a national study. Journal of Prevention and Intervention in the Community 2016;44:130

33 Bartens W: Was Paare zusammenhält. Warum man sich riechen können muss und Sex überschätzt wird. München 2013

34 Ten Brinke L, Kish A, Keltner D: Hedge Fund Managers With Psychopathic Tendencies Make for Worse Investors. Personality and Social Psychology Bulletin 2018;44:214

35 Meyer ML, Williams KD, Eisenberger NI: Why Social Pain Can Live on: Different Neural Mechanisms Are Associated with Reliving Social and Physical Pain. PLoS One 2015;10:e0128294
Muscatell KA, Dedovic K, Slavich GM, Jarcho MR, Breen EC, Bower JE, Irwin MR, Eisenberger NI: Neural mechanisms linking social status and inflammatory responses to social stress. Social cognitive and affective neuroscience 2016;11:915

36 Cyrulnik B: Scham. Die vielen Facetten eines tabuisierten Gefühls. Munderfing 2018
37 Bröckling U: Disziplin: Soziologie und Geschichte militärischer Gehorsamsproduktion. Paderborn 1997
38 Buchmann M, Wermeling M, Lucius-Hoene G, Himmel W: Experiences of food abstinence in patients with type 2 diabetes: a qualitative study. BMJ Open 2016;6:e008907
39 Rosa H: Beschleunigung. Die Veränderung der Zeitstrukturen in der Moderne. Berlin 2005
40 Marantz PR, Bird ED, Alderman MH: A Call for Higher Standards of Evidence for Dietary Guidelines. American Journal of Preventive Medicine 2008;34:234
41 Palant A, Koschack J, Lucius-Hoene G, Karaus M, Himmel W: Dann wirst du bekloppt, weil du von Nutella träumst: Wie erleben Menschen mit chronisch-entzündlichen Darmerkrankungen Essen und Ernährung? 12. Deutscher Kongress für Versorgungsforschung. Berlin 2013
42 Niethammer D: Wenn ein Kind schwer krank ist. Über den Umgang mit der Wahrheit. Berlin 2010
43 Rosenberg AR, Starks H, Unguru Y, Feudtner C, Diekema D: Truth Telling in the Setting of Cultural Differences and Incurable Pediatric Illness: A Review. JAMA Pediatrics 2017;171:1113
44 Die Begebenheit ist ausführlicher geschildert in: Bartens W: Empathie. Die Macht des Mitgefühls: Weshalb einfühlsame Menschen gesund und glücklich sind. München 2015
45 Tinnermann A, Geuter S, Sprenger C, Finsterbusch J, Büchel C: Interactions between brain and spinal cord mediate value effects in nocebo hyperalgesia. Science 2017;358:105
46 Colloca L: Nocebo effects can make you feel pain. Science 2017;358:44
47 Singham T, Viding E, Schoeler T, Arseneault L, Ronald A, Cecil CM, McCrory E, Rijsdijk F, Pingault JB: Concurrent and Longitudinal Contribution of Exposure to Bullying in Childhood to Mental Health: The Role of Vulnerability and Resilience. JAMA Psychiatry 2017;74:1112
48 Silberg J, Kendler KS: Causal and Noncausal Processes Underlying Being Bullied. JAMA Psychiatry 2017;74:1091
49 Hell D: Kränkung und Scham in der Erfolgsgesellschaft. Zeitschrift für Integrative Gestaltpädagogik und Seelsorge 2016;80:28

50 Hochschild, Arlie Russel: Das gekaufte Herz: Zur Kommerzialisierung der Gefühle. Frankfurt a. M., New York 1990
51 Interview in der Frankfurter Rundschau am 19.9.2012
52 Maercker A, Hecker T, Augsburger M, Kliem S: ICD-11 Prevalence Rates of Posttraumatic Stress Disorder and Complex Posttraumatic Stress Disorder in a German Nationwide Sample. Journal of Nervous and Mental Disease. 2018 (Januar) online
53 Neff K: Selbstmitgefühl. Wie wir uns mit unseren Schwächen versöhnen und uns selbst der beste Freund werden. München 2012
54 Bishop SR, Lau M, Shapiro SL, Carlson L, Anderson ND, Carmody J, Segal ZV, Abbey S, Speca M, Velting D, Devins G: Mindfulness: A Proposed Operational Definition. Clinical Psychology: Science and Practice 2004;11:230
55 MacBeth A, Gumley A: Exploring compassion: a meta-analysis of the association between self-compassion and psychopathology. Clinical Psychology Review 2012;32:545
56 Rockcliff H, Gilbert P, McEwan K, Lightman S, Glover D: A pilot exploration of heart rate variability and salivary cortisol responses to compassion-focused imagery. Clinical Neuropsychiatry 2008;5:132
57 Porges SW: The polyvagal perspective. Biological Psychology 2007; 74:116
58 Kuyken W, Watkins E, Holden E, White K, Taylor RS, Byford S, Evans A, Radford S, Teasdale JD, Dalgleish T: How does mindfulness-based cognitive therapy work? Behavior Research and Therapy 2010;48:1105
Neff KD, Germer CK: A pilot study and randomized controlled trial of the mindful self-compassion program. Journal of Clinical Psychology 2013;69:28
59 Hepper EG, Hart CM, Sedikides C: Moving Narcissus: Can Narcissists Be Empathic? Personality and Social Psychology Bulletin 2014;40:1079
60 Eisenberger NI, Lieberman MD, Williams KD: Does rejection hurt? An FMRI study of social exclusion. Science 2003;302:290
Eisenberger NI, Lieberman MD: Why rejection hurts: A common neural alarm system for physical and social pain. Trends in Cognitive Sciences, 2004;8:294
61 Dewall CN, Macdonald G, Webster GD, Masten CL, Baumeister RF, Powell C, Combs D, Schurtz DR, Stillman TF, Tice DM, Eisenberger NI:

Acetaminophen reduces social pain: behavioral and neural evidence. Psychological Science 2010;21:931

62 Sack M, Spieler D, Wizelman L, Epple G, Stich J, Zaba M, Schmidt U: Intranasal oxytocin reduces provoked symptoms in female PTSD patients despite exerting sympathomimetic and positive chronotropic effects in a randomized controlled trial. BMC Medicine 2017;15:40

63 Von dieser beeindruckenden Fallgeschichte habe ich ausführlicher in meinem Buch «Körperglück – Wie gute Gefühle gesund machen» (München 2010) berichtet

64 Servan-Schreiber D: Die neue Medizin der Emotionen. Stress, Angst, Depression: Gesund werden ohne Medikamente. München 2004

65 Stickgold R: EMDR: A putative neurobiological mechanism. Journal of Clinical Psychology 2002;58:61

Stickgold R, Hobson JA: Sleep, learning and dreams: Offline memory reprocessing. Science 2001;294:1052

66 Wilson S, Becker L: Eye movement desensitization and reprocessing (EMDR) treatment for psychologically traumatized individuals. Journal of Consulting and Clinical Psychology 1995;63:928

Wilson S, Becker L: Fifteen-month follow up of eye movement desensitization and reprocessing (EMDR) treatment for posttraumatic stress disorder and psychological trauma. Journal of Consulting and Clinical Psychology 1997;65:1047

LITERATURHINWEISE

Im Folgenden sind Fachartikel und Bücher in alphabetischer Reihenfolge angegeben, aus denen ich zitiert oder wichtige Hintergrundinformationen bekommen habe – und einige hilfreiche Literaturhinweise mehr. Die Mehrzahl aller hochwertigen medizinischen und psychologischen Untersuchungen wird in englischsprachigen Zeitschriften veröffentlicht, viele davon sind frei zugänglich. Zu finden sind diese Texte auf verschiedene Weise: Besonders ergiebig ist die National Library of Medicine der USA, die mehr als zwanzig Millionen medizinische Fachartikel bereithält. Von den meisten ist eine kurze Zusammenfassung kostenlos online erhältlich, bei etlichen davon kann der gesamte Artikel unentgeltlich heruntergeladen werden.

Die Abkürzung der Literaturhinweise folgt international üblichen Standards. Die Angabe «Fies M, Gemein T, Niederträchtig S: How rejection hurts. British Medical Journal 2018;312:270» bedeutet beispielsweise, dass ein (fiktiver) Artikel von Fies, Gemein und Niederträchtig in der Fachzeitschrift «British Medical Journal» erschienen ist. Er findet sich dort in einer Ausgabe des Jahres 2018, und zwar im Band 312, und beginnt auf Seite 270.

Allison PJ, Guichard C, Fung K, Gilain L: Dispositional optimism predicts survival status 1 year after diagnosis in head and neck cancer patients. Journal of Clinical Oncology 2003;21:543

Als H, Lawhon G, Duffy FH, McAnulty GB, Gibes-Grossman R, Blickman JG: Individualized developmental care for the very low-birth-weight preterm infant. Medical and neurofunctional effects. JAMA 1994;272:853

Angelovski A, Sattel H, Henningsen P, Sack M: Heart rate variability predicts psychotherapy outcome in pain-predominant multisomatoform disorder. Journal of Psychosomatic Research 2016;83:16

Antonawich FJ, Melton CS, Wu P, Davis JN: Nesting and shredding behavior as an indicator of hippocampal ischemic damage. Brain Research 1997;764:249

Barefoot JC, Larsen S, von der Lieth L, Schroll M: Hostility, incidence of acute myocardial infarction, and mortality in a sample of older Danish men and women. American Journal of Epidemiology 1995;142:477

Bartens W: Körperglück – Wie gute Gefühle gesund machen. München 2010

Bartens W: Was Paare zusammenhält. Warum man sich riechen können muss und Sex überschätzt wird. München 2013

Bartens W: Empathie. Die Macht des Mitgefühls: Weshalb einfühlsame Menschen gesund und glücklich sind. München 2015

Beard DJ, Rees JL, Cook JA, Rombach I, Cooper C, Merritt N, Shirkey BA, Donovan JL, Gwilym S, Savulescu J, Moser J, Gray A, Jepson M, Tracey I, Judge A, Wartolowska K, Carr AJ; CSAW Study Group: Arthroscopic subacromial decompression for subacromial shoulder pain (CSAW): a multicentre, pragmatic, parallel group, placebo-controlled, three-group, randomised surgical trial. Lancet 2018;391:329

Berntsen D, Rubin DC, Siegler IC: Two versions of life: emotionally negative and positive life events have different roles in the organization of life story and identity. Emotion 2011;11:1190

Bishop SR, Lau M, Shapiro SL, Carlson L, Anderson ND, Carmody J, Segal ZV, Abbey S, Speca M, Velting D, Devins G: Mindfulness: A proposed operational definition. Clinical Psychology: Science and Practice 2004;11:230

Botj I, Kuiper J: Stressed brain, stressed heart? Lancet 2017;389:770

Brisch KH (Hg.): Bindung und emotionale Gewalt. Stuttgart 2017

Bröckling U: Disziplin: Soziologie und Geschichte militärischer Gehorsamsproduktion. Paderborn 1997

Buchmann M, Wermeling M, Lucius-Hoene G, Himmel W: Experiences of food abstinence in patients with type 2 diabetes: a qualitative study. BMJ Open 2016;6:e008907

Buske-Kirschbaum A, Geiben A, Wermke C, Pirke KM, Hellhammer D: Preliminary evidence for Herpes labialis recurrence following experimentally induced disgust. Psychotherapy and Psychosomatics 2001;70:86

Buske-Kirschbaum A, Kern S, Ebrecht M, Hellhammer DH: Altered distribution of leukocyte subsets and cytokine production in response to acute psychosocial stress in patients with psoriasis vulgaris. Brain, Behavior, and Immunity 2007;21:92

Champagne FA, Meaney MJ: Transgenerational effects of social environment on variations in maternal care and behavioral response to novelty. Behavioral Neuroscience 2007;121:1353

Champagne FA, Meaney MJ: Stress during gestation alters postpartum maternal care and the development of the offspring in a rodent model. Biological Psychiatry 2006;59:1227

Chandola T, Britton A, Brunner E, Hemingway H, Malik M, Kumari M, Badrick E, Kivimaki M, Marmot M: Work stress and coronary heart disease: what are the mechanisms? Eur Heart J. 2008;29:640

Chugani HT, Behen ME, Muzik O, Juhász C, Nagy F, Chugani DC: Local brain functional activity following early deprivation: a study of postinstitutionalized Romanian orphans. Neuroimage 2001;14:1290

Cole SW: Social Regulation of Human Gene Expression: Mechanisms and Implications for Public Health. American Journal of Public Health 2013;103:84

Colloca L: Nocebo effects can make you feel pain. Science 2017;358:44

Cornwell EY, Waite LJ: Social disconnectedness, perceived isolation, and health among older adults. Journal of Health and Social Behavior 2009;50:31

Cyrulnik B: Scham. Die vielen Facetten eines tabuisierten Gefühls. Munderfing 2018

Dewall CN, Macdonald G, Webster GD, Masten CL, Baumeister RF, Powell C, Combs D, Schurtz DR, Stillman TF, Tice DM, Eisenberger NI: Acetaminophen reduces social pain: behavioral and neural evidence. Psychological Science 2010;21:931

Diamond J: Vermächtnis: Was wir von traditionellen Gesellschaften lernen können. Frankfurt a. M. 2012

Doom JR, Mason SM, Suglia SF, Clark CJ: Pathways between childhood/adolescent adversity, adolescent socioeconomic status, and long-term cardiovascular disease risk in young adulthood. Social Science & Medicine 2017;188:166

Doulalas AD, Rallidis LS, Gialernios T, Moschonas DN, Kougioulis MN, Rizos I, Tselegaridis TS, Kremastinos DT: Association of depressive symptoms with coagulation factors in young healthy individuals. Atherosclerosis 2006;186:121

Duve K: Dies ist kein Liebeslied. Frankfurt a. M. 2002

Eisenberger NI: Social pain and the brain: Controversies, questions, and where to go from here. Annual Review of Psychology 2015;66:601

Eisenberger NI: The pain of social disconnection: examining the shared neural underpinnings of physical and social pain. Nature Reviews Neurosciences 2012;13:421

Eisenberger NI, Lieberman MD: Why rejection hurts: A common neural alarm system for physical and social pain. Trends in Cognitive Sciences 2004;8:294

Eisenberger NI, Lieberman MD, Williams KD: Does rejection hurt? An FMRI study of social exclusion. Science 2003;302:290

Eluvathingal TJ, Chugani HT, Behen ME, Juhász C, Muzik O, Maqbool M, Chugani DC, Makki M: Abnormal brain connectivity in children after early severe socioemotional deprivation: a diffusion tensor imaging study. Pediatrics 2006;117:2093

Fuge P, Aust S, Fan Y, Weigand A, Gärtner M, Feeser M, Bajbouj M, Grimm S: Interaction of early life stress and corticotropin-releasing hormone receptor gene: effects on working memory. Biological Psychiatry 2014;76:888

Furman B: Es ist nie zu spät, eine glückliche Kindheit zu haben. Dortmund 2013

Geiser F, Meier C, Wegener I, Imbierowicz K, Conrad R, Liedtke R, Oldenburg J, Harbrecht U: Association between anxiety and factors of coagulation and fibrinolysis. Psychotherapy and Psychosomatic 2008;77:377

Ghadri JR, Sarcon A, Diekmann J, Bataiosu DR, Cammann VL, Jurisic S, Napp LC, Jaguszewski M, Scherff F, Brugger P, Jäncke L, Seifert B, Bax JJ, Ruschitzka F, Lüscher TF, Templin C; InterTAK Co-investigators: Happy heart syndrome: role of positive emotional stress in takotsubo syndrome. European Heart Journal 2016;37:2823

Giedd JN: The amazing teen brain. Scientific American 2015;312:32

Giltay EJ, Geleijnse JM, Zitman FG, Hoekstra T, Schouten EG: Dispositional optimism and all-cause and cardiovascular mortality in a prospective cohort of elderly Dutch men and women. Archives of General Psychiatry 2004;61:1126

Gould F, Clarke J, Heim C, Harvey PD, Majer M, Nemeroff CB: The effects of child abuse and neglect on cognitive functioning in adulthood. Journal of Psychiatric Research 2012;46:500

Grimm S, Wirth K, Fan Y, Weigand A, Gärtner M, Feeser M, Dziobek I, Bajbouj M, Aust S: The interaction of corticotropin-releasing hormone receptor gene and early life stress on emotional empathy. Behavioural Brain Research 2017;329:180

Hanson JL, Nacewicz BM, Sutterer MJ, Cayo AA, Schaefer SM, Rudolph KD, Shirtcliff EA, Pollak SD, Davidson RJ: Behavioral problems after early life stress: contributions of the hippocampus and amygdala. Biological Psychiatry 2015;77:314

Hell D: Kränkung und Scham in der Erfolgsgesellschaft. Zeitschrift für Integrative Gestaltpädagogik und Seelsorge 2016;80:28

Henningsen P, Zimmermann T, Sattel H: Medically Unexplained Physical Symptoms, Anxiety, and Depression: A Meta-Analytic Review. Psychosomatic Medicine 2003;65:528

Hepper EG, Hart CM, Sedikides C: Moving Narcissus: Can Narcissists Be Empathic? Personality and Social Psychology Bulletin 2014;40:1079

Hochschild AR: Das gekaufte Herz: Zur Kommerzialisierung der Gefühle. Frankfurt a. M., New York 1990

Holt-Lunstad J: Why Social Relationships Are Important for Physical Health: A Systems Approach to Understanding and Modifying Risk and Protection. Annual Review of Psychology 2018;69:437

Holt-Lunstad J, Jones BQ, Birmingham W: The influence of close relationships on nocturnal blood pressure dipping. International Journal of Psychophysiology 2009;71:211

Holt-Lunstad J, Smith TB, Layton JB: Social relationships and mortality risk: a meta-analytic review. PLoS Medicine 2010;7:e1000316

Horwitz AV, Wakefield JC: The loss of sadness. How psychiatry transformed normal sorrow into depressive disorder, Oxford 2007

Hughes ME, Waite LJ: Health in household context: living arrangements and health in late middle age. Journal of Health and Social Behavior 2002;43:1
Imbierowicz K, Egle UT: Childhood adversities in patients with fibromyalgia and somatoform pain disorder. European Journal of Pain 2003;7:113
von Känel R, Mills PJ, Fainman C, Dimsdale JE: Effects of psychological stress and psychiatric disorders on blood coagulation and fibrinolysis: a biobehavioral pathway to coronary artery disease? Psychosomatic Medicine 2001;63:531
Katz LF, Gottman JM: Buffering children from marital conflict and dissolution. Journal of Clinical Child Psychology 1997;26:157
Keshavan MS, Giedd J, Lau JY, Lewis DA, Paus T: Changes in the adolescent brain and the pathophysiology of psychotic disorders. Lancet Psychiatry 2014;1:549
Keysers C, Gazzola V: Dissociating the ability and propensity for empathy. Trends in Cognitive Sciences 2014;18:163
Kiecolt-Glaser JK, Dura JR, Speicher CE, Trask OJ, Glaser R: Spousal caregivers of dementia victims: longitudinal changes in immunity and health. Psychosomatic Medicine 1991;53:345
Kiecolt-Glaser JK, Loving TJ, Stowell JR, Malarkey WB, Lemeshow S: Hostile marital interactions, proinflammatory cytokine production, and wound healing. Archives of General Psychiatry 2005;62:1377
King KA, Vidourek RA, Merianos AL: Authoritarian parenting and youth depression: Results from a national study. Journal of Prevention and Intervention in the Community 2016;44:130
Klengel T, Mehta D, Anacker C, Rex-Haffner M, Pruessner JC, Pariante CM, Pace TW, Mercer KB, Mayberg HS, Bradley B, Nemeroff CB, Holsboer F, Heim CM, Ressler KJ, Rein T, Binder EB: Allele-specific FKBP5 DNA demethylation mediates gene-childhood trauma interactions. Nature Neuroscience 2013;16:33
Kobelt A, Gutenbrunner C, Schmid-Ott G, Schwickerath J, Petermann F: Do people with mobbing experience which apply for medical rehabilitation have a peculiar personality? Psychotherapie, Psychosomatik, Medizinische Psychologie 2010;60:279
Kobelt A, Pfeiffer W, Winkler M, vom Bauer V, Gutenbrunner C, Petermann F: Are harassment victims a special group of patients in psychosomatic rehabilitation? Rehabilitation 2009;48:312

Kuyken W, Watkins E, Holden E, White K, Taylor RS, Byford S, Evans A, Radford S, Teasdale JD, Dalgleish T: How does mindfulnessbased cognitive therapy work? Behavior Research and Therapy 2010;48:1105

Maaz HJ: Gefühlsstau. Ein Psychogramm der DDR. Berlin 1992

MacBeth A, Gumley A: Exploring compassion: a meta-analysis of the association between self-compassion and psychopathology. Clinical Psychology Review 2012;32:545

Maercker A, Hecker T, Augsburger M, Kliem S: ICD-11 Prevalence Rates of Posttraumatic Stress Disorder and Complex Posttraumatic Stress Disorder in a German Nationwide Sample. Journal of Nervous and Mental Disease 2018 (online)

Marantz PR, Bird ED, Alderman MH: A call for higher standards of evidence for dietary guidelines. American Journal of Preventive Medicine 2008;34:234

Meyer ML, Williams KD, Eisenberger NI: Why Social Pain Can Live on: Different Neural Mechanisms Are Associated with Reliving Social and Physical Pain. PLoS One 2015;10:e0128294

Mills KL, Goddings AL, Clasen LS, Giedd JN, Blakemore SJ: The developmental mismatch in structural brain maturation during adolescence. Developmental Neuroscience 2014;36:147

Muscatell KA, Dedovic K, Slavich GM, Jarcho MR, Breen EC, Bower JE, Irwin MR, Eisenberger NI: Neural mechanisms linking social status and inflammatory responses to social stress. Social cognitive and affective neuroscience 2016;11:915

Neff K: Selbstmitgefühl. Wie wir uns mit unseren Schwächen versöhnen und uns selbst der beste Freund werden. München 2012

Neff KD, Germer CK: A pilot study and randomized controlled trial of the mindful self-compassion program. Journal of Clinical Psychology 2013;69:28

Niethammer D: Wenn ein Kind schwer krank ist. Über den Umgang mit der Wahrheit. Berlin 2010

Ogle CM, Rubin DC, Berntsen D, Siegler IC: The Frequency and Impact of Exposure to Potentially Traumatic Events Over the Life Course. Clinical Psychological Science 2013;1:426

Opondo C, Redshaw M, Savage-McGlynn E, Quigley MA: Father involvement in early child-rearing and behavioural outcomes in their pre-adolescent children: evidence from the ALSPAC UK birth cohort. BMJ Open 2016;6:e012034

Palant A, Koschack J, Lucius-Hoene G, Karaus M, Himmel W: Dann wirst du bekloppt, weil du von Nutella träumst: Wie erleben Menschen mit chronisch-entzündlichen Darmerkrankungen Essen und Ernährung? 12. Deutscher Kongress für Versorgungsforschung Berlin 2013

Porges SW: The polyvagal perspective. Biological Psychology 2007;74:116

Radesky JS, Eisenberg S, Kistin CJ, Gross J, Block G, Zuckerman B, Silverstein M: Overstimulated Consumers or Next-Generation Learners? Parent Tensions About Child Mobile Technology Use. Annals of Family Medicine 2016;14:503

Radesky JS, Kistin C, Eisenberg S, Gross J, Block G, Zuckerman B, Silverstein M: Parent Perspectives on Their Mobile Technology Use: The Excitement and Exhaustion of Parenting While Connected. Journal of Developmental & Behavioral Pediatrics 2016;37:694

Regnante RA, Zuzek RW, Weinsier SB, Latif SR, Linsky RA, Ahmed HN, Sadiq I: Clinical characteristics and four-year outcomes of patients in the Rhode Island Takotsubo Cardiomyopathy Registry. American Journal of Cardiology 2009;103:1015

Robinson B, Coveleski S: Don't Say That to ME: Opposition to Targeting in Weight-Centric Intervention Messages. Health Communication 2018;33:139

Rockcliff H, Gilbert P, McEwan K, Lightman S, Glover D: A pilot exploration of heart rate variability and salivary cortisol responses to compassion-focused imagery. Clinical Neuropsychiatry 2008;5:132

Rosa H: Beschleunigung. Die Veränderung der Zeitstrukturen in der Moderne. Berlin 2005

Rosenberg AR, Starks H, Unguru Y, Feudtner C, Diekema D: Truth Telling in the Setting of Cultural Differences and Incurable Pediatric Illness: A Review. JAMA Pediatrics 2017;171:1113

Rozanski A, Blumenthal JA, Kaplan J: Impact of psychological factors on the pathogenesis of cardiovascular disease and implications for therapy. Circulation 1999;99:2192

Sack M, Spieler D, Wizelman L, Epple G, Stich J, Zaba M, Schmidt U: Intranasal oxytocin reduces provoked symptoms in female PTSD patients despite exerting sympathomimetic and positive chronotropic effects in a randomized controlled trial. BMC-Psychiatry 2017 (online)

Sack M, Zehl S, Otti A, Lahmann C, Kruse J, Henningsen P, Stingl M: A Comparison of Dual Attention, Eye Movements, and Exposure Only during Eye Movement Desensitization and Reprocessing for Posttraumatic Stress Disorder: Results from a Randomized Clinical Trial. Psychotherapy Psychosomatics 2016;85:357

Scheier MF, Matthews KA, Owens JF, Schulz R, Bridges MW, Magovern GJ, Carver CS. Optimism and rehospitalization after coronary artery bypass graft surgery. Archives of Internal Medicine 1999;159:829

Schreurs BW, van der Pas SL: No benefit of arthroscopy in subacromial shoulder pain. Lancet 2018;391:289

Servan-Schreiber D: Die neue Medizin der Emotionen. Stress, Angst, Depression: Gesund werden ohne Medikamente. München 2004

Sheridan MA, Fox NA, Zeanah CH, McLaughlin KA, Nelson CA 3rd: Variation in neural development as a result of exposure to institutionalization early in childhood. Proceedings of the National Academy of Sciences of the USA 2012;109:12927

Silberg J, Kendler KS: Causal and Noncausal Processes Underlying Being Bullied. JAMA Psychiatry 2017;74:1091

Singham T, Viding E, Schoeler T, Arseneault L, Ronald A, Cecil CM, McCrory E, Rijsdijk F, Pingault JB: Concurrent and Longitudinal Contribution of Exposure to Bullying in Childhood to Mental Health: The Role of Vulnerability and Resilience. JAMA Psychiatry 2017;74:1112

Stern R: Der Gaslight-Effekt. Wie Sie versteckte emotionale Manipulationen erkennen und abwenden. München 2017

Stickgold R: EMDR: A putative neurobiological mechanism. Journal of Clinical Psychology 2002;58:61

Stickgold R, Hobson JA: Sleep, learning and dreams: Offline memory reprocessing. Science 2001;294:1052

Strike PC, Kesson M, Brydon L, Edwards S, McEwan JR, Steptoe A: Exaggerated platelet and hemodynamic reactivity to mental stress in men with coronary artery disease. Psychosomatic Medicine 2004;66:492

Strohschein B: Die gekränkte Gesellschaft. Das Leiden an Entwertung und das Glück durch Anerkennung. München 2015

Suglia SF, Clark CJ, Boynton-Jarrett R, Kressin NR, Koenen KC: Child maltreatment and hypertension in young adulthood. BMC Public Health 2014;14:1149

Suglia SF, Koenen KC, Boynton-Jarrett R, Chan PS, Clark CJ, Danese A, Faith MS, Goldstein BI, Hayman LL, Isasi CR, Pratt CA, Slopen N, Sumner JA, Turer A, Turer CB, Zachariah JP: Childhood and Adolescent Adversity and Cardiometabolic Outcomes: A Scientific Statement From the American Heart Association. Circulation 2018;137:e15

Surtees PG, Wainwright NW, Luben RN, Wareham NJ, Bingham SA, Khaw KT: Depression and ischemic heart disease mortality: evidence from the EPIC-Norfolk United Kingdom prospective cohort study. American Journal of Psychiatry 2008;165:515

Tawakol A, Ishai A, Takx RA, Figueroa AL, Ali A, Kaiser Y, Truong QA, Solomon CJ, Calcagno C, Mani V, Tang CY, Mulder WJ, Murrough JW, Hoffmann U, Nahrendorf M, Shin LM, Fayad ZA, Pitman RK: Relation between resting amygdalar activity and cardiovascular events: a longitudinal and cohort study. Lancet 2017;389:834

Ten Brinke L, Kish A, Keltner D: Hedge Fund Managers With Psychopathic Tendencies Make for Worse Investors. Personality and Social Psychology Bulletin 2018;44:214

Tinnermann A, Geuter S, Sprenger C, Finsterbusch J, Büchel C: Interactions between brain and spinal cord mediate value effects in nocebo hyperalgesia. Science 2017;358:105

Tottenham N, Sheridan MA: A review of adversity, the amygdala and the hippocampus: a consideration of developmental timing. Frontiers in Human Neuroscience 2010;3:68

Vidi V, Rajesh V, Singh PP, Mukherjee JT, Lago RM, Venesy DM, Waxman S, Pyne CT, Piemonte TC, Gossman DE, Nesto RW: Clinical characteristics of tako-tsubo cardiomyopathy. American Journal of Cardiology 2009;104:578

Watkins LE, Han S, Harpaz-Rotem I, Mota NP, Southwick SM, Krystal JH, Gelernter J, Pietrzak RH: FKBP5 polymorphisms, childhood abuse, and PTSD symptoms: Results from the National Health and Resilience in Veterans Study. Psychoneuroendocrinology 2016;69:98

Weaver SA, Diorio J, Meaney MJ: Maternal separation leads to persistent reductions in pain sensitivity in female rats. Journal of Pain 2007;8:962

Wilson S, Becker L: Eye movement desensitization and reprocessing (EMDR) treatment for psychologically traumatized individuals. Journal of Consulting and Clinical Psychology 1995;63:928

Wilson S, Becker L: Fifteen-month follow up of eye movement desensitization and reprocessing (EMDR) treatment for posttraumatic stress disorder and psychological trauma. Journal of Consulting and Clinical Psychology 1997;65:1047

Yusuf S, Hawken S, Ounpuu S, Dans T, Avezum A, Lanas F, McQueen M, Budaj A, Pais P, Varigos J, Lisheng L; INTERHEART Study Investigators: Effect of potentially modifiable risk factors associated with myocardial infarction in 52 countries (the INTERHEART study): case-control study. Lancet 2004;364:937

DANKSAGUNG

Immer wieder habe ich mit verschiedenen Ärzten, Psychologen und anderen Experten über das Thema emotionale Gewalt gesprochen. Manche haben sich auf ausführliche Gespräche und Diskussionen eingelassen – und teilweise sehr unterschiedliche Meinungen dazu geäußert, was die Bedeutung und Verbreitung dieses Phänomens angeht, wie groß der Eigenanteil der daran Leidenden ist und ob emotionale Gewalt zum «Grundrauschen des menschlichen Miteinanders» gehört.

Von vielen von ihnen habe ich immer wieder wertvolle Hinweise und Literaturtipps erhalten. Für ihre Unterstützung, Geduld und Hilfe danke ich ihnen sehr herzlich. Etliche ihrer Einschätzungen und Bewertungen habe ich in diesem Buch übernommen – und dabei versucht, die Perspektive meiner Gesprächspartner möglichst genau wiederzugeben. Falls mir das trotz aller Sorgfalt nicht immer gelungen sein sollte, kann es zu Missverständnissen, Fehleinschätzungen und Verzerrungen in der Darstellung gekommen sein. Sollte dies der Fall sein, gehen sie allein auf mich zurück, nicht auf die von mir zitierten Gesprächspartner. Ich bedanke mich vielmals bei:

Prof. Dr. med. Christopher Baethge, Psychiater und Leiter der Medizinisch-Wissenschaftlichen Redaktion des Deutschen Ärzteblatts

Prof. Dr. Hartwig Bauer, ehemaliger Chefarzt der Chirurgie

Altötting, langjähriger Generalsekretär der Deutschen Gesellschaft für Chirurgie

Prof. Dr. Cornelius Borck, Direktor des Instituts für Medizinethik und Wissenschaftsgeschichte an der Universität Lübeck

Prof. Dr. Karl Heinz Brisch, Leiter der Abteilung Pädiatrische Psychosomatik und Psychotherapie am Dr. von Haunerschen Kinderspital der Ludwig-Maximilians-Universität München. Professur an der Paracelsus Medizinischen Privatuniversität Salzburg

Prof. Dr. Ulrich Bröckling, Lehrstuhl für Soziologie an der Albert-Ludwigs-Universität Freiburg

Prof. Dr. Dieter Frey, Lehrstuhl für Sozialpsychologie an der Ludwig-Maximilians-Universität München

Prof. Dr. Harald Gündel, Ärztlicher Direktor der Klinik für Psychosomatische Medizin und Psychotherapie, Universitätsklinikum Ulm

Prof. Dr. Dr. Martin Härter, Direktor Institut und Poliklinik für Medizinische Psychologie am Zentrum für Psychosoziale Medizin, Universitätsklinikum Hamburg-Eppendorf

Prof. Dr. Florian Heinen, Chef der Abteilung für Neuropädiatrie und kindliche Entwicklung am Dr. von Haunerschen Kinderspital der Ludwig-Maximilians-Universität München

Prof. Dr. Peter Henningsen, Direktor der Klinik für Psychosomatische Medizin und Psychotherapie, Technische Universität München

Prof. Dr. Wolfgang Himmel, Professor in der Abteilung für Allgemeinmedizin am Universitätsklinikum Göttingen

Prof. Dr. Verena Kast, Professorin für Psychologie an der Universität Zürich sowie Präsidentin am dortigen C. G. Jung-Institut

Prof. Dr. Dr. Andreas Maercker, Professur für Psychopathologie und Klinische Intervention, Psychologisches Institut, Universität Zürich

Prof. Dr. Yvonne Nestoriuc, Leitende Psychologin, Institut und Poliklinik für Psychosomatische Medizin und Psychotherapie, Universitätsklinikum Hamburg-Eppendorf

Prof. Dr. Winfried Rief, Professur für Klinische Psychologie und Psychotherapie, Philipps-Universität Marburg

Dr. Joram Ronel, Chefarzt Psychosomatische Medizin der Klinik Barmelweid, Schweiz

Prof. Dr. Martin Sack, Klinik und Poliklinik für Psychosomatische Medizin und Psychotherapie, Technische Universität München

Prof. Dr. Marcus Schiltenwolf, Leiter der konservativen Orthopädie am Universitätsklinikum Heidelberg

Prof. Dr. Stephan Zipfel, Ärztlicher Direktor der Abteilung Psychosomatische Medizin und Psychotherapie, Universitätsklinikum Tübingen

REGISTER

Leitbegriffe wie Kränkung, Missachtung, Erniedrigung und Zurückweisung werden im gesamten Text behandelt. Es wurde darauf verzichtet, sie ins Register aufzunehmen.

Abwehrkräfte *siehe* Immunsystem
Affekt 18, 42, 170
Aggression 23, 42f., 59, 62, 75, 124, 205, 229–231, 248f., 261, 274
Alzheimer 74, 179
Angst 11, 14, 34, 45–48, 54–59, 63, 65, 69, 73, 75, 79, 84–86, 103, 107, 130, 149, 177, 183–185, 187, 192, 194–197, 214, 220, 227, 229, 232, 242, 244, 252f., 258f., 266–269
Angststörung 46–48, 56, 107
Anpassungsstörung 57–59
Antidepressiva 267
Arbeit *siehe* Beruf
Armut 50, 68, 104, 205
Ausgrenzung 21, 63, 143–145, 161, 195f., 200, 210, 216, 233, 237f., 251, 263

Baby 43, 81–86, 112–115, 118
Beachtung 118
Beleidigung 15, 42, 118, 159, 250f., 255, 257f.

Beruf 13f., 18, 22, 34, 39, 58f., 72, 74, 77f., 96f., 100f., 111, 113, 133–155, 163, 165, 175, 203f., 214, 216–219, 222f., 225f., 231–234, 237, 240, 242, 248–252, 254, 267f.
Beschämungsfalle 210, 213, 216
Bewertungsterror 211, 212, 216
Beziehung 12, 14, 18, 22f., 25f., 28–31, 37, 41–43, 49, 51, 53f., 56, 58, 68, 73, 78, 83, 84, 91, 97, 100, 103, 108, 113–115, 119–122, 124, 126, 128–130, 132, 141, 187, 220, 227, 233, 237f., 244, 246–254, 260, 262, 264f., 274
Beziehungsvermeider 227
Bindung 12, 14, 22, 43, 53–55, 59, 82, 87, 103, 107, 111, 114, 116, 118, 129, 130, 227, 232, 266, 274
Blutdruck 66, 76, 78, 181, 258
Blutgefäße 66, 75–77
Borderline 55

299

Broken-Heart-Syndrom 69
Burnout 47, 234

Castingshow 211, 216
Chef 13, 29, 77, 88, 101, 134, 136–142, 147, 150–152, 155, 157, 160, 162 f., 168, 207, 209, 214, 218, 221, 223, 233, 237, 241, 250–253, 262, 265
Choleriker 235, 246, 252–255, 271
Cortisol 48, 61, 64, 112, 258

Darm 149, 151, 169, 176, 189, 205
Degradierung 166
Depression 46, 48, 56, 59, 64, 74, 81–83, 91, 107, 116, 196, 218, 227–229, 240, 258–260
Diabetes 66, 78, 173 f., 178 f., 202 f.
Drogen 68, 117, 160, 218

Einsamkeit 23, 129, 262 f.
Eltern 12, 15–17, 19, 22, 24 f., 41, 45, 48, 63, 68, 70, 83–87, 90–92, 94–97, 99 f., 109–118, 130, 171, 183–186, 227, 229–231, 253
EMDR-Technik 267–270
emotionale Erpressung 13, 21, 25–27, 30, 37, 108, 225
Empathie 185, 188, 260, 264
Energievampire 21, 28–31, 37, 225
Entfremdung 165, 224
Entwertung 17, 83 f., 89, 126, 133 f., 200, 210, 215, 217, 258 f.
Entzündung 23, 62, 66, 75–77, 79, 199, 218, 259
Epstein-Barr-Viren 73

Ernährung 66, 174–180, 194, 205, 241
Erziehung 11 f., 85, 90 f., 95, 108, 110, 112, 114, 116, 118, 196, 201, 237, 238

Familie 14, 18, 22, 26, 28, 37, 39, 41 f., 62, 73 f., 78, 83, 90–97, 100, 102, 104–108, 111, 113 f., 116, 123, 125, 132 f., 139, 141, 143, 175, 185, 196, 238, 241, 249 f.
Fat Shaming 202
Folter 16, 211, 232, 242, 244

Gaslighting 21, 31–33, 37
Gedächtnis 24, 88, 104, 200, 210
Gefühlsakrobatik 223, 226
Gefühlserben 231
Gehirn 12, 23, 40 f., 46, 48, 50 f., 61, 63 f., 72, 74 f., 77, 79, 86, 102, 104, 183, 190, 220, 262 f., 265, 268 f.
Gesundheitswahn 176, 194
Gewissen 12, 26, 37, 55, 98, 108, 137, 139, 164, 173, 176, 181, 235, 273
Gratifikationskrise 77, 169

Happy-Heart-Syndrom 69, 71
Hass 17, 19, 23 f., 89, 177, 229 f., 274
Healthism *siehe* Gesundheitswahn
Herpes 73, 106
Herzinfarkt 65 f., 70, 75, 77–79, 91, 205, 218, 233 f.
Herzkranzgefäße 70
Herz-Kreislauf-Erkrankungen 65, 77, 234
Herzrhythmus 91, 151

Hormone 48f., 61, 64, 66f., 76f., 79, 107, 206, 258, 266, 271
Hospitalismus 102f.

Ignoranz 13, 21f., 37, 83, 86, 118, 120, 141, 148, 185, 235, 246
Immunsystem 61f., 67, 73f., 79, 106, 143, 236, 261
Impulsivität 55, 82, 196, 221, 234, 253
Infektionen 62, 75, 79, 102f., 106
Intelligenz 24, 82

Kaltstellen 84, 86
Kaspar-Hauser-Syndrom 103
Kinder schreien lassen 84–86, 118
Kinder 12, 14–16, 19, 22–26, 29–41, 43f., 46, 48–50, 54, 62–64, 66–69, 81–86, 90–118, 125f., 138, 171, 174, 182–187, 195–201, 227–238, 244, 265f., 269, 273f.
Kinderheim 17, 62, 102, 104f.
Kollegen 77, 100, 139, 142, 144f., 150–155, 164, 179, 202, 204, 208f., 231, 241, 248–250, 254, 262
Krankenstand 151f.
Krankheit 12, 50, 62, 65, 69, 71, 102f., 106, 112, 118, 169, 173, 174, 179–194, 202f., 205, 217f., 220, 235f., 241, 261
Krankheitserreger 62, 75, 79, 106
Krebs 62, 179, 182, 185f., 189, 203, 205, 235f.
Kritik 18, 87, 100, 121, 170, 213, 215

Lehrer 15, 39f., 44, 87–89, 115, 118, 146f., 195, 200, 223, 237, 253
Leidensdruck 19, 228, 233f., 243, 257
Liebesentzug 29, 92, 109
Lob 70, 133f., 154, 168, 214f., 251

Macht 14, 33–35, 42, 87, 91, 129, 134, 136f., 143, 150–153, 164, 172, 189, 191, 207f., 212f., 218f., 232, 239, 257
Machtgefälle 17, 155, 157
Magen 74, 76, 79, 151f., 169, 264
Missbrauch 12, 22, 24, 37, 49, 61, 63, 65–67, 79, 104, 107, 132, 240f., 243f., 254, 260
Misshandlung 17, 19, 35, 44, 66, 107, 160, 232, 260
Misstrauen 13, 56, 104, 244
Mitgefühl 259f., 271
Mitschüler 72, 87, 126, 143, 195, 197–200
Mobbing 18, 57, 65, 67, 155, 195–198, 206, 216, 229, 233, 262

Narzissmus 55, 134, 137, 229, 252, 260
Neurotizismus 229, 252, 259
Noceboeffekt 189f., 192
Normenfalle 157f., 172

Opfer 15–17, 23–25, 31–35, 42, 51, 56, 67, 89, 100, 103, 107, 161, 196f., 212, 214, 219, 221, 227f., 230, 232, 234, 236, 241, 243f., 246–251, 254–256, 258, 260, 268, 270f.
Oxytocin 266f.

Panik 12, 35, 45 f., 268
Partnerschaft *siehe* Beziehung
passive Aggression 43, 119 f., 141
Placebo 190–193
Posttraumatische Belastungsstörung 45, 241–245, 266 f., 271
projektive Identifizierung 248
Psychotherapie 12, 47, 64, 134, 245, 248, 266 f., 269
Puls 112, 181, 258, 260

Reflux 76
Resilienz 197, 239
Rückenbeschwerden 68, 74, 77, 79, 151, 218, 264, 265

Säugling *siehe* Baby
Schadenstisch 134 f., 137
Schlafprobleme 82, 133, 234
Schlaganfall 65 f., 75, 77–79, 218
Schmerzempfinden *siehe* Schmerzschwelle
Schmerzen 56, 63, 70, 77, 106, 151, 169, 183 f., 190 f., 218, 228, 240, 268, 271
Schmerzmittel 262–265, 271
Schmerzschwelle 19, 61, 74, 76 f., 79, 143, 190, 243
Schuldgefühle 12, 37, 55, 92, 100, 152, 162, 164, 172, 174, 179, 235, 237
Schule 14, 39 f., 47, 87–89, 96, 126, 143, 195–201, 206, 208, 216, 218
schwarze Pädagogik 84, 90

Schweigen 19, 22, 93, 182, 184, 186–188
Selbstentwertung *siehe* Selbstwertgefühl
Selbstmitgefühl 257–259, 271
Selbstvertrauen *siehe* Vertrauen
Selbstwertgefühl 23, 54, 56, 100, 129, 198 f., 234, 236, 244, 258, 262
Selbstwirksamkeit 84, 221, 236
Sex 56 f., 117, 127–132
Smartphone 110–113, 118, 190, 242
Streit 68, 93, 100 f., 107, 126 f., 132, 158, 170, 250 f.
Stress 43, 46, 48, 49, 51, 55, 57, 61–64, 66 f., 69, 71, 73–79, 81, 86, 103, 106 f., 112, 127, 151, 180, 203, 205, 218, 229, 239, 242, 249, 258 f., 261, 266 f., 268–271
Sucht 22, 218
Suizid 47, 49, 116 f., 198

Tablet 110, 112, 118
Takotsubo-Syndrom *siehe* Happy-Heart-Syndrom
Täter 18, 23, 31 f., 41 f., 51, 227 f., 231, 246, 251–257
Trauma 17, 19, 21–24, 35, 40, 46, 49–51, 57, 61 f., 64, 67, 103, 106 f., 227 f., 231, 236, 240–245, 265–269, 271

Übergewicht 66, 133, 199–206, 216, 262

Vernachlässigung 17, 21–24, 37, 40,
49, 63, 67, 83, 92, 102–105, 237,
273
Vertrauen 53f., 59, 64, 87, 95f., 116,
155, 170, 200, 261, 266
Vorgesetzter *siehe* Chef

Weltgesundheitsorganisation 198,
245
Wertschätzung 23, 56f., 77, 91, 115,
127, 168f., 170, 172, 252, 254
Wundheilung 74, 79, 127

Das für dieses Buch verwendete Papier ist FSC®-zertifiziert.